校企合作财经商贸专业系列
互联网+创新型"十四五"精品教材

U0609985

电子商务
安全技术与应用

主 编◎陈 芳　王 羿　温海超
副主编◎唐 敢　韩 曾　王炜炜
　　　　孙倩倩　熊艮华　刘河源
　　　　颜志博　张洪斐

北京希望电子出版社
Beijing Hope Electronic Press
www.bhp.com.cn

内 容 简 介

　　本书全面系统地介绍了电子商务领域的安全技术和实际应用。本书共9章，依次讲解了电子商务安全概述、网络安全基础、网络安全技术、 数据传输安全、无线局域网安全、终端安全、物理安全、交易流程与支付安全和新兴电子商务安全技术。本书通过理论讲解与案例分析相结合的方式，深入剖析了电子商务面临的安全威胁及防范措施，旨在帮助读者理解并掌握电子商务安全的核心原理与实践技能，全面掌握电子商务网站的安全策略和实用技术。本书还可以为从事电子商务安全管理和技术开发的专业人士提供实用的指导和参考。

　　本书既可作为应用型本科院校、职业院校电子商务专业的教材，也可作为职业培训用书和电子商务安全从业人员的参考用书。

图书在版编目（CIP）数据

电子商务安全技术与应用 / 陈芳, 王羿, 温海超主

编. -- 北京 ： 北京希望电子出版社, 2025. 3. -- ISBN

978-7-83002-917-3

Ⅰ. F713.363

中国国家版本馆 CIP 数据核字第 2025493DD3 号

出版：北京希望电子出版社	封面：赵俊红
地址：北京市海淀区中关村大街 22 号	编辑：郭燕春　　张学伟
中科大厦 A 座 10 层	校对：龙景楠
邮编：100190	开本：787 mm × 1 092 mm　1/16
网址：www.bhp.com.cn	印张：15
电话：010-82620818（总机）转发行部	字数：356 千字
010-82626237（邮购）	印刷：三河市中晟雅豪印务有限公司
经销：各地新华书店	版次：2025 年 3 月 1 版 1 次印刷

定价：49. 80 元

随着信息技术的飞速发展与广泛应用，电子商务已深入到社会经济生活的各个角落。我们应该看到，在其蓬勃发展的背后，各种网络攻击、信息泄露、交易欺诈等安全威胁如影随形，对电子商务行业的健康发展构成了严峻挑战。

2021年10月，商务部、中央网信办和发展改革委联合发布《"十四五"电子商务发展规划》，该规划提出了"十四五"时期电子商务发展的基本原则，其中一项指出："坚持底线思维，健全电子商务相关法规制度，提升数字化治理水平，强化各市场主体权益保护，促进公平竞争，强化反垄断和防止资本无序扩张，加强平台企业网络和数据安全能力建设，增强电子商务在防范化解重大风险中的作用，推动电子商务持续健康发展。"在当今大数据和云计算的背景下，构建全面且牢固的电子商务安全体系不仅是保障用户权益、维护市场秩序的迫切需求，也是推动电子商务持续创新和稳定增长的关键要素，而深入研究并熟练掌握电子商务安全技术，对于有效防范和应对电子商务安全风险具有至关重要的意义。

本书正是针对以上现实需求而编写的，旨在系统而全面地介绍电子商务安全领域的基础理论知识和技术应用。本书共分为9章，主要内容如下：

第1章　电子商务安全概述，对电子商务安全进行整体介绍，阐述了电子商务安全体系及其内在逻辑，分析了常见的安全威胁及风险，为后续深入探讨各类安全问题打下坚实的基础。

第2章　网络安全基础，重点介绍密码学核心技术、网络通信模型以及各层网络安全协议，涵盖了对称加密与非对称加密的区别，深入解析了OSI模型和TCP/IP模型及其相互对应，并系统介绍了数据链路层至应用层的各项安全协议，旨在为学生构建起坚实而全面的网络通信安全理论框架。

第3章　网络安全技术，重点介绍了保障电子商务环境安全的关键技术，包括边界防护技术、身份认证技术、访问控制技术以及网络攻击防范技术，旨在帮助读者理解和掌握构建与维护安全网络环境的核心技术手段。

第4章　数据传输安全，主要讲述电子商务中保障数据安全传输的关键技术，包括数据加密技术的原理及常用的加密算法，数据完整性保护机制，数字签名技术的原理及其应用，以及数字证书技术在身份验证中的作用，旨在帮助学生掌握电子商务数据安全传输的关键技术，提升其在网络环境下的信息安全实践能力。

第 5 章　无线局域网安全，讲授无线局域网安全防护知识，从安全隐患分析入手，逐步介绍安全防护策略、核心技术及提升安全性的方法，并指导学生注意接入和密码安全，旨在让学生熟练掌握无线局域网安全实践技能。

第 6 章　终端安全，分别从客户端和服务器端的角度出发，探讨了操作系统、浏览器、移动端应用的安全配置与加固，以及 Web 服务器和数据库系统的安全管理。

第 7 章　物理安全，介绍了物理安全的整体策略，包括环境安全、设备安全和媒体安全，并进一步探讨了数据备份、磁盘容错、数据容灾和电磁防护等物理安全技术。

第 8 章　交易流程与支付安全，详细解析了电子商务交易流程的安全要点，分析关键安全节点，并介绍商品与服务交易保护措施，深入探讨了电子支付、在线支付安全保障技术、移动支付安全以及第三方支付安全问题。

第 9 章　新兴电子商务安全技术，探讨了数字版权保护技术如信息隐藏技术、数字水印技术等的应用，以及物联网技术和区块链技术在电子商务安全领域中的应用。

本书章节安排循序渐进，从电子商务安全基础开始，逐步深入至具体的安全防护技术和管理策略，帮助学生系统性地掌握电子商务安全的核心知识，培养学生的综合分析能力和实际操作能力。通过学习本书内容，学生不仅能提升自身的网络安全意识，还能获得解决实际工作中遇到的安全问题的能力，为未来从事电子商务相关工作奠定坚实的基础。

本书由陈芳（临夏现代职业学院）、王羿（宁波大学科学技术学院）、温海超（郑州食品工程职业学院）担任主编；由唐敢（都安瑶族自治县职业教育中心），韩曾（湖北国土资源职业学院），王炜炜、孙倩倩（重庆电讯职业学院），熊艮华（恩施职业技术学院），刘河源（南阳工艺美术职业学院），颜志博（黑龙江职业学院），张洪斐（东明县职业中等专业学校）担任副主编。

本书不仅可作为高等职业学校电子商务专业的教材，也可作为培训机构的辅导用书，还可供想掌握电子商务安全技术方面相关知识的初学者自学参考。由于编者水平有限，书中难免存在不足之处，恳请广大读者批评指正。

编　者

目 录

第 3 章　网络安全技术

第 4 章 数据传输安全

第7章 物理安全

第8章 交易与支付安全

| 第 9 章 | 新兴电子商务安全技术 |

电子商务安全概述

本章导言

在数字经济高速发展的今天，电子商务已成为经济活动不可或缺的组成部分，而电子商务安全则是这一繁荣景象背后稳定且至关重要的基石。随着在线交易规模的日益扩大和技术复杂性的不断提升，电子商务安全的重要性愈发凸显，它既是保护消费者权益、维持市场秩序的必要屏障，也是保障企业可持续发展和增强竞争力的核心要素。

学习目标

➢ 了解当前电子商务安全现状，辨识面临的典型威胁，明晰电子商务安全需求的重要性。

➢ 掌握电子商务安全的基本概念、发展历程及其在电商环境中的作用。

➢ 掌握电子商务安全体系的框架结构，熟悉关键的安全技术手段与实施策略，了解相关法律法规与标准规范。

素质要求

➢ 理解电子商务安全对整个电子商务生态的影响，形成对电子商务安全体系的全面认知，培养保护消费者权益、维护市场秩序的职业责任感。

➢ 能够识别当前电子商务环境中存在的典型安全威胁，建立敏锐的风险感知，培养与时俱进的安全观念。

1.1 电子商务安全简介

电子商务是通过互联网等信息网络销售商品或者提供服务的经营活动，是数字经济和实体经济的重要组成部分，是催生数字产业化、拉动产业数字化、推进治理数字化的重要引擎，是提升人民生活品质的重要方式，是推动国民经济和社会发展的重要力量。我国电子商务已深度融入人民生产生活各领域中，在经济社会数字化转型方面发挥了举足轻重的作用。然而，电子商务技术的广泛应用在极大促进经济社会繁荣进步的同时，也带来了新的安全风险和挑战。

1.1.1 电子商务安全的概念

电子商务安全是指在开展电子商务活动的过程中，通过采用各种技术和管理手段来保护电子商务系统、交易数据和参与者信息不受未经授权的访问、修改、泄露或破坏，确保网络交易过程的完整性和可靠性。它涵盖了网络安全、数据安全、交易安全、身份认证等多个层面。

电子商务安全是构建和维护在线交易信任的基石，其重要性不言而喻。在数字化商业活动中，安全保障如同核心支柱，没有坚实的安全防护措施，用户就无法对在线交易产生足够的信心，进而影响到平台及商家的用户基础和市场份额。同时，电子商务企业必须严格遵守相关法律法规，如隐私保护法、支付服务监管规则等，确保企业在合法合规的轨道上稳健运营，避免因违规操作带来的法律风险和社会责任。

2021 年 7 月 20 日，国家计算机网络应急技术处理协调中心（CNCERT/CC）编写的《2020 年中国互联网网络安全报告》（以下简称"报告"）正式发布。该报告汇总分析了CNCERT/CC 自有网络安全监测数据和 CNCERT/CC 网络安全应急服务支撑单位报送的数据，具有鲜明的行业特色和重要的参考价值，内容涵盖我国互联网网络安全态势分析、网络安全监测数据分析、网络安全事件案例详解、网络安全政策和技术动态等多个方面。报告显示：2020 年，CNCERT/CC 协调处置各类网络安全事件约 10.3 万起；我国境内被篡改的网站数量为 100 484 个（去重后），其中代表商业机构的网站最多，占 73.8%；我国境内共有 53 171 个（去重后）网站被植入后门，依然是代表商业机构的网站最多；仿冒我国境内网站的钓鱼页面有 220 648 个。上述数据表明，我国在网络空间中面临的威胁和攻击活动十分活跃且规模庞大，商业网站的安全形势严峻，严重影响着电子商务生态环境的安全稳定，需要进一步加强安全防范措施和应急响应能力。

从商业利益角度来看，保障电子商务安全能够有效防止欺诈行为的发生，从而减少企业与消费者双方因诈骗、数据泄露等事件导致的经济损失，维护良好的市场秩序和经济权益。此外，一旦发生数据泄露或其他安全事件，不仅会对企业的直接经济收益造成冲击，更可能严重损害企业的品牌形象和信誉度，降低客户忠诚度，影响长期的业务发展和竞争力。因此，保持良好的安全记录并不断提升安全防护能力，对于提升企业的品牌形象和行业地位至关重要，是电子商务企业实现可持续发展的战略要素之一。

1.1.2　电子商务安全的发展历程

电子商务安全的发展历程可以分为早期阶段、发展阶段和现代阶段。

1. 早期阶段

在电子商务发展的早期阶段，安全问题主要围绕着基本的身份验证和数据传输加密技术展开。彼时的互联网商业环境相对较为简单，但安全威胁已经开始显现，尤其是在保护交易信息方面的需求尤为迫切。在这个阶段，为了确保在线交易过程中的用户隐私和交易安全，业界广泛采纳了 SSL/TLS（Secure Sockets Layer/Transport Layer Security）协议，它是互联网上进行加密通信的主流标准，通过公开密钥和私有密钥对信息进行加密 / 解密，确保用户在提交如信用卡号、密码等敏感信息时，数据在传输过程中不被窃取或篡改。

此外，该阶段还出现了基本的口令认证机制，用户通过设置和使用账户密码来登录以验证身份，尽管这种方式相对简单，但为早期电子商务的安全提供了初步保障。

2. 发展阶段

随着电子商务规模的不断扩大和技术的迅速进步，安全防护手段也日益丰富和复杂化。在这个阶段，多重身份认证（Multi-Factor Authentication，MFA）开始广泛应用，除了传统的口令外，还引入了生物识别、短信验证码、硬件令牌等多种认证方式，有效提高了账户安全性。同时，数字签名技术因其能够确保电子信息的真实性和完整性，防止抵赖行为而在电子合同、交易确认等方面发挥了重要作用。

反欺诈技术在此阶段也得到了长足发展。例如，智能风控系统能够通过实时分析用户的交易行为模式，检测并预防潜在的欺诈活动。另外，云服务的发展催生了云安全解决方案，企业将数据存储和业务运营迁移到云端，相应的安全策略也需要针对虚拟环境中的数据保护、访问控制以及合规性要求进行升级和完善。

3. 现代阶段

面对更为复杂多元且不断演化的环境威胁，需要进一步全面而精细地构建电子商务安全体系。例如，在移动支付领域中，为了保护消费者在手机端进行购物支付的安全，采用了包括指纹识别、面部识别在内的生物识别技术，并结合设备绑定、地理位置校验等多重安全措施。

随着大量用户行为数据、交易记录的产生，如何在挖掘利用这些数据价值的同时保证其隐私安全成为重要的课题。这方面主要涉及数据脱敏、匿名化处理、细粒度权限控制等技术应用。

物联网（Internet of Things，IoT）安全则是随着智能家居、智能物流等应用场景普及而凸显的问题。物联网设备数量庞大且分散，必须强化设备固件更新、数据传输加密、入侵检测等方面的防护能力。

此外，人工智能（artificial intelligence，AI）与安全领域的深度融合催生了AI驱动的安全分析和防御机制。这些机制能够快速识别新型攻击模式，实现自动化响应，从而提高风险预警和应急处置效率，极大地提升了电子商务安全防护的整体水平。

随着时代进步与科技革新不断加速，我们将持续见证更高水平的安全技术手段的涌现与应用，这些先进技术将进一步充实和完善电子商务安全防护体系，以满足日益增长的安全需求，并应对愈发复杂的网络威胁环境，从而构筑起更加坚实、全面且适应未来发展的电子商务安全保障机制。

1.2　电子商务安全态势

1.2.1　电子商务安全的现状

在当今的数字化时代，电子商务以其便捷、高效的特性在全球范围内迅速发展。然而，在享受其带来的商业便利性的同时，电子商务平台与用户面临着一系列严重的安全挑战。究其原因，主要有以下7点。

1. 开放的网络环境

电子商务活动基于全球互联的互联网，其开放、无边界且高度动态的特点使得数据在传输过程中时刻面临着被第三方非法截获或篡改的风险。由于互联网本身缺乏天然的安全屏障，信息在传递时的安全性无法得到充分保障，尤其是当涉及敏感交易数据和个人隐私信息时，这种风险更为突出。

2. 技术漏洞与安全缺陷

操作系统、各类应用软件以及电子商务平台自身都可能存在未知的安全漏洞，攻击者一旦发现并利用这些漏洞，便可以轻易入侵系统，窃取存储的数据，甚至破坏服务的正常运行。

许多电子商务系统的网络设备配置不完善，同时在加密技术和安全协议的应用上也可能存在短板，如未能采用最新的加密算法或实施有效的安全协议等，将导致用户在进行交易时，敏感信息在传输过程中的保密性和完整性难以得到有效保护。

3. 恶意攻击行为频发

黑客运用各种高级的攻击手法，包括但不限于钓鱼攻击、中间人攻击（MITM）、拒绝服务攻击（DoS/DDoS）、SQL 注入攻击、跨站脚本攻击（XSS）等，以非法获取用户数据、瘫痪电子商务平台，甚至操纵交易。

不法分子通过身份假冒、网络钓鱼诈骗、信用卡诈骗等方式，欺骗消费者泄露个人账户信息、支付密码等关键数据，从而盗取资金。

4. 内部管理疏漏

企业内部员工可能因为疏忽大意、误操作或者有意泄露等原因，导致重要数据安全防护失效。此外，未经授权的访问行为也可能对电子商务平台构成威胁。

企业在权限分配及管理方面如果不够严谨，可能导致一些不应接触敏感信息的人员有机会接触到核心数据，增加了内部数据泄露的风险。

5. 法规和标准滞后于行业发展

在全球范围内，不同国家和地区针对电子商务安全制定的法律规范和技术标准并不统一，甚至存在一定的滞后性。这不仅加大了企业在跨境业务中合规运营的难度，也给网络安全实践带来了诸多挑战。

6. 消费者安全意识薄弱

当前，很多消费者的信息保护意识相对较低，容易成为网络钓鱼邮件、恶意软件感染和社会工程学攻击的目标。这类安全事件虽然直接损害的是消费者利益，但也会间接影响到电子商务平台的信任度和整体安全性。

7. 快速发展的技术与安全滞后性矛盾

随着电子商务行业和技术的飞速发展，新的业务模式和技术不断涌现，而相应的安全防护措施往往需要时间来研发、升级和完善。这种技术迭代与安全措施跟进速度之间的差距，很可能产生新的安全威胁，从而进一步加剧电子商务领域的安全挑战。因此，建立一套能够适应快速变化的技术环境且能够高效应对新型安全威胁的安全体系显得至关重要。

1.2.2　电子商务安全面临的威胁

电子商务常见的安全威胁主要有以下 8 个方面。

1. 信息窃取与截获

信息窃取是指攻击者通过各种手段，如中间人攻击（MITM）、网络嗅探、恶意软件等非法获取电子商务平台上的用户数据和交易信息。例如，在不安全的 Wi-Fi 环境下，攻击者可以利用监听工具拦截未加密的网络通信数据，盗取用户的登录凭证、银行卡信息以及交易内容。信息泄露可能导致经济损失、法律纠纷以及客户信任度下降，影响商家信誉和品牌价值。

2. 信息篡改与伪造

在电子商务活动中，信息篡改指黑客入侵系统后更改或删除交易记录，或者在传输过程中修改数据包内容，以实现欺诈目的。例如，攻击者可能篡改订单金额或商品详情，令商家收到错误的信息并执行错误的操作。

伪造则是指制作虚假的电子文档、订单或身份证明，用来欺骗其他用户或系统。例如，仿造一份看似合法的发票或收据，进行财务欺诈。

信息篡改与伪造会导致数据完整性受损，进而导致资金损失、交易错误，甚至引发供应链混乱或财务报表失实等问题。

3. 身份假冒与欺诈

身份假冒通常发生在账户被盗用的情况下，攻击者冒充合法用户进行购物、转账等活动。例如，通过钓鱼邮件或社交工程手段获取到用户的账号和密码后，攻击者可以登录账户购买商品或转移资金。

欺诈行为包括设置虚假网店、发布不存在的商品或服务以骗取钱财，或者使用被盗信用卡信息进行消费。

身份假冒可能直接造成财产损失，损害消费者权益，并对商家的声誉造成损害，同时带来法律风险。

4. 拒绝服务攻击

拒绝服务攻击（DoS/DDoS）会导致电子商务网站无法为用户提供正常服务。攻击者会通过大量无意义请求淹没服务器资源，导致网站速度减慢甚至瘫痪而无法正常响应合法用户的访问请求。例如，僵尸网络可能会被命令同时向目标电商网站发送海量访问请求，使其丧失处理正常流量的能力。

由于遭受拒绝服务攻击而导致的服务中断会使用户体验下降、交易失败，严重时会导致电子商务网站业务停滞，造成巨大经济损失。

5. 系统漏洞入侵

系统漏洞入侵是针对电子商务平台的软件、硬件或网络设备存在的安全漏洞进行攻击，一旦成功入侵，攻击者可以获得对系统的控制权，并进一步窃取数据、篡改内容或植入恶意软件。例如，利用未更新补丁的服务器软件漏洞，黑客可以植入木马程序，从而操控整个电子商务系统。

系统被入侵可能导致数据库被盗、交易系统瘫痪，同时暴露大量用户隐私数据。

6. 支付欺诈

支付欺诈涉及多种手段，如通过盗窃或复制银行卡信息、滥用他人支付账户、利用虚假交易洗钱等。例如，在线支付过程中，黑客可能利用恶意脚本窃取用户输入的支付卡号、有效期和验证码，然后进行非法交易。

欺诈活动不仅会造成企业的直接经济损失，还可能由于违反金融监管要求而招致罚款或其他法律后果。

7. 数据泄露

数据泄露事件指的是电子商务企业存储的用户个人信息、交易记录等敏感数据被未经授权的第三方获取。例如，电商平台因数据库安全防护不足而遭到黑客攻击时，黑客会通过 SQL 注入、跨站脚本攻击（XSS）等方式入侵数据库，窃取存储的用户信息，导致用户的个人资料被公开在网络上。

大规模的数据泄露不仅会导致用户隐私暴露和巨额经济损失，还会触发严格的数据保护法规惩罚，面临高额罚款和法律诉讼，进而导致客户流失和长期的品牌恢复成本。

8. 供应链风险

电子商务供应链风险涵盖了从供应商到消费者的全链条中的安全威胁，整个电子商务生态中的任何环节若存在安全薄弱点，都可能导致恶意软件传播或商业秘密泄露。例如，一家电商公司的外包物流公司的服务器遭受黑客攻击，导致了部分客户的收货地址、联系电话等重要信息被泄露。

供应链风险扩散可能导致整个业务流程受阻，进而会增加运营的复杂性和不确定性。

1.2.3　电子商务安全的需求

针对上述安全威胁，电子商务领域提出了一系列安全需求，以确保交易的顺利进行和用户信息的安全。这些安全需求主要包括以下 6 个方面。

1. 数据保密性

确保电子商务交易过程中涉及的敏感信息不被未经授权的第三方获取或泄露。

2. 数据完整性

保证数据在传输过程中不被篡改或破坏，确保数据的真实性和完整性。

3. 身份认证与授权

建立有效的身份认证机制，确保交易双方身份的真实可靠；同时，实施严格的授权管理，防止未经授权的访问和操作。

4. 访问控制

通过设置访问权限和访问控制策略，限制对系统资源的访问，防止非法用户或攻击者获取敏感信息或进行恶意操作。

5. 可用性保障

确保电子商务系统能够稳定运行，为用户提供持续、可靠的服务，防止拒绝服务攻击等威胁影响系统的正常运行。

6. 安全审计与追踪

建立安全审计机制，对系统操作和用户行为进行记录和监控，以便在发生安全事件时能够迅速定位问题并采取相应的应对措施。

制定电子商务领域的安全需求对于保障消费者权益、提高企业形象、推动行业健康发展以及提供法律保障等方面具有重要意义。

1.3　电子商务安全体系结构

在电子商务环境中，构建一个健全且有效的安全体系至关重要，其涵盖了从技术层面的防护措施到政策法规层面的合规要求，旨在全面保障在线交易的安全性和稳定性。

1.3.1　安全体系框架构建

为了确保电子商务活动的安全性，首先需要设计和实施一套完备的安全体系框架，它是电子商务安全体系结构的基础，旨在为电子商务系统提供一个层次化、结构化的安全保障框架。这一框架应包含多个层次的安全策略和技术手段，如物理层、网络层、传输层、应用层、管理层等不同维度的安全防护措施。通过整合多种安全技术和管理规范，形成一个多角度、立体化的安全防护网。

1. 物理层

物理层是安全体系框架的基础，它关注于保护通信设备和传输介质免受物理威胁。物理层的安全措施包括确保通信线路的安全、物理设备的安全以及机房的安全等方面。例如，通过采用加固的机房设施、安装防盗报警系统、使用防火材料等方式来防范物理入侵和自然灾害。此外，物理层还需要考虑设备备份、防干扰能力以及不间断电源保障等方面，以确保通信的可靠性和稳定性。

2. 网络层

网络层负责在通信节点之间建立、维护和终止网络连接，确保数据在网络中的安全传输。网络层的安全需求包括网络身份认证、网络资源的访问控制、数据传输的保密与完整性以及入侵检测等。为了实现这些需求，网络层可以采用防火墙技术、入侵检测系统（IDS）以及虚拟专用网络（VPN）等安全机制，来防范网络攻击和数据泄露。

3. 传输层

传输层负责在源端和目的端之间建立可靠的通信连接，为上层应用提供数据传输服务。传输层的安全需求包括数据的机密性、完整性和不可否认性。为实现这些需求，传输层可以采用加密技术（如 TLS/SSL 等）来保护数据在传输过程中的安全性；同时，利用数字签名技术来确保数据的完整性和发送方的身份真实性。

4. 应用层

应用层是用户与网络之间的接口，它提供各种网络服务和应用程序。应用层的安全需求包括用户身份认证、访问控制、数据保密性以及应用程序的健壮性。为了保障应用层的安全，可以采用多因素认证技术来提高用户身份认证的安全性；同时，利用安全编程实践来防止应用程序中的漏洞和攻击。

5. 管理层

管理层负责对整个安全体系框架进行统一管理和监控，确保各项安全措施得到有效执行。管理层的安全需求包括安全策略的制定、安全事件的响应与处理以及安全审计等。为实现这些需求，管理层可以建立统一的安全管理平台，整合各种安全设备和系统，实现安全信息的集中收集、分析和报告；同时，制定完善的安全管理制度和流程，确保安全工作的规范化和高效化。

综上所述，构建一个完善的安全体系框架需要从物理层、网络层、传输层、应用层、管理层等方面进行综合考虑与规划。

1.3.2　技术手段与策略

要构建一个健全有效的安全体系，不仅依赖于合理的设计与规划，更离不开具体的技术手段与管理策略的有效落实。

电子商务安全技术是指用于保护电子商务交易和数据的技术，其发展和应用是多方面的，涵盖了从基础建设到高级安全管理的各个层面。可以根据电子商务安全技术的特性、保护对象及作用，将其分为基础支撑技术、主动防御技术、被动防御技术和面向管理的技术四大类。

1. 基础支撑技术

这类技术为电子商务提供必要的技术支持，包括加密技术、数字签名技术、身份认证技术、安全通信协议等。

（1）加密技术。

加密技术是电子商务安全的核心组成部分，它通过将敏感信息（如信用卡卡号、密码和个人数据等）转化为密文，使得只有拥有正确密钥的接收方才能解密和理解原始信息。常用的加密算法包括对称加密（如 AES 等）和非对称加密（如 RSA 等），它们确保了数据在传输过程中的保密性和完整性，防止未经授权的第三方窃取或篡改。

（2）数字签名技术。

数字签名是一种用于验证电子文档完整性和发送者身份的技术。它基于非对称加密原理，由发送方使用私有密钥对消息摘要进行加密生成签名，接收方则用发送者的公开密钥来验证签名的有效性。数字签名能够防止信息被伪造或篡改，并确保交易的不可否认性。

（3）身份认证技术。

身份认证技术是确认用户真实身份的过程，以保证只有合法用户可以访问其账户并执行交易。常见的身份认证方式包括静态密码、动态口令、双因素认证（如短信验证码、生物特征识别等）、数字证书以及多因素认证组合策略等，这些方法旨在防止非法用户冒充合法用户进行欺诈活动。

（4）安全通信协议。

安全通信协议如 SSL/TLS（Secure Sockets Layer/Transport Layer Security）等为在线交易提供了一个安全通道。SSL/TLS 协议通过对网络连接进行加密，确保在网络上传输的所有数据（包括用户名、密码、交易详情等）都是经过加密处理的，即使被拦截也无法轻易解读。此外，HTTPS（HTTP over SSL/TLS）已经成为电子商务网站的标准配置，确保用户与服务器之间的通信全程安全可靠。

基础支撑技术构建了电子商务环境的安全基础，确保了在线交易过程中信息的安全传递、身份的准确验证以及交易行为的合法性，从而促进了电子商务行业的健康发展。

2. 主动防御技术

主动防御技术是指能够主动监测和预防安全威胁的措施，如入侵检测系统（IDS）、防火墙、反钓鱼技术，以及更新和补丁管理等。

（1）入侵检测系统。

入侵检测系统（intrusion detection system，IDS）是一种通过监控网络流量、系统日志或者其他数据源来检测可疑活动和异常行为的系统。它通过模式匹配和异常检测等手段识别未经授权的访问、恶意攻击或其他违反安全策略的行为，并发出警报。一些高级的入侵检测系统还具备自动响应机制。

（2）防火墙。

防火墙（Firewall）是网络安全的第 1 道防线，它可以按照预设的安全规则对进出内部网络的数据包进行过滤，允许合法通信的同时，阻止不合规的网络访问请求。防火墙可以基于网络层、传输层甚至应用层的协议信息进行控制，通过状态检测、深度包检查等方式主动拦截恶意流量。

（3）反钓鱼技术。

反钓鱼技术主要用于预防用户遭受网络钓鱼攻击，即通过虚假网站或电子邮件诱骗用户提供敏感信息（如用户名、密码、信用卡卡号等）。这类技术包括但不限于 URL 信誉服务、内容过滤与智能识别、浏览器插件或安全软件等。

（4）更新和补丁管理。

更新和补丁管理是指定期更新操作系统、中间件、应用程序和其他软件，及时修复已知漏洞，降低黑客利用这些漏洞发动攻击的可能性。这是持续维护电子商务平台安全性的关键环节。

此外，主动防御技术还包括启发式病毒扫描、零日漏洞防御、应用程序白名单、行为分析以及 AI 驱动的威胁情报和自动化响应系统等。这些技术共同作用于不同层次的安全环节，形成一个多维度、立体化的防护体系，以应对不断演变的安全威胁。

3. 被动防御技术

被动防御技术是信息安全防护体系中的一个重要组成部分，它在安全事件发生后发挥作用，旨在减轻攻击带来的损失，并帮助系统快速恢复正常运行。这些技术包括数据备份与恢复、系统日志审计与异常检测、安全漏洞扫描与评估等。

（1）数据备份与恢复。

数据备份是指定期将关键业务数据复制并存储到另一个物理或逻辑位置的过程，以防原始数据丢失、损坏或被恶意篡改。一旦发生灾难性事件（如硬件故障、黑客攻击或意外删除等），可以通过恢复过程将备份数据还原至系统中，确保业务的连续性和数据的完整性。

（2）系统日志审计与异常检测。

系统日志记录了网络设备、服务器和应用程序的操作活动信息。通过对这些日志进行审计，可以追踪用户行为、系统状态以及潜在的安全问题。通过分析日志中的异常活动模式，安全团队能够及时发现可能存在的入侵迹象、违规操作或其他安全事件，从而采取相应措施防止事态进一步恶化。

（3）安全漏洞扫描与评估。

安全漏洞扫描是一种主动检查网络资源（包括操作系统、应用软件、网络设备等）是否存在已知安全漏洞的方法。通过自动化工具对系统进行全面扫描，识别出可能被攻击者利用的弱点，并对其进行风险评估。发现漏洞后，企业应立即采取补丁更新、配置调整等措施来修复漏洞，降低系统受攻击的风险。

被动防御技术虽然不直接阻止攻击的发生，但其在防范后果扩大化和快速恢复系统正常功能方面起着至关重要的作用。

4. 面向管理的技术

面向管理的技术是指通过构建一套全面的管理体系来管理和降低电子商务活动中的安全风险，这些技术包括访问控制、身份管理和安全信息与事件管理（SIEM）系统等。

（1）访问控制。

访问控制（access control）是一种策略和机制，用于确保只有授权用户、系统或进程才能访问特定资源，如数据、文件、网络服务等。这通常涉及权限分配、身份验证以及审计等环节。在电子商务环境中，访问控制是防止未授权访问敏感信息和交易数据的关键措施，如根据员工角色设置不同级别的数据访问权限。

（2）身份管理。

身份管理（identity management，IdM）涵盖了从创建、维护到撤销用户数字身份的全过程，包括身份认证、授权、审计和密码管理等功能。在电子商务中，强大的身份管理系统能够实现对用户生命周期各阶段的身份验证，保证每个账户的安全性，并及时发现和处理潜在的风险账号，如僵尸账户、被盗账户等。

（3）安全信息与事件管理系统。

安全信息与事件管理（security information and event management，SIEM）系统集成了安全信息管理和安全事件管理的功能，它能实时收集、分析和关联来自网络设备、服务器、应用程序等多个来源的日志和安全事件信息。通过 SIEM 系统，电子商务企业可以快速识别安全威胁，如入侵企图、恶意行为或者违反安全策略的操作等，并做出相应的响应和报告。此外，SIEM 还可以帮助企业满足法规遵从性要求，通过持续监控和报告提升整体网络安全态势感知能力。

这些面向管理的技术共同构成了电子商务环境中的关键基础设施，旨在通过对用户和系统的严格管控，实现有效预防、检测和应对各种安全威胁，保障电子商务活动的平稳运行和数据安全。

1.3.3　法规政策与标准规范

在不断发展的网络威胁态势下，单纯依靠技术手段并不足够，还需要结合严格的法律法规和行业标准，共同构建电子商务环境下的安全屏障。

2021 年 10 月，商务部、中央网信办和发展改革委联合发布《"十四五"电子商务发展规划》，该规划提出了"十四五"时期电子商务发展的主要任务，强调："统筹推进电子商务相关法律法规制订修订，加快数据立法进程，探索建立数据产权制度，统筹数据利用和数据安全。加强新技术应用的规范和监管，完善市场准入规则，细化反垄断和反不正当竞争规则。强化知识产权保护，提高执法效能，探索建立新领域新业态知识产权保护制度和监管框架。积极推进电子商务新领域新业态标准化建设，进一步完善标准治理体系。推动建立覆盖全社会的信用体系，加强电子商务诚信体系建设，建立健全失信惩戒和守信激励机制，引导激励多方市场主体参与信用共建。强化消费者权益保护，在新型消费领域开展消费教育和消费警示，建立健全消费纠纷多元化解机制，加大行政执法和司法保护力度。"

1. 法律法规的完善与深化

我国制定了一系列法律法规以保障电子商务安全，不仅为电子商务交易提供了明确的法律指引，也为电子商务安全提供了有力的法律保障。通过规范电子商务经营者的行为，保护消费者的合法权益，这些法律法规有效地促进了电子商务的健康、有序发展。

例如，《中华人民共和国电子商务法》于 2019 年 1 月 1 日起开始实施，它详细规定了电子商务经营者的权利和义务，包括要求他们履行保护消费者权益、环境保护、知识产权保护、网络安全与个人信息保护等方面的义务。此外，该法还建立了电子商务交易的信用评价制度，规范了电子商务平台的监管和责任。

《中华人民共和国网络安全法》于 2017 年 6 月 1 日起实施，2022 年 9 月进行修订，主要目的是保护网络安全和个人信息安全。它规定了网络运营者的义务和责任，要求电子商务经营者采取相应的安全措施保护用户的个人信息，防止数据泄露和滥用。

《中华人民共和国电子签名法》于 2005 年 4 月 1 日起实施，2015 年 4 月、2019 年 4 月进行修订，是我国针对电子交易和电子文档管理中电子签名活动的专门法律。它规定了在民事活动中当事人可以选择使用电子签名和数据电文，并确认了其法律效力。同时，该法也规定了电子签名需要满足的条件，以确保其有效性和安全性。

随着电子商务行业的迅猛发展和技术的日新月异，在数据保护、网络安全、新技术应用等方面的法律法规会持续修订和完善，以更好地适应市场的需求和挑战，为电子商务行业的健康发展提供有力保障。

2. 标准体系的健全与拓展

标准体系不仅为电子商务行业提供了操作指南和监管依据，更在推动电子商务活动的规范化、专业化、国际化方面发挥着不可替代的作用。国内的标准体系包括国家标准、行业标准和团体标准等。

（1）国家标准。

作为电子商务标准体系的核心组成部分，国家标准在保障行业基本规范和质量要求方面发挥着基础性作用。这些标准不仅具有全国范围内的普适性和权威性，还反映了电子商务领域的最新发展和技术创新。通过制定和实施国家标准，我们能够确保电子商务市场的公平竞争和消费者的合法权益。

我国在电子商务领域已经制定并发布了一系列重要的国家标准，这些标准涵盖了数据安全、交易流程、服务质量等多个关键环节。

例如，在数据安全标准方面，我国制定并发布了《信息安全技术　个人信息安全规范》（GB/T 35273—2020），该标准规定了个人信息的收集、保存、使用、共享、转让、公开披露等活动的基本原则和安全要求，适用于规范各类组织处理个人信息活动，为组织处理个人信息提供操作指南，也为个人维护自身合法权益提供指引。

在交易流程标准方面，我国制定并发布了《电子商务交易服务规范》，该标准对电子商务交易服务的安全要求进行了规定，包括交易前的身份认证、交易过程中的信息保密和完整性保护，以及交易后的纠纷处理等方面。它要求电子商务平台和相关企业必须建立完善的交易服务体系，确保交易过程的安全可靠。

在网络安全方面，我国制定了《信息安全技术　网络安全等级保护基本要求》（GB/T 22239—2019），该标准明确了国家网络安全等级保护制度及关键信息基础设施的重点保护原则。其保护对象范围从传统信息系统，扩展到网络基础设施、云计算平台、大数据平台、物联网、工业控制系统及移动互联技术系统等多元化领域，并基于新技术和新要求，提出了新的技术防护体系和管理措施、安全建设设计实现方式及等级测评方法，以全面提升网络运营者的网络安全防护能力。

（2）行业标准。

行业标准是由各主管部（委、局）批准发布，在该部门范围内统一使用的标准。对于电子商务行业来说，行业标准的制定更加贴近市场需求，反映了行业的特性和发展趋势。

针对电子商务行业的特定需求，我国制定了一系列行业标准，这些标准更为具体、细化，不仅为企业提供了详尽的操作规范，也为企业理解和执行相关政策要求提供了明确指导。例如，《网上银行系统信息安全通用规范》（JR/T 0068—2020）通过收集、分析在评估检查中发现的网上银行系统信息安全问题和已发生的网上银行案件，针对性地规定了网上银行系统安全技术要求、安全管理要求、业务运营安全要求，为网上银行系统建设、运营及测评提供了依据，旨在有效增强现有网上银行系统安全防范能力，促进网上银行规范、健康发展。《电信和互联网服务　用户个人信息保护技术要求　电子商务服务》（YD/T 3105—2016）则针对电信和互联网服务领域，特别是电子商务服务领域，明确了用户个人信息的收集和使用、存储和保护、访问和修改等要求。

（3）团体标准。

团体标准具有灵活性和创新性强的特点，它们通常由行业协会、企业联盟等团体组织根据市场需求和行业发展趋势自主制定，以推动电子商务安全技术的创新和应用。

例如，中国国际贸易促进委员会商业行业委员会发布的《移动电子商务商品经营服务规范》（T/CCPITCSC 010—2017）规定了移动电子商务商品虚拟业态下的在线销售商经营服务管理要求和平台服务商经营服务管理要求；而该协会发布的《跨境电子商务商品经营服务规范》（T/CCPITCSC 009—2017）则规定了跨境商品电子商务虚拟营销业态下的在线销售商经营服务管理要求和平台服务商经营服务管理要求。

3. 国际标准与最佳实践的借鉴与融合

通过积极地与国际接轨，我国采纳并实施了多项国际标准，如支付卡行业数据安全标准（PCI DSS）和 ISO/IEC 27001 信息安全管理体系标准等。这些标准的实施有助于提升我国电子商务行业的国际竞争力。

同时，我国还积极引进和借鉴国际上的最佳实践，如网站安全联盟（OWASP）发布的十大 Web 应用安全风险列表等，这些实践为企业提供了有效的安全防护措施和风险管理策略。

电子商务安全体系是一个多层次、多方面的综合性安全体系。随着电子商务技术的不断发展和所面临安全威胁的不断演变，需要不断完善和更新电子商务安全体系，以应对新的挑战和威胁，确保电子商务交易的持续安全和稳定。

📖 拓展阅读

"十四五"时期，我国电子商务发展机遇大于挑战，必须增强机遇意识和风险意识，认清矛盾变化，把握发展规律，抓住机遇，应对挑战，努力在危机中育先机、于变局中开新局。

——《"十四五"电子商务发展规划》

📑 本章小结

　　本章以电子商务安全为核心主题，首先解析电子商务安全的基本概念与发展历程，继而剖析当前安全态势、隐患与新兴威胁，并突出保障电子商务安全的重要性。随后，精讲构建安全体系架构的原则与方法，涉及关键技术及法律政策对安全实践的指导，为制定和实施安全策略提供了全方位的解读。

　　通过学习本章内容，学生将强化对电子商务安全基础知识的理解，并初步了解构建电子商务安全体系的基本步骤和相关技术要点，为将来从事电子商务工作，参与电商平台建设和安全维护奠定必要的理论基础和预备知识。

📋 课后练习

一、填空题

　　1.电子商务安全的需求包括＿＿＿＿＿、＿＿＿＿＿、＿＿＿＿＿、＿＿＿＿＿、可用性保障和安全审计与追踪。

　　2.电子商务安全体系框架包括 5 个层次，分别是物理层、＿＿＿＿＿、＿＿＿＿＿、＿＿＿＿＿、管理层。

　　3.基础支撑技术为电子商务提供必要的技术支持，包括＿＿＿＿＿、＿＿＿＿＿、＿＿＿＿＿、安全通信协议等。

二、简答题

　　1.简述电子商务安全的现状。

　　2.简述电子商务面临的常见安全威胁。

网络安全基础

本章导言

电子商务活动完全依赖于网络环境进行信息传输、交互和交易处理，任何先进的电子商务安全技术都是建立在网络安全基础之上的，没有安全的网络环境，所有的电子商务活动都将面临严重的风险，因而，了解网络安全基础知识可以为后续深入探讨和实践电子商务安全技术提供理论支撑和实际操作框架。

学习目标

➤ 了解密码学技术的组成元素，理解密码学基础概念，掌握对称加密与非对称加密机制。

➤ 通晓网络通信模型，全面理解 OSI 七层模型与 TCP/IP 四层模型结构及其功能，熟知两类模型间的相互对照关系。

➤ 熟悉网络安全协议，包括各自的作用、工作原理及其在实际网络通信中的安全应用。

素质要求

➤ 系统掌握网络安全基础知识，培养理论分析与实践操作能力。

➤ 能够运用所学知识分析电子商务安全问题的根源，培养创新思维及问题解决能力。

2.1 密码学技术基础

在电子商务交易过程中，涉及的敏感信息包括但不限于用户的个人资料、交易详情、银行账户信息等高度隐私内容。这些数据在互联网上传输或暂存时如果没有经过加密处理，极易受到诸如中间人攻击、数据篡改、信息窃取等各种安全威胁，从而导致严重的经济损失和信任危机。因此，电子商务体系广泛依赖于密码学技术来构建安全防线。

2.1.1 密码学技术简介

密码学（cryptography）是一门研究如何隐藏和保护信息的科学，涉及设计算法、协议和技术，以确保数据的机密性、完整性和可用性，同时支持身份验证和不可否认性等安全目标。

密码学技术是密码学在实际应用中的具体体现，它是指将密码学原理转化为实际操作的技术手段与工具。密码学技术包括加密技术、数据完整性验证、消息认证码、数字签名等一系列相关技术，以实现对信息安全的全面保护，这些技术在电子商务、网络安全、移动通信以及众多涉及敏感信息交换的场景中起着至关重要的作用。

2.1.2 密码学技术的组成元素

密码学技术主要由 2 个元素组成——算法和密钥。

1. 算法

密码学的基本思想是将一种形式的信息变换成另外一种形式的信息，其中用到的各种变换被称为密码算法。算法是一套预定义的数学规则或步骤，是将正常的数据（明文）与字符串进行组合，按照算法公式进行计算，从而得到新的数据（密文），或者是将密文通过算法还原为明文。它描述了如何进行加密和解密的具体过程。

2. 密钥

密钥是一组字符串，是加密和解密最主要的参数，由通信的一方通过一定标准计算得来。密钥是变换函数中的一个重要控制参数，通常用 K 来表示。它与特定的加密算法结合使用，可以使同一份明文在使用不同密钥的情况下产生不同的密文。密钥在加密过程中用于混淆数据，而在解密过程中则用于还原数据。没有密钥和算法，加密的数据就无法被解读，从而起到了保护数据的作用。

根据柯克霍夫原则，密码系统的安全性取决于密钥，而不是密码算法，即密码算法要公开。柯克霍夫原则是荷兰密码学家柯克霍夫于 1883 年在《军事密码学》中提出的基本假设，遵循这个假设是因为它是评估算法安全性唯一可用的方式。因为如果密码算法保密，密码算法的安全强度就无法进行评估，也无法防止算法设计者在算法中隐藏后门。算法被公开后，密码学家可以研究、分析其是否存在漏洞，同时也接受攻击者的检验，这样有助于算法被推广使用。当前网络应用十分普及，密码算法的应用不再局限于传统的军事领域，只有公开，密码算法才可能被大多数人接受并使用。同时，对用户而言，只需掌握密钥就可以使用了，非常方便。

由于加密体制不同，密钥管理策略会有所差异。

2.1.3　对称加密和非对称加密

根据加密和解密时使用的密钥，可以将加密分为对称加密与非对称加密 2 种。

1. 对称加密

对称加密也称私有密钥加密算法，就是数据传输双方均使用同一个密钥，双方的密钥都必须处于保密的状态，因为私有密钥的保密性必须基于密钥的保密性，而非基于算法。收发双方都必须对自己的密钥负责，才能保证数据的机密性和完整性，如图 2-1 所示。

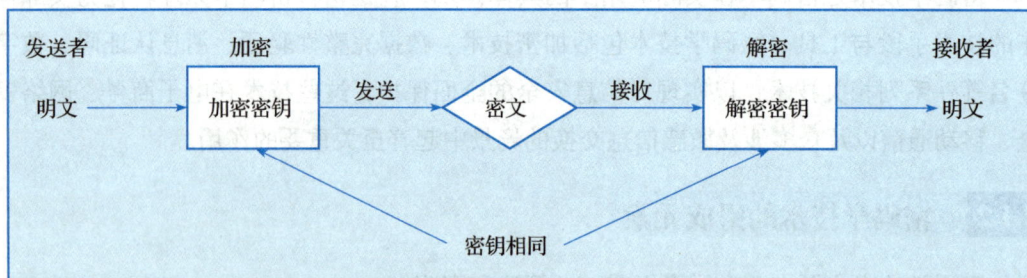

图 2-1　对称加密及解密过程

对称密钥密码体制的安全性主要取决于算法的安全性和密钥的安全性。算法的安全性是指加密算法必须足够安全，确保不必为算法保密，仅根据密文就能破译出消息是不可能的；密钥的安全性是指密钥必须保密并保证有足够大的密钥空间，对称密码体制要求基于密文和加密/解密算法的知识就能破译出消息的做法是不可行的。

对称加密算法的优点如下：

⇨ 高速度和高效率。对称加密算法执行速度快，计算复杂度相对较低，加密和解密过程所消耗的资源较少，因此对于大量数据的加密/解密操作尤为高效，适合实时性要求高的通信场景。

⇨ 简单易用。由于加密和解密使用的是同一个密钥，算法实现起来相对简单，不需要复杂的密钥管理机制，且在硬件上容易实现加速。

⇨ 难破解性（基于密钥长度）。如果密钥足够长并且随机性强，则对称加密算法能够提供非常高的安全性。即便攻击者知道加密算法的具体细节，在没有密钥的情况下破解难度极大。

⇨ 节省资源。只需生成和分发一个密钥给双方，而不是像非对称加密那样需要一对密钥，这在一定程度上减少了密钥管理和分发的成本。

对称加密算法的缺点如下：

⇨ 密钥是保密通信安全的关键，发信方必须安全地把密钥发送到收信方，不能泄露其内容，因此，如何才能把密钥安全地送到收信方是对称加密算法的核心问题。对称加密算法的密钥分发过程十分复杂，成本付出高。

⇨ 多人通信时密钥组合的数量会呈现爆炸式增长，使密钥分发更加复杂。n 个人进行两两通信，需要的密钥数为 $n \times (n-1)/2$ 个。

⇨ 通信双方必须统一密钥才能发送保密的信息。如果发信方与收信方素不相识，就无法向对方发送密钥信息。

⇨ 除密钥管理与分发问题外，对称加密算法还存在数字签名困难的问题（接收方可以伪造签名，发送方也可以否认发送过某消息）。

第二次世界大战期间，电报采用的就是对称加密算法，而密钥则存储在密码本中。现在国际上比较通行的 DES 算法、3DES 算法、AES 算法、RC 算法等都是对称加密算法。

2. 非对称加密

与对称加密不同，非对称加密需要 2 个密钥：公开密钥和私有密钥。公开密钥与私有密钥是一对，公开密钥（加密密钥）对外公开，谁都可以使用，私有密钥（解密密钥）只有解密人自己知道。非授权使用者根据公开密钥无法推算出解密密钥。

如果使用公开密钥对数据进行加密，只有用相对应的私有密钥才能解密；如果使用私有密钥对数据进行加密，那么只有用相对应的公开密钥才能解密。因为加密和解密使用的是 2 个不同的密钥，所以这种算法叫作非对称加密算法。该算法是针对对称加密体制的缺陷提出的。

A 和 B 在传输数据时，A 生成一对密钥，并将公开密钥发送给 B，B 获得了这个密钥后，可以使用它对数据进行加密并将加密后的数据传输给 A，然后 A 用自己的私有密钥进行解密就可以了，这就是非对称加密及解密的过程，如图 2-2 所示。

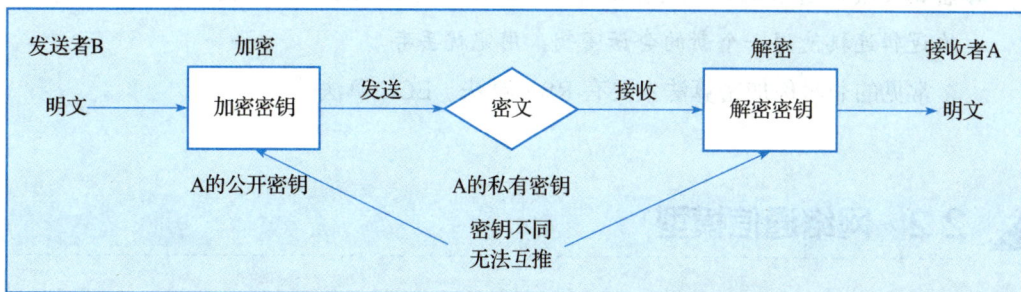

图 2-2　非对称加密及解密过程

公开密钥加密可以实现如下功能。

⇨ 机密性。保证非授权人员不能非法获取信息，可通过数据加密来实现。

⇨ 确认性。保证对方属于所声称的实体，可通过数字签名来实现。

⇨ 数据完整性。保证信息内容不被篡改，入侵者不可能用假消息代替合法消息，可通过数字签名来实现。

⇨ 不可抵赖性。发送者无法事后否认他发送过消息，消息的接收者可以向中立的第三方证实所指的发送者确实发出了消息，可通过数字签名来实现。

非对称加密一方面解决了密钥管理与分配的问题，另一方面满足了数字签名的需求。所以非对称加密的优点如下：

⇨ 网络中的每个用户只需要保存自己的私有密钥，则 n 个用户仅需生成 n 对密钥。密钥少，便于管理。

⇨ 密钥分配简单，不需要秘密的通道和复杂的协议传送密钥。公开密钥可基于公开的渠道（如密钥分发中心）分发给其他用户，而私有密钥则由用户自己保管。

⇨ 可以实现数字签名。

非对称加密的缺点就是效率非常低。非对称加密比前述的对称加密算法慢了很多，所以不太适合对大量的数据进行加密。

根据非对称加密的特点，它被广泛应用在以下 3 个方面。

⇨ 通信保密。此时将公开密钥作为加密密钥，私有密钥作为解密密钥，通信双方不需要交换密钥就可以实现保密通信。这时仅通过密文和公开密钥，破解出对应的明文或私有密钥是不可能的。A 拥有多人的公开密钥，当需要向 B 发送机密消息时，他会用 B 公布的公开密钥对明文消息加密，当 B 接收到后用他的私有密钥解密。由于私有密钥只有 B 本人知道，因此能实现通信保密。

⇨ 数字签名。将私有密钥作为加密密钥，公开密钥作为解密密钥，可实现由一个用户对数据加密而使多个用户解密。B 用私有密钥对明文进行加密并发布，A 收到密文后用 B 公布的公开密钥解密。由于 B 的私有密钥只有 B 本人知道，因此 A 看到的明文肯定是 B 发出的，从而实现了数字签名。

⇨ 密钥交换。通信双方交换会话密钥，以加密通信双方后续连接所传输的信息。每次逻辑连接使用一个新的会话密钥，用完就丢弃。

常见的非对称加密算法主要有 RSA 算法、ECC 算法等。

2.2　网络通信模型

网络通信安全是指利用计算机和网络安全通信技术实现计算机网络的安全运行和安

全通信。首先来认识一下网络通信模型，基于网络通信模型，能够更合理地设计和实施网络安全策略。

2.2.1　OSI 模型

为了应对全球范围内日益增长的计算机网络体系结构与协议标准化的需求，国际标准化组织于 1977 年设立了专门的研究机构，并在不久提出了一个创新性的框架标准——开放式系统互联参考模型（open system interconnection reference model），简称 OSI 模型，该模型的核心理念在于"开放性"，即任何遵循此标准设计和构建的系统都能够实现相互间的互联互通，不受特定制造商或技术的限制。"系统"在此语境中特指那些参与通信过程的各个组成部分及其相关功能，它们按照 OSI 模型架构进行设计和交互，确保了不同系统间能够有效地沟通信息并协同工作。

OSI 模型将网络通信划分为 7 个逻辑层，每一层都承担着特定的任务，并为上一层提供服务，同时又利用下一层所提供的服务。这 7 层自底向上依次为物理层、数据链路层、网络层、传输层、会话层、表示层及应用层。每一层都定义了其独特的功能和协议规范，从而共同实现了跨系统的互联互通性、互操作性和程序及设备的可移植性，有力推动了全球信息技术的发展和融合。

OSI 模型如图 2-3 所示。

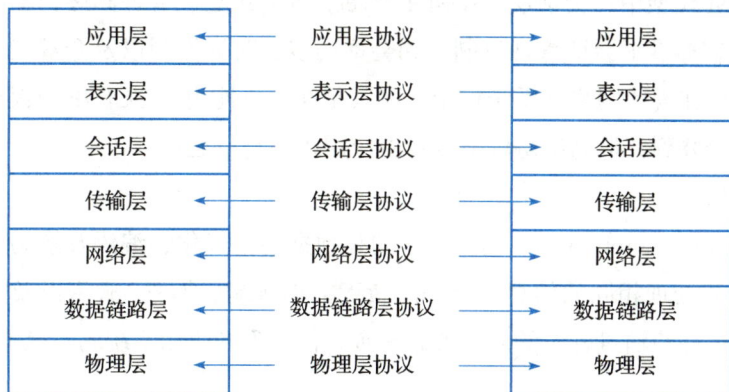

应用层	← 应用层协议 →	应用层
表示层	← 表示层协议 →	表示层
会话层	← 会话层协议 →	会话层
传输层	← 传输层协议 →	传输层
网络层	← 网络层协议 →	网络层
数据链路层	← 数据链路层协议 →	数据链路层
物理层	← 物理层协议 →	物理层

图 2-3　OSI 模型

1. OSI 模型的层次结构

（1）物理层。

物理层（physical layer）位于 OSI 参考模型的底层，它直接处理与传输介质交互的硬件细节。这一层的主要任务是将数据转换为可通过物理媒介传输的信号，并确保这些信号在发送端和接收端可以被正确解读。物理层定义了包括电缆类型、信号频率、电压级别、连接器类型在内的多种物理特性和规程，以实现设备间的物理连接。它负责传输"比特流"，但并不关心所传输数据的意义或内容。

（2）数据链路层。

数据链路层（data link layer）位于物理层之上，负责节点间的可靠传输，它通过提供错误检测和纠正机制来确保数据帧在该层内正确传递。它还负责帧同步、地址识别（如MAC 地址等）、流量控制及链路管理。数据链路层通常分为 2 个子层：LLC（逻辑链路控制）和 MAC（媒体访问控制）。MAC 子层负责同一网络内的介质访问，例如决定哪些设备何时可以发送数据，以避免冲突；而 LLC 子层则负责处理不同网络间的数据传输一致性问题。

（3）网络层。

网络层（network layer）主要关注点对点（主机到主机）之间的通信，其核心功能是为数据包选择合适的路径，即路由选择。在网络层中，数据被打包成称为数据包或分组的单元，并被赋予逻辑地址（如 IP 地址等），以便在网络中的多个节点之间进行转发。此外，网络层还涉及拥塞控制和网络互联策略的设计。

（4）传输层。

传输层（transport layer）是第 1 个真正意义上的端到端层，它负责建立、维护和终止会话，解决数据分段和重组问题，提供差错恢复和流量控制服务，确保信息从源主机到目的主机的可靠传输。

（5）会话层。

在早期 OSI 模型中，会话层（session layer）负责建立、管理和终止不同应用进程间的对话连接。它提供了会话管理机制，如会话同步、对话控制以及全双工或半双工通信模式的选择，但在现代网络体系结构中，尤其是在广泛使用的 TCP/IP 协议栈中，会话层的功能往往被合并到其他高层协议中或者由应用程序自行处理。

（6）表示层。

表示层（presentation layer）主要关注的是数据的格式化、编码及解码，确保不同系统间能够理解和处理相同的信息。这一层负责数据压缩、加密 / 解密以及字符集转换等工作，确保数据在传输过程中的表现形式一致，便于不同应用系统的互操作。

（7）应用层。

作为 OSI 模型的最高层，应用层（application layer）直接与最终用户的应用程序打交道，定义了各种应用程序所需的网络通信协议和接口标准。应用层协议规定了应用程序如何与网络进行交互，包括文件传输、电子邮件、网页浏览、远程登录等各种网络服务。

2. OSI 模型的安全架构

（1）OSI 模型提供的安全服务。

为了确保网络通信和信息资源的安全性，OSI 模型定义了 5 类关键的安全服务。

①鉴别服务。鉴别是最基本的安全服务，是对付假冒攻击的有效方法。鉴别可以分为对等实体鉴别和数据源鉴别。

➡ 对等实体鉴别。对等实体鉴别是在开放系统的 2 个同层对等实体间建立连接和传输数据期间，为证实一个或多个连接实体的身份而提供的一种安全服务。这种服务可以是单向的，也可以是双向的；可以带有效期检验，也可以不带。从 7 层参考模型看，当由 n 层提供这种服务时，将使 $n+1$ 层实体确信与之打交道的对等实体正是它所需要的对等 $n+1$ 层的实体。

➡ 数据源鉴别。数据源鉴别服务可以对数据单元的来源提供识别，但对数据单元的重复或篡改不提供鉴别保护。从 7 层参考模型看，当由 n 层提供这种服务时，将使 $n+1$ 层实体确信数据来源正是它所需要的对等 $n+1$ 层的实体。

②访问控制。访问控制用于防止资源未经授权被使用。对 OSI 模型来说，访问控制的安全目标包括以下 4 点。

➡ 进程对数据和计算资源的访问控制。控制不同进程（可以代表人员或其他进程行为）对数据和其他计算资源的访问。

➡ 安全域内的访问控制。在一个安全域内进行访问控制，或跨越一个或多个安全域的访问控制。

➡ 基于上下文的访问控制。根据尝试访问的时间、地点或访问路由等因素进行访问控制。

➡ 动态访问控制。在访问期间，根据授权更改做出反应，调整访问控制策略。

③数据完整性。数据完整性服务用于对抗数据在存储、传输等处理过程中受到的非授权修改。OSI 模型把数据完整性服务概括为以下 5 个方面。

➡ 带恢复的连接完整性。确保在所有连接上传输的所有用户数据的完整性，并检测整个 SDU（服务数据单元）序列中的任何篡改、插入或删除，同时进行补救和 / 或恢复。

➡ 不带恢复的连接完整性。服务同带恢复的连接完整性，只是不做补救和 / 或恢复。

➡ 选择字段的连接完整性。为一次连接中传输的每个 SDU 中的选择字段提供完整性保护，确保这些字段没有被篡改、插入、删除或变得不可用。

➡ 无连接完整性。为单个无连接传输的 SDU 提供完整性保护，检测接收到的 SDU 是否遭受了篡改，并在一定程度上检测连接重放攻击。当这种服务由某一层（n）提供时，它也为请求该服务的上一层（$n+1$）实体提供了完整性保护。

➡ 选择字段的无连接完整性。为单个无连接传输的 SDU 中的特定选择字段提供完整性保护，检测这些选择字段是否被篡改。

④数据保密性。数据保密性就是保护信息（数据）不泄露或不泄露给那些未经授权掌握这一信息的实体。在信息系统安全中需要区分 2 类机密性服务。

➡ 数据机密性服务。确保攻击者难以从数据项中获取敏感信息。

➡ 业务流机密性服务。确保攻击者难以通过观察通信系统的业务流来获取敏感信息。

⑤抗抵赖。前述的安全服务是针对来自未知攻击者的威胁，而抗抵赖服务的目的是保护通信实体免遭来自其他合法实体的威胁。OSI 定义的抗抵赖服务有以下两种类型。

⇨ 有数据原发证明的抗抵赖。为数据的接收者提供数据的原发证据，使发送者不能抵赖这些数据的发送或否认发送内容。

⇨ 有交付证明的抗抵赖。为数据的发送者提供数据交付证据，使接收者不能抵赖收到这些数据或否认接收内容。

（2）OSI 模型的安全服务配置。

安全服务的实现并不仅仅停留在理论层面，而是需要根据具体的应用场景和安全需求，在各层协议中合理配置与集成。这意味着在设计和实施安全策略时，必须明确每一层如何提供对应的安全服务，通过这种方式，能够构建出一个多层次、全方位的安全体系结构。

OSI 模型的安全服务配置按照下列 7 个原则进行。

⇨ 实现一种安全服务的不同方法应尽可能少，以简化系统设计和管理。

⇨ 在多层上提供安全服务是可取的，以建立一个更加全面和强大的安全系统。

⇨ 为安全所需的附加功能不应该也不必要重复 OSI 模型中已有的功能。

⇨ 避免破坏各层的独立性，确保每一层的功能不受其他层的影响。

⇨ 可信功能的数量应尽量少，以减少潜在的安全漏洞。

⇨ 如果一个实体依赖于较低层提供的安全机制，那么任何中间层应按不违反安全的方式构建。

⇨ 尽可能地将每一层的附加安全功能定义为自包含的模块，以便管理和维护。

本标准适用于包含所有 7 层的端系统组成的开放系统以及中继系统。

在实际应用中，安全服务可能跨越多层实现，并非严格限制在某一层内。例如，对等实体鉴别通常在网络层（如 IPsec 等）、传输层（如 SSL/TLS 握手过程）和应用层（如 HTTP Basic/Digest Auth 等）实现；数据源鉴别可通过传输层和网络层的加密及数字签名来实现；访问控制在多个层中都可以设置，从物理层到应用层都有相应的访问控制机制；连接和无连接保密性主要通过传输层和网络层（如 IPsec 等）提供的加密技术实现；抗抵赖服务更倾向于在应用层或更高层通过数字签名等手段提供。

表 2-1 提供了一个大致的安全服务配置框架以供参考。

表 2-1　安全服务配置框架

安全服务	应用层	表示层	会话层	传输层	网络层	数据链路层	物理层
对等实体鉴别（认证）	√		√				
数据源鉴别	√			√	√		

（续表）

安全服务	应用层	表示层	会话层	传输层	网络层	数据链路层	物理层
访问控制	√				√	√	√
连接保密性			√	√		√	
无连接保密性					√	√	
连接完整性（带恢复或不带恢复）			√	√			
流量保密性				√	√		
抗抵赖服务（数据原发证明）	√						
抗抵赖服务（交付证明）	√						

（3）OSI 模型的安全机制。

为了支撑上述提到的各种安全服务，OSI 模型中引入了一系列安全机制作为其实现基础。这些安全机制涵盖了密码学算法、身份认证方法、访问控制机制、审计跟踪等多种手段。例如，加密机制是实现数据保密性的关键技术，而数字签名则是用于提供不可否认性的重要工具。

在不同的层上，安全机制会被针对性地嵌入相应的协议栈中，共同作用于整个通信过程，以达到保障信息安全的目的。

2.2.2　TCP/IP 模型

TCP/IP（Transmission Control Protocol/Internet Protocol）模型是计算机网络通信中最为广泛采用的一种协议族，主要用于描述数据在网络中的传输过程和相关协议的工作机制。

1. TCP/IP 模型的层次结构

TCP/IP 模型并不完全对应 OSI 七层模型，而是将功能简化为四层结构或五层结构。四层结构的 TCP/IP 模型包括网络接口层、网络层、传输层和应用层，如图 2-4 所示。

（1）网络接口层。

网络接口层在 TCP/IP 模型中主要负责物理层和网络层之间的通信。它处理的是物理连接以及在 2 个相邻节点之间传输数据帧的具体过程。该层协议确保数据能够通过特定的物理媒介（如以太网、Wi-Fi 等）可靠地传输，并提供错误检测和纠正机制。

（2）网络层。

网络层又称互联网层，是 TCP/IP 模型中的核心层之一，其主要任务是实现不同网络之间的互联互通。通过路

图 2-4　TCP/IP 模型

由选择算法，这一层负责将上层传递的数据包（通常封装为 IP 数据报）从源主机发送到目标主机。同时，网络层还负责分配和管理逻辑地址（IP 地址），并通过 ICMP 协议来报告网络错误状态和诊断信息。

（3）传输层。

传输层为应用进程间提供端到端的数据传输服务，确保数据能够准确无误地从发送方传送到接收方。传输层的主要职责包括流控制、拥塞控制，以及建立、维护和终止会话等。

（4）应用层。

作为用户与网络交互的最后一环，应用层定义了应用程序如何使用网络服务，以及各种不同类型的应用程序数据应该如何被封装和解封装。此层包含了一系列协议，使得电子邮件、文件传输、网页浏览等各种网络应用得以实现。

2. TCP/IP 模型的安全架构

TCP/IP 协议族在最初设计时，其核心关注点在于实现不同计算机网络之间的互联互通，并确保数据包能够在互联网上传输和路由。然而，在安全性方面，原始的 TCP/IP 架构并未充分考虑防范恶意攻击、保护数据隐私，以及保证数据完整性和机密性等现代网络安全所需的关键要素。

随着互联网的广泛应用和发展，网络安全问题日益突出，因特网工程任务组（IETF）认识到必须对现有 TCP/IP 协议进行增强和补充，以应对不断增长的安全威胁。为此，他们持续努力改进已有协议的安全特性，并研发了一系列新的安全通信协议来加固整个 TCP/IP 协议栈的安全基础。

TCP/IP 协议栈按层次结构划分，每一层承担不同的功能职责。针对这些层中的不同安全需求，专家们针对性地设计了相应的安全解决方案。

⇨ 于网络接口层。虽然主要关注物理连接和数据传输错误检测，但也可以通过加密技术如 MACSec 来加强本地网络的数据保密性和完整性。

⇨ 网络层（IP 层）。由于原生 IP 协议本身不具备足够的安全性，引入了 IPsec 协议集，它包括 AH（认证头）和 ESP（封装安全载荷）协议，提供了数据源验证、数据完整性校验及加密服务。

⇨ 传输层。尤其是对于 TCP 和 UDP 协议，TLS/SSL（现称为 TLS，传输层安全协议）被广泛应用于 Web 和其他应用程序中，为端到端的通信提供身份认证、数据加密和完整性保护。

⇨ 应用层。其安全措施更加多样化。例如，HTTP(S)、FTP(S)、SMTP(S) 等协议都通过集成相应的安全协议来保障应用层数据的安全传输。

TCP/IP 网络安全技术层次体系如表 2-2 所示。

表 2-2　TCP/IP 网络安全技术层次体系

	认证	访问控制	数据完整性	数据保密性	抗抵赖	可控性	可审计性	可用性
应用层	应用层安全协议（如 S/MIME、SHTTP、SNMPv3）				第三方公证（如 Keberos）、数字签名	响应、恢复、审计、日志、入侵检测（IDS）、漏洞扫描	安全服务管理、安全机制管理、安全设备管理、物理保护	系统安全管理
	用户身份认证	授权与代理服务器、防火墙、CA						
传输层	传输层安全协议（如 SSL/TLS、PCT、SSH、SOCKS）							
	电路级防火							
网络层（IP）	网络层安全协议（如 IPsec）							
	数据源认证、IPsec-AH	包过滤、防火墙		如 VPN				
网络接口层	相邻节点间的认证（如 MS-CHAP）	子网划分、VLAN、物理隔绝	MDC、MAC	点对点加密（MPPE）				

2.2.3　OSI 模型和 TCP/IP 模型的对应关系

尽管 OSI 模型和 TCP/IP 模型的层数不完全相同，但它们有大致的对应关系。

（1）OSI 模型的物理层和数据链路层对应于 TCP/IP 模型的网络接口层。

（2）OSI 模型的网络层与 TCP/IP 模型的网络层相对应。

（3）OSI 模型的传输层与 TCP/IP 模型的传输层一致。

（4）OSI 模型的会话层、表示层和应用层的功能，在 TCP/IP 模型中通常合并到了单一的应用层中。

OSI 模型和 TCP/IP 模型的对应关系如图 2-5 所示。

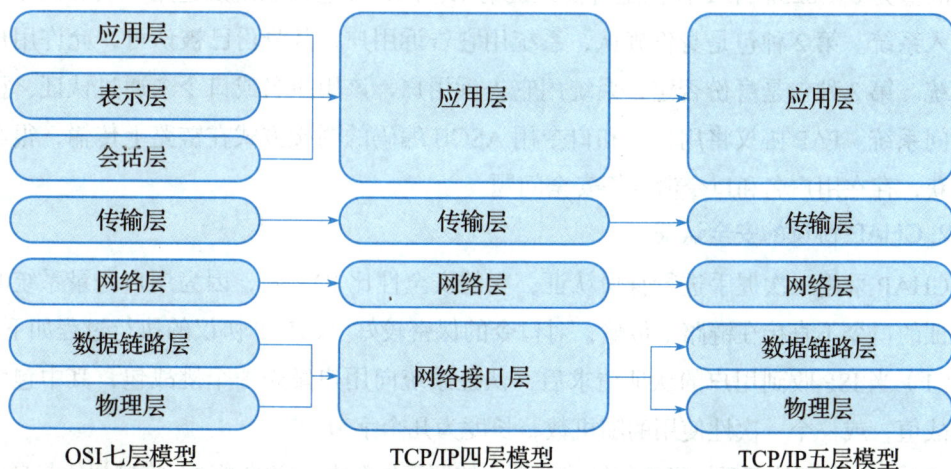

图 2-5　OSI 模型和 TCP/IP 模型的对应关系

2.3 网络安全协议

在构建全面且有效的网络安全体系时，不同层次的网络协议扮演着至关重要的角色。

2.3.1 数据链路层安全协议

数据链路层常见的 PPP 协议（point-to-point protocol，点对点协议）提供了一种在点对点连接上传输多种协议数据报的标准方法。PPP 为 2 个对等节点之间的 IP 流量传输提供了一种封装协议。在 PPP 中为了保证通信的安全，提供了认证功能，认证使用的协议包括 PAP、CHAP。另外，数据链路层还提供了数据的加密技术，如隧道协议的 L2F 和 L2TP 等。下面将详细介绍这些常见的安全协议的功能。

面向连接的点对点通信的第 1 步是在双方之间先建立信道的连接，并且要进行通信双方的身份认证，包括用户对电信运营商的身份确认和电信运营商对用户的身份确认。进行用户身份认证的协议有 2 个：口令验证协议（password authentication protocol，PAP）和挑战握手身份认证协议（challenge handshake authentication protocol，CHAP）。只有身份认证通过后才允许进行通信。

1. PAP 协议的安全认证

PAP 身份认证的过程只有 2 个步骤。

（1）当用户通过 PPP 连接访问 ISP（互联网服务提供商）的系统时，需要向系统发送认证信息，通常是用户名和口令。

（2）ISP 系统对收到的用户名和口令进行鉴别，以确定接受或拒绝连接。

PAP 认证所使用的 3 种包如图 2-6 所示。无论 PPP 帧传输哪一种包，它的协议类型字段的值为 0xC023。第 1 种包是身份认证请求，用户用它向系统发送用户名和口令，请求接入系统。第 2 种包是身份确认，系统用它告诉用户，其身份已被认可，允许用户访问系统。第 3 种包是身份否定，系统用它告诉用户，该用户名或口令未通过认证，拒绝其访问系统。PAP 协议将用户名和口令用 ASCII 编码的明文方式在链路上传输，很容易被截获，存在用户名和口令泄露等安全问题。

2. CHAP 协议的安全认证

CHAP 采用三次握手进行身份认证，它的安全性比 PAP 好，因为用户登录系统时用于认证的口令不直接在链路上传输，对口令的保密较好。CHAP 协议的执行过程如下：

（1）当 ISP 收到用户的认证请求后，认证系统向用户发送一个挑战包，其中包含一个挑战值，或一个一次性使用的随机数，长度为几个字节。

（2）用户收到认证系统发来的挑战值后，按照事先双方约定的算法，将挑战值与自己的口令进行计算并生成一个结果；用户将此计算结果封装到一个响应包中发给 ISP 系统。

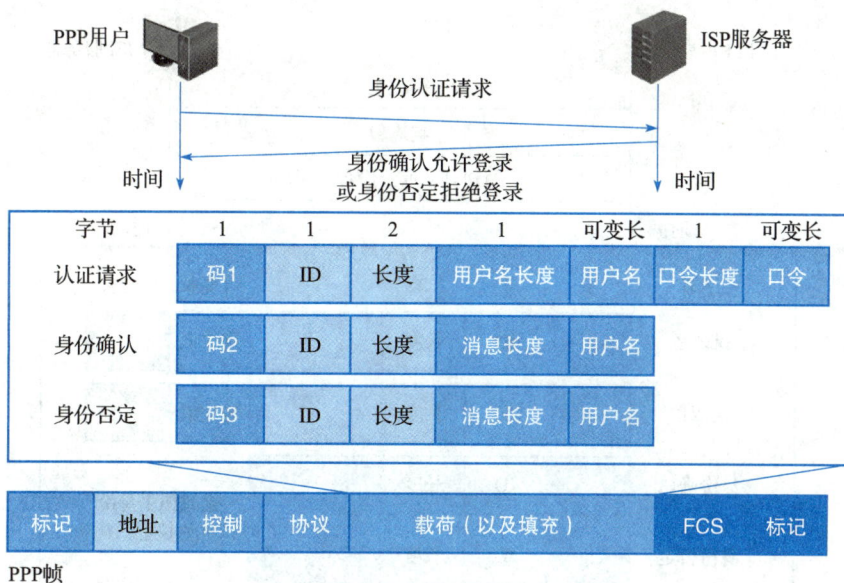

图 2-6　PAP 认证所使用的 3 种包

（3）认证系统也执行同样的过程，它将发给用户的挑战值与事先存储在内部的用户口令用同样的算法进行计算，将此计算结果与用户发来的响应包中的数值进行比较。如果两者相同，则用户身份确认，允许其访问 ISP 系统；否则，拒绝该用户访问。

认证系统每次发送给用户的挑战值都不同，这样可以防止重放攻击。CHAP 的优点是：即使入侵者通过对链路的数据捕获知道了系统发给用户的挑战值和用户返回的计算结果，仍然无法知道口令，因为采用的算法是单向的和不可逆的，不可能利用计算的结果反向推算出口令。另外的改进是：将挑战值用图片方式传输，用户收到后识别出图片中的数字，再将其输入计算程序。这样可防止服务器发给客户端的挑战值在传输途中被截获，还可通过在图片形式的挑战值中加入黑点等干扰像素，改变挑战值图形的大小和倾斜程度等方式，加大挑战值被截获与破译的难度。此方法在访问电子邮件和网络银行等服务器的认证过程中得到广泛应用。

CHAP 在 PPP 拨号上网系统中的执行过程如图 2-7 所示。CHAP 的包被封装到 PPP 帧中。有 4 种 CHAP 包：第 1 种是挑战包，系统向用户发送挑战值；第 2 种是响应包，用户向系统发送计算结果；第 3 种是身份确认包，系统告诉用户允许其访问系统；第 4 种是身份否定包，系统告诉用户拒绝其访问系统。

3. PPTP 协议

点对点隧道协议（point-to-point tunneling protocol，PPTP）是实现虚拟专用网的方式之一。PPTP 使用传输控制协议创建控制通道来发送控制命令，并利用通用路由封装通道来封装点对点协议数据报以发送数据。这个协议最早由微软等厂商主导开发，但因为它的加密方式容易被破解，微软已经不再建议使用该协议。

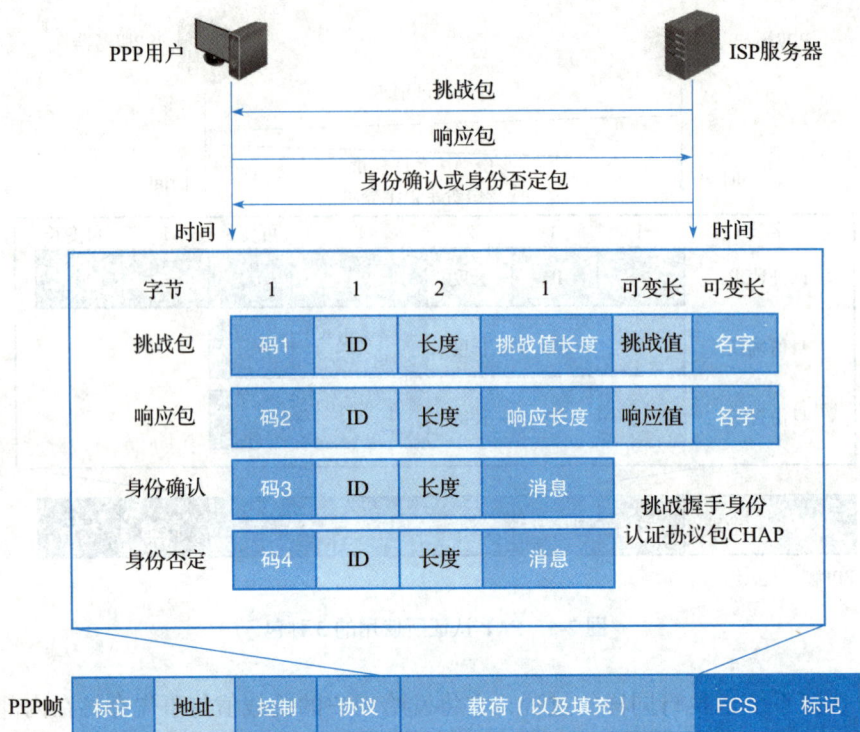

图 2-7 CHAP 在 PPP 拨号上网系统中的执行过程

PPTP 的协议规范本身并未描述加密或身份验证的部分，它依靠点对点协议来实现这些安全性功能。因为 PPTP 协议内置在 Windows 系统家族的各个产品中，在微软点对点协议堆栈中提供了各种标准的身份验证与加密机制来支持 PPTP。在微软 Windows 系统中，它可以搭配 PAP、CHAP、MS-CHAPv1/v2 或 EAP-TLS 来进行身份验证。通常也可以搭配微软点对点加密或 IPsec 的加密机制来提高安全性。

4. L2TP 协议

第二层隧道协议（layer two tunneling protocol，L2TP）是一种工业标准的 Internet 隧道协议，功能大致和 PPTP 协议类似，不过也有不同之处。例如，PPTP 要求网络为 IP 网络，L2TP 要求面向数据报的点对点连接；PPTP 使用单一隧道，L2TP 使用多隧道；L2TP 提供包头压缩、隧道验证，而 PPTP 不支持。

L2TP 协议自身不提供加密与可靠性验证的功能，可以和其他安全协议搭配使用，从而实现数据的加密传输。经常与 L2TP 协议搭配的加密协议是 IPsec，当这两个协议搭配使用时，通常合称 L2TP/IPsec。

L2TP 支持包括 IP、ATM（asynchronous transfer mode，异步传输模式）、帧中继、X.25 在内的多种网络。在 IP 网络中，L2TP 协议使用注册端口 UDP 1701。因此，在某种意义上，尽管 L2TP 协议的确是一个数据链路层协议，但在 IP 网络中，它又是一个会话层协议。

2.3.2　网络层安全协议

从数据链路层向上推进到网络层，安全策略进一步扩展至跨多个网络节点的数据传输安全保障。

网络层提供了一种端到端的数据传输服务，网络层安全性主要是解决 2 个端点之间的数据安全交换问题，涉及数据传输的保密性和完整性，要防止在数据交换过程中数据被非法窃听和篡改。本节将着重介绍网络层的安全协议。

1. IPsec 安全体系结构

网络层安全协议通常是对网络层协议安全性的增强，即在网络层协议的基础上增加了数据加密和认证等安全机制。由于目前的网络层协议主要是 IP 协议，因此这里主要介绍基于 IP 协议的安全协议：IP 安全协议（IP security，IPsec）。

IPsec 安全体系结构由 3 个主要部分组成：安全协议、安全联盟和密钥管理。

（1）安全协议。

IPsec 是在 IP 协议（IPv4 和 IPv6）的基础上提供了数据保密性、数据完整性及抗重播保护等安全机制和服务，保证了 IP 协议及上层协议能够安全地交换数据。

IPsec 提供了 2 种安全协议：AH（authentication header，认证头）和 ESP（encapsulating security payload，封装安全有效负载），用于对 IP 数据报或上层协议数据报进行安全保护。其中，AH 只提供了数据完整性认证机制，可以证明数据源端点，保证数据完整性，防止数据被篡改和重播；ESP 同时提供了数据完整性认证和数据加密传输机制，它除了具有 AH 所有的安全能力，还提供了数据传输保密性。

AH 和 ESP 可以分别单独使用，也可以联合使用。每个协议都支持以下 2 种应用模式：

⇨ 传输模式。为上层协议数据提供安全保护。

⇨ 隧道模式。以隧道方式传输 IP 数据报。

AH 或 ESP 提供的安全性完全依赖于它们所采用的密码算法。为保证一致性和不同实现方案之间的互通性，必须定义一些需要强制实现的密码算法。因此，在使用认证和加密机制进行安全通信时，必须解决以下 3 个问题：

⇨ 通信双方必须协商所要使用的安全协议、密码算法和密钥。

⇨ 必须方便和安全地交换密钥（包括定期改变密钥）。

⇨ 能够对所有协商的细节和过程进行记录和管理。

（2）安全联盟。

IPsec 使用一种称为 SA（security associations，安全联盟）的概念性实体集，在其中存放所有需要记录的协商细节。因此，在 SA 中包含了安全通信所需的所有信息，可以将 SA 看作一个由通信双方共同签署的有关安全通信的"合同"。

SA 使用一个 SPI（security parameter index，安全参数索引）来唯一标识，SPI 是一个 32 位的随机数，通信双方要使用 SPI 来指定一个协商好的 SA。

使用 SA 的好处是可以建立不同等级的安全通道。例如，一个用户可以分别与 A 网和 B 网建立安全通道，分别设置 2 个 SA：SA（a）和 SA（b），在 SA（a）中可以协商使用更加健壮的密码算法和更长的密钥。

（3）安全策略。

IPsec 通过安全策略为用户提供了一种描述安全需求的方法，允许用户使用安全策略定义所保护的对象、安全措施以及密码算法等。安全策略由安全策略数据库维护和管理。

在受保护的网络中，各种通信的安全需求和保护措施可能有所不同。用户可以通过安全策略描述不同通信的安全需求和保护措施。例如，在一个内部网的安全网关上可以设置不同的安全策略，对于本地子网和远程子网之间的所有数据通信，使用 DES 算法加密数据，使用 MD5 算法进行数据验证；对于远程子网发送给一个邮件服务器的所有数据，则使用 3DES 算法加密，使用 SHA 算法进行数据验证。在这 2 个安全策略中，前者是一种基本的安全策略，后者是一种安全级较高的安全策略。

（4）密钥管理。

IPsec 支持 2 种密钥管理协议：手工密钥管理和自动密钥管理（Internet key exchange，IKE）。其中，IKE 是基于 Internet 的密钥交换协议，它提供的功能如下：

⇨ 协商服务。通信双方协商所使用的协议、密码算法和密钥。

⇨ 身份鉴别服务。对参与协商的双方身份进行认证，确保双方身份的合法性。

⇨ 密钥管理。对协商的结果进行管理。

⇨ 安全交换。生成和交换所有密钥的密码源物质。

IKE 是一个混合型协议，集成了 ISAKMP 和部分 Oakley 密钥交换方案。

2. 安全联盟

安全联盟 SA 是 IPsec 的重要组成部分，AH 和 ESP 协议都必须使用 SA。IKE 协议的主要功能之一就是建立和维护 SA。IPsec 规定，所有 AH 和 ESP 的实现都必须支持 SA。

（1）安全联盟的基本特性。

一个 SA 是一个单一的"连接"，它为其承载的通信提供安全服务。SA 的安全服务是通过使用 AH 或 ESP（不能同时使用）建立的。如果一个通信流需要同时使用 AH 和 ESP 进行保护，则要创建 2 个或更多的 SA 来提供所需的保护。SA 是单向的，为了保证 2 个主机或 2 个安全网关之间双向通信的安全，需要建立 2 个 SA，各自负责一个方向。

一个 SA 由一个三元组唯一标识，这个三元组的元素是安全参数索引（SPI）、IP 目的地址、安全协议（AH 或 ESP）标识符。

理论上讲，目的地址可以是一个单播地址、组播地址或广播地址。目前，IPsec 的 SA 管理机制只支持单播 SA。因此，下面的 SA 描述是基于点到点通信环境的。

根据 IPsec 的应用模式，SA 可以分成 2 种类型：传输模式的 SA 和隧道模式的 SA。

①传输模式的 SA。传输模式的 SA 是一个位于 2 个主机之间的"连接"。在该模式下，经过 IPsec 处理的 IP 数据报格式如图 2-8 所示。

| IP头 | 安全协议头（AH/ESP） | 高层协议头 | 数据 |

图 2-8　传输模式下 IP 数据报格式

为了和原始 IP 数据报相区别，将经过 IPsec 处理的 IP 数据报称为 IPsec 数据报。如果选择了 ESP 作为安全协议，则传输模式的 SA 只为高层协议提供安全服务；如果选择了 AH，则可将安全服务扩展到 IP 头的某些在传输过程中不变的字段。

②隧道模式的 SA。隧道模式的 SA 将在安全网关与安全网关之间或者主机与安全网关之间建立一个 IP 隧道。在隧道模式中，IP 数据报有两个 IP 头：一个是外部 IP 头，用于指明 IPsec 数据报的目的地；另一个是内部 IP 头，用于指明 IP 数据报的最终目的地。安全协议头位于外部 IP 头与内部 IP 头之间，如图 2-9 所示。

| 外部IP头 | 安全协议头（AH/ESP） | 内部IP头 | 高层协议头 | 数据 |

图 2-9　隧道模式下 IP 数据报格式

如果选择 ESP 作为安全协议，则受保护部分只有内部 IP 头、高层协议头和数据；如果选择使用 AH，则受保护部分被扩展到外部 IP 头中某些在传输过程中不变的字段。

因此，对于主机节点的 SA，必须同时支持传输模式和隧道模式；对于网关节点的 SA，只要求支持隧道模式。

（2）安全联盟的服务功能。

一个 SA 所能提供的安全服务集是由如下 4 个因素决定的：

⇨ 所选择的安全协议（AH/ESP）。

⇨ SA 的应用模式（传输模式 / 隧道模式）。

⇨ SA 的节点类型（主机 / 安全网关）。

⇨ 对安全协议提供可选服务的选择（如抗重播服务）。

AH 提供了数据的原始认证和 IP 数据报的无连接完整性认证。认证服务的精度是由 SA 的精度决定的，AH 将按照这个精度为 IP 提供认证服务。当不需要对数据加密保护时，AH 是一个合适的协议。AH 还为 IP 头的某些字段提供认证，这在某些情况下是需要的。例如，在 IP 数据报传输过程中，如果要保护 IP 头某些字段的完整性，防止路由器对其进行修改，AH 就可以提供这种服务。

ESP 可以为通信提供数据加密服务和数据认证服务。ESP 数据认证服务的保护范围要比 AH 小，如不能保护 ESP 头前面的 IP 头部分。如果只需认证上层协议，ESP 是一种合适的选择，比使用 AH 节省存储空间。如果选择了数据加密服务，不仅可以加密数据，还可以加密内部 IP 头，隐藏了真正的源地址和目的地址，并且还可以利用 ESP 的有效载荷填充隐藏 IP 数据报的实际尺寸，进一步隐藏了 IP 通信的外部特征。数据加密强度取决于所使用的密码算法。

（3）安全联盟的组合使用。

一个单一的 SA 只能从 AH 或 ESP 中选择一种安全协议对 IP 数据报提供安全保护。在有些情况下，一个安全策略要求对一个通信提供多种安全服务，这是用一个 SA 无法实现的。在这种情况下，需要利用多个 SA 来实现所需的安全策略。

在多个 SA 的情况下，必须将一个 SA 序列组合成 SA 束，经过 SA 束处理后的通信能够满足一个安全策略。SA 束中的 SA 顺序是由安全策略定义的，各个 SA 可以终止于不同的端点。将多个 SA 组合成 SA 束的 2 种方法如下：

①传输邻接。这种方法是将 AH 和 ESP 的传输模式组合使用来保护一个 IP 数据报，它不涉及隧道，如图 2-10 所示。通常，这种方法只允许一层组合。因为每个协议只要使用足够健壮的密码算法，其安全性是有保证的，并不需要多层嵌套使用，可以减少协议的处理开销。

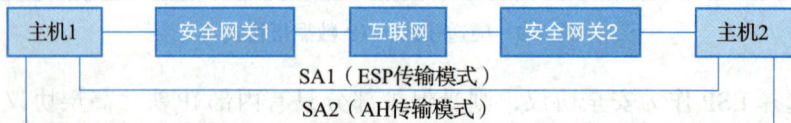

图 2-10 传输邻接

②多重隧道。这种方法是由多个 SA 组合成一个多重隧道来保护 IP 数据报，每个隧道都可以在不同的 IPsec 节点（可以进行 IPsec 处理的设备）上开始或终止。多重隧道可以分成以下 3 种形式。

第 1 种：由两个多 SA 端点组合而成，每个隧道都可以用 AH 或 ESP 建立，主机 1 和主机 2 都是多 SA 端点，如图 2-11 所示。

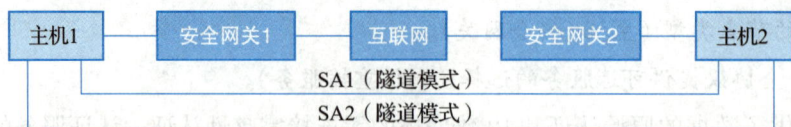

图 2-11 多重隧道 -1

第 2 种：由一个多 SA 端点和一个单 SA 端点组合而成，每个隧道都可以用 AH 或 ESP 建立，主机 1 是多 SA 端点，安全网关 2 和主机 2 都是单 SA 端点，如图 2-12 所示。

第 3 种：由多个单 SA 端点组合而成，这里没有多 SA 端点，每个隧道都可以用 AH 或 ESP 建立，主机 1、安全网关 1、安全网关 2 和主机 2 都是单 SA 端点，如图 2-13 所示。

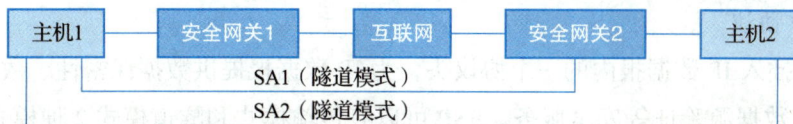

图 2-12　多重隧道 -2

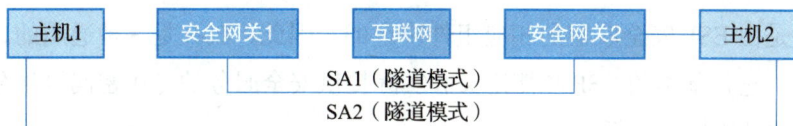

图 2-13　多重隧道 -3

此外，传输模式和隧道模式还可以组合使用。例如，用一个隧道模式的 SA 和一个传输模式的 SA 按顺序组合成一个 SA 束。对于安全协议的使用顺序，在传输模式下，如果 AH 和 ESP 组合使用，则 AH 应当位于 ESP 之前，AH 作用于 ESP 生成的密文；在隧道模式下，可以按照不同的顺序使用 AH 和 ESP。

（4）安全联盟数据库。

IPsec 协议采用一种概念模型定义了 IP 通信安全处理过程的互操作性和功能性目标。对于具体的 IPsec 实现，其内部处理细节可以是千差万别的，但是外部行为必须与该模型相一致。该模型由 3 个主要部分组成：安全策略数据库、安全联盟数据库和选择器。

①安全策略数据库。安全策略数据库（SPD）定义了安全策略相关参数的存储和管理结构。实际上，SA 就是一种在 IPsec 环境中实施安全策略的管理结构。由于 SPD 指明了以何种方式为 IP 数据报提供安全服务，因此，SPD 是 SA 处理的重要元素之一。此处不讨论数据库的形式和接口，而是重点介绍 SPD 应支持的最小管理功能。

②安全联盟数据库。安全联盟数据库（SAD）是一种形式上的数据库，每个 SA 都对应于 SAD 中的一个条目，定义了一个与 SA 相关的参数。

对于外出数据报的处理，SA 是由 SPD 中的条目指示的，即由 SPD 来确定所使用的 SA。当一个 SPD 条目当前没有指向一个特定的 SA 时，IPsec 系统则创建一个相关的 SA 或者 SA 束，并且与一个 SPD 条目及 SAD 条目相关联。

对于进入数据报的处理，每个 SAD 中的条目通过一个三元组（目的 IP 地址，安全协议标识符，SPI）来索引和查找，以确定对进入数据报进行处理的 SA 或者 SA 束。

③选择器。选择器用来定位安全策略数据库中的一个策略。一个 SA 或 SA 束可以是细精度的，也可以是粗精度的，这取决于为 SA 定义通信集时所使用的选择器。例如，两个主机之间所有的通信可以由一个单独的 SA 处理，并且提供了一个统一的安全服务集合。同样，两个主机之间所有的通信也可以由多个 SA 处理，并且不同的 SA 提供不同的安全服务。

3. ESP 协议

ESP 是插入 IP 数据报内的一个协议头，为 IP 数据报提供数据保密性、数据完整性、抗重播以及数据源验证等安全服务。ESP 可以有传输模式和隧道模式 2 种模式。ESP 可以单独使用，也可以利用隧道模式嵌套使用，或者和 AH 组合起来使用。ESP 使用一个加密器提供数据保密性，使用一个验证器提供数据完整性认证。加密器和验证器所采用的专用算法是由 ESP 安全联盟的相应组件决定的。因此，ESP 是一种通用的、易于扩展的安全机制，它将基本的 ESP 功能定义和实际提供安全服务的专用密码算法分离开，有利于密码算法的更换和更新。

（1）ESP 头格式。

在任何模式下，ESP 头总是跟随在一个 IP 头之后，ESP 头格式如图 2-14 所示。在 IPv4 中，IP 头的协议号字段值为 50，表示在 IP 头之后是一个 ESP 头。跟随在 ESP 头后的内容取决于 ESP 的应用模式。如果是传输模式，则是一个上层协议头（TCP/UDP）；如果是隧道模式，则是另一个 IP 头。

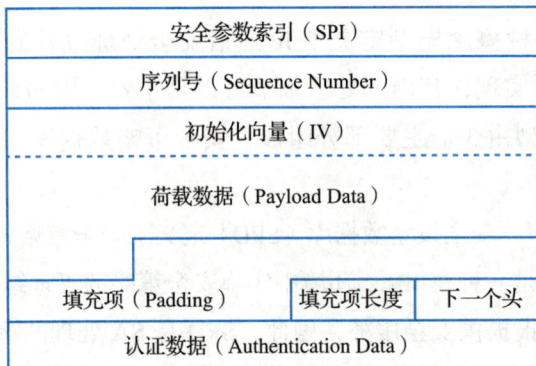

图 2-14　ESP 头格式

①安全参数索引（SPI）。SPI 是一个 32 位的随机数。SPI、目的 IP 地址和安全协议标识符组成一个三元组，用来唯一地确定一个特定的 SA，以便对该数据报进行安全处理。通常，在密钥交换过程中由目标主机来选定 SPI。SPI 是经过验证的，但并没有加密，因为 SPI 是一种状态标识，由它来指定所采用的加密算法及密钥，以及对数据报进行解密。

②序列号。序列号是一个单向递增的 32 位无符号整数。通过序列号，使 ESP 具有抗重播攻击的能力。尽管抗重播服务是可选的，但是发送端必须产生和发送序列号字段，只是接收端不一定要处理。建立 SA 时，发送端和接收端的计数器必须初始化为 0（发送端通过特定 SA 发送的第 1 个数据报的序列号为 1）。如果选择了抗重播服务（默认情况下），序列号是不能出现重复（循环）的。因此，发送端和接收端的计数器在传送第 2³² 个数据报时必须重新设置，可以通过建立一个新的 SA 和新的密钥来实现。序列号是经过验证的，但没有加密，因为接收端是根据序列号来判断一个数据报是否是重复的，如果

先要解密序列号，然后再做出是否要丢弃该数据报的决定，就会造成处理资源的浪费。

③载荷数据。被 ESP 保护的数据报包含在载荷数据字段中，其字段长度由数据长度来决定。如果密码算法需要密码同步数据〔如初始化向量（IV）〕，则该数据要显式地包含在载荷数据中。任何需要这种显式密码同步数据的密码算法都必须指定该数据的长度、结构及其在载荷中的位置。对于强制实施的密码算法（DES-CBC）来说，IV 是该字段中的第 1 个 8 位组。如果需要隐式密码同步数据，则生成该数据的算法由 RFC 指定。

④填充项。在 0 ~ 255 个字节，填充内容可以由密码算法来指定。如果密码算法没有指定，则由 ESP 指定，填充项的第 1 个字节值是 1，后面的所有字节值都是单向递增的。填充的作用主要有如下 3 点。

⇨ 某些密码算法要求明文的长度是密码分组长度的整数倍，因此需要通过填充项使明文（包括载荷数据、填充项、填充项长度和下一个头）长度达到密码算法的要求。

⇨ 通过填充项把 ESP 头的"填充项长度"和"下一个头"2 个字段靠后排列。

⇨ 用来隐藏载荷的实际长度，从而支持部分数据流的保密性。

⑤填充项长度。该字段为 8 位，用于指明填充项的长度，接收端利用它恢复载荷数据的实际长度。该字段必须存在，当没有填充项时，其值为 0。

⑥下一个头。该字段为 8 位，用于指明载荷数据的类型。如果在隧道模式下使用 ESP，则其值为 4，表示 IP-in-IP；如果在传输模式下使用，则其值为上层协议的类型，如 TCP 对应的值为 6。

⑦认证数据。该字段可变长，它是由认证算法对 ESP 数据报进行散列计算所得到的完整性检查值（ICV）。该字段是可选的，只有对 ESP 数据报进行处理的 SA 提供了完整性认证服务，才会有该字段。SA 使用的认证算法必须指明 ICV 的长度、比较规则及认证的步骤。

（2）ESP 应用模式。

ESP 可采用传输模式或隧道模式对 IP 数据报进行保护。在传输模式下，ESP 头插在 IP 头和上层协议头之间，如图 2-15 所示。

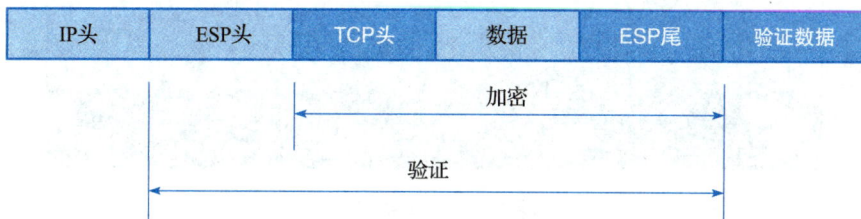

图 2-15　传输模式下 ESP 的应用

在隧道模式下，整个 IP 数据报都封装在一个 ESP 头中进行保护，并增加一个新的 IP 头，如图 2-16 所示。

| 新IP头 | ESP头 | 原始IP头 | TCP头 | 数据 | ESP尾 | 验证数据 |

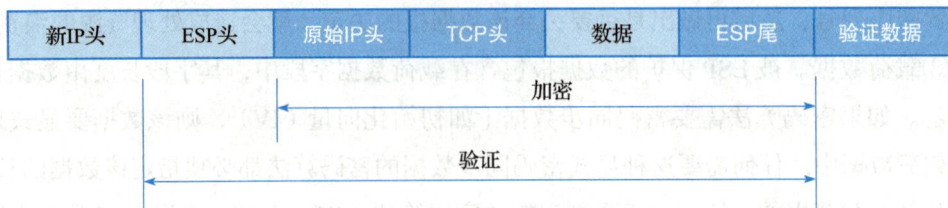

图 2-16　隧道模式下 ESP 的应用

4. AH 协议

AH 协议为 IP 数据报提供了数据完整性、数据源验证以及抗重播等安全服务，但不提供数据保密性服务。也就是说，除数据保密性之外，AH 提供了 ESP 所能提供的一切服务。

AH 可以采用隧道模式来保护整个 IP 数据报，也可以采用传输模式只保护一个上层协议报文。在任何一种模式下，AH 头都会紧跟在一个 IP 头之后。AH 不仅可以为上层协议提供认证，还可以为 IP 头某些字段提供认证。由于 IP 头中的某些字段在传输中可能会被改变（如服务类型、标志、分段偏移、生存期以及头校验和等字段），发送方无法预测最终到达接收方时这些字段的值，因此，这些字段不能受 AH 保护。

AH 可以单独使用，也可以和 ESP 结合使用，或者利用隧道模式以嵌套方式使用。AH 提供的数据完整性认证的范围和 ESP 有所不同，AH 可以对外部 IP 头的某些固定字段（包括版本、头长度、报文总长度、标识、协议号、源 IP 地址、目的 IP 地址等字段）进行认证。

（1）AH 头格式。

在任何模式下，AH 头总是跟随在一个 IP 头之后，AH 头格式如图 2-17 所示。

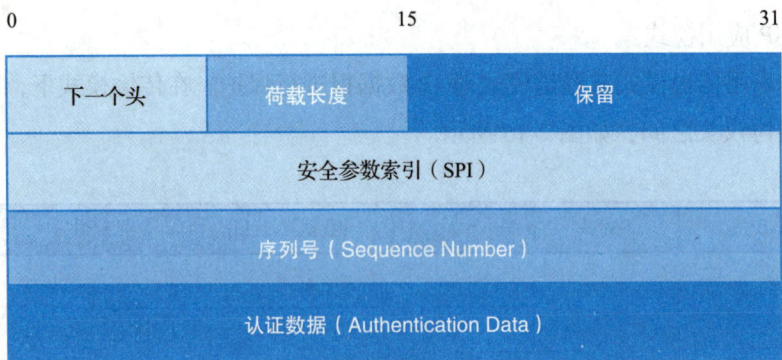

图 2-17　AH 头格式

在 IPv4 中，IP 头的协议号字段值为 51，表示在 IP 头之后是一个 AH 头。跟随在 AH 头后的内容取决于 AH 的应用模式：如果是传输模式，则是一个上层协议头（TCP/UDP）；如果是隧道模式，则是另一个 IP 头。

①下一个头。该字段为 8 位，与 ESP 头中对应字段的含义相同。

②载荷长度。该字段为 8 位，以 32 位为长度单位指定了 AH 的长度，其值是 AH 头的实际长度减 2。这是因为 AH 是一个 IPv6 扩展头，而 IPv6 扩展头长度的计算方法是实际长度减 1。由于 IPv6 是以 64 位为长度单位的，而 AH 是以 32 位为长度单位进行计算的，所以将减 1 变换为减 2（1 个 64 位长度单位 =2 个 32 位长度单位）。如果采用标准的认证算法，认证数据字段长度为 96 位，加上 3 个 32 位固定长度的部分，则载荷长度字段值为 4（96÷32+3−2=4）。如果使用"空"认证算法，将不会出现认证数据字段，则载荷长度字段值为 1。

③保留。该字段为 16 位，保留给将来使用，其值必须为 0。该字段值包含在认证数据计算中，但被接收者忽略。

④安全参数索引（SPI）。该字段为 32 位，与 ESP 头中对应字段的含义相同。

⑤序列号。该字段为 32 位，与 ESP 头中对应字段的含义相同。

⑥认证数据。认证数据是可变长字段，它是认证算法对 AH 数据报进行完整性计算所得到的完整性检查值。该字段的长度必须是 32 位的整数倍，因此可能会包含填充项。SA 使用的认证算法必须指明 ICV 的长度、比较规则以及认证的步骤。

（2）AH 应用模式。

AH 可采用传输模式或隧道模式对 IP 数据报进行保护。在传输模式下，AH 头插在 IP 头和上层协议头之间，如图 2-18 所示。

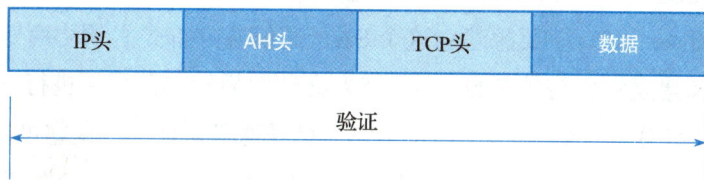

图 2-18　传输模式下 AH 头的应用

在隧道模式下，整个 IP 数据报都封装在一个 AH 头中进行保护，并增加一个新的 IP 头，如图 2-19 所示。无论是哪种模式，AH 都要对外部 IP 头的固定不变字段进行认证。

图 2-19　隧道模式下 AH 头的应用

5. 密钥管理

在使用 IPsec 保护一个 IP 数据报之前，必须先建立一个 SA。SA 可以手工创建，也可以自动建立。在自动建立 SA 时，要使用 IKE 协议。IKE 代表 IPsec 进行 SA 的协商，并将协商好的 SA 填入 SAD 中。IKE 是一种混合型协议，它建立在以下 3 个协议的基础上。

① ISAKMP 协议。它是一种密钥交换框架，独立于具体的密钥交换协议。在这个框架上，可以支持多种不同的密钥交换协议。

② Oakley 协议。描述了一系列的密钥交换模式，以及每种模式所提供服务的细节。

③ SKEME 协议。一种通用的密钥交换技术，该技术提供了基于公开密钥的身份鉴别和快速密钥更新。

IKE 沿用了 ISAKMP 的基础、Oakley 的模式、SKEME 的身份鉴别和密钥更新技术，定义了自己独特的生成密钥素材的技术，而且生成的密钥素材是经过验证的。

（1）ISAKMP 协议。

ISAKMP 定义了通信双方彼此沟通的方法和消息格式。ISAKMP 提供了身份鉴别方法、密钥信息交换方法以及安全服务协商方法等。

ISAKMP 定义了 5 种交换：NONE、基本交换、身份保护交换、纯验证交换和野蛮交换，其中，身份保护交换为主模式。IKE 使用了主模式交换和野蛮交换。

ISAKMP 描述了 2 个独立的协商阶段：在阶段 1，通信各方彼此之间建立一个已通过身份鉴别的安全通道；在阶段 2，使用此安全通道为另一个不同的协议（如 IPsec）协商 SA。

阶段 1 交换建立了一个 ISAKMP SA。这个 SA 是安全策略的一个抽象和一个密钥素材，它不同于 IPsec 的 SA。要想建立这个 SA，通信各方首先必须协商好它的规则、认证它的方法以及建立它所需的参数。这个 SA 必须对后续的阶段 2 进行认证。阶段 2 交换可以为其他协议建立 SA。由于 ISAKMP SA 已经通过认证，所以它可以为一次阶段 2 交换中的所有消息提供数据源认证、完整性认证以及保密性保护。在完成一次阶段 2 交换后，ISAKMP SA 会继续存在下去，以保证后续阶段 2 交换的安全，直到过期。

要建立一个共享的安全联盟，首先要协商好所采用的安全策略。由于安全策略可能非常复杂，所以必须采用灵活的解决方式。为此，ISAKMP 同时使用了安全联盟、提议载荷及转码载荷等来表示策略。在一个安全联盟内，可能包含了一个或多个提议，而且每个提议可能包含一个或多个转码方式。

（2）IKE 协议。

ISAKMP 是一种密钥交换的框架，它本身没有定义具体的密钥交换协议，而是留给其他协议来定义和处理。对于 IPsec 而言，所定义的密钥交换协议是 IKE。

IKE 是一种基于 ISAKMP 的密钥交换协议，为协商安全服务提供了一种方法。IKE 协商的最终结果是一个 IPsec SA，它提供了密钥素材认证服务。IKE 并非 IPsec 专有，其他协议也可以用 IKE 协商具体的安全服务。

IKE 使用了 2 个阶段的 ISAKMP。阶段 1 建立 IKE SA，可以采用主模式或野蛮模式；阶段 2 利用这个特定的 IKE SA 来协商具体的 IPsec SA，采用快速模式。

6. 虚拟专用网络

IPsec 协议主要用于构造虚拟专用网络（VPN）。VPN 利用开放的公用网络作为用户信息传输媒体，通过隧道封装、信息加密、用户认证和访问控制等技术实现对信息传输过程的安全保护，从而向用户提供类似专用网络的安全性能。VPN 使分布在不同地理位置的专用网络能在不可信任的公用网络上安全地通信，并可降低网络建设和维护费用。

VPN 是利用 VPN 网关在互联网上建立的一种安全隧道，使基于互联网互联的内部网之间可以利用这个安全隧道进行安全的信息交换，将公用网转换成一个专用网，既避免了租用专用线路所带来的巨额费用，又保证了信息交换的安全。

VPN 是建立在密码技术和网络安全协议基础上的，它利用网络安全协议中的数据加密封装、数据完整性认证、用户身份鉴别以及系统访问控制等安全技术实现一种隧道传输机制，防止信息在传输过程中被非法获取、篡改或盗取。因此，网络安全协议是实现VPN 的关键。根据 VPN 类型不同，所采用的安全协议也有所不同。

根据不同需要，可以构造不同类型的 VPN。不同环境对 VPN 的要求各不相同，VPN 所起的作用也各不相同。VPN 根据用途可分为内部网 VPN 和外部网 VPN 2 种。

（1）内部网 VPN。

内部网 VPN 是将一家企业在各地分支机构的局域网通过公共网络互联起来，并利用VPN 网关构成基于 VPN 的企业内联网，扩展了企业网络的覆盖范围。

VPN 网关是一种基于 IPsec 协议的网络安全设备，一般部署在各个局域网出入口处，利用 IPsec 协议在 VPN 网关之间建立安全的传输隧道，为企业内联网之间的数据通信提供数据保密性、数据完整性以及身份合法性等安全服务，同时还能保护企业内部网不受外部入侵。

（2）外部网 VPN。

外部网 VPN 是为各个企业网之间的数据传输提供安全服务，保护网络资源不受外部威胁。外部网 VPN 可以为各种 TCP/UDP 应用（如 E-mail、HTTP、FTP 等）提供安全服务，保证这些应用能够安全地交换信息。同时，可以采用多种网络参数，如源地址、目的地址、应用程序类型、加密和认证类型、用户身份、工作组名、子网号等，对网络资源实施访问控制。

由于各个企业网环境各有不同，因此要求外部网 VPN 能够适用各种操作平台、网络协议，以及各种不同的密码算法和认证方案。

外部网 VPN 可以采用多种网络安全协议来构建，形式上可以采用一个 VPN 服务器来实现。VPN 服务器是一种将加密、认证和访问控制等安全功能集成于一体的集成系统。通常，VPN 服务器设置在一个防火墙隔离之后，通过防火墙唯一的入口连接 VPN

服务器，经过防火墙和 VPN 服务器 2 级控制和保护，不仅保证了数据传输的安全，也保证了网络系统的安全。

（3）VPN 关键技术。

VPN 关键技术主要有隧道传输、安全性、系统性能和可管理性等。

①隧道传输。VPN 的基础是隧道传输技术，而隧道传输的关键是通过隧道协议将原始数据报封装成一种指定的数据格式，并嵌入另一种协议数据报（如 IP 数据报）中进行传输。只有源端和目的端能够解释和处理经过封装处理的数据报，而对其他节点而言都是无意义的信息。这样，在源端和目的端就形成一个基于这种传输隧道的 VPN。

目前，支持隧道传输模式的网络协议有基于数据链路层的 PPTP/L2TP 协议、基于网络层协议的 IPsec 协议以及 MPLS 协议等。

②安全性。VPN 的安全性表现在 2 个方面：一是通过数据加密和数据认证等功能来保护通过公网传输数据的安全，以防止数据在传输过程中被窃听、泄露和篡改；二是通过身份鉴别和访问控制等功能来保护企业内部网的安全，VPN 网关之间必须通过双方身份鉴别后才能建立 VPN，以防止身份假冒和欺骗攻击；同时基于网络资源访问控制策略对 VPN 用户实施细粒度的访问控制，以实现对网络资源最大限度的保护。

③系统性能。VPN 系统性能主要通过数据转发速率、网络延迟和丢包率等指标来衡量，其中数据转发速率是主要的性能指标。由于 VPN 涉及数据加密、数据认证以及隧道封装等一系列附加操作，所以数据转发速度将会受到一定的影响，并会导致一定的网络延迟和性能损失。因此，VPN 网关最好采用专用的硬件系统来实现，有关密码算法采用专用芯片，以最大限度地减少 VPN 引入的性能损失。

④可管理性。可管理性包括 VPN 设备的管理和密钥管理。对于 VPN 设备的管理，应当支持远程管理，并提供多种管理功能，如配置管理、策略管理、日志管理等。由于 VPN 产品涉及数据加密，所以密钥管理是非常重要的，也是衡量可管理性的一个重要指标。密钥管理的好坏可以从以下几个方面考虑：密钥的安全性（密钥是否受限存取）、密钥是否能够自动交换、密钥是否能够自动定期修改、密钥取消是否方便安全、对加密算法的识别能力、加密算法是否可选等。

（4）VPN 实现技术。

目前，基于 IPsec 的 VPN 实现方案主要有 2 种：主机实现方案和网关实现方案。主机实现方案是将 IPsec 协议集成到主机操作系统中，使主机成为一台 VPN 主机，可用于在 2 个 VPN 主机之间或者 VPN 主机与 VPN 网关之间构建 VPN。对于前者，主要用于客户 / 服务器应用系统中，以保护客户与服务器之间数据通信的安全；对于后者，主要用于移动通信的场合，以保护移动 IP 用户与基地代理之间数据通信的安全。

网关实现方案是将 IPsec 协议的实现系统做成一种独立的网络设备，这种网络设备称为 VPN 网关，也是 VPN 的起点和终点，主要用于在 2 个网络之间构建 VPN，如内部网 VPN。VPN 网关是 IPsec 协议的一种主要应用模式，市场上有很多这类 VPN 网关产品。

VPN 网关一般部署在一个内部网的出入口处（即互联网接入点）。2 个或多个基于互联网互联的内部网之间可以通过 VPN 网关在互联网上建立一个端到端的安全隧道，内部网用户可以利用这个隧道安全地交换信息。

2.3.3　传输层安全协议

传输层是网络通信中的重要环节，传输层安全性主要是解决 2 个主机进程之间数据交换的安全问题，包括建立连接时的用户身份合法性、数据交换过程中的数据保密性和数据完整性。

传输层安全协议是对传输层协议安全性的增强，它在传输层协议的基础上增加了安全算法协商和数据加密等安全机制和功能。由于目前广泛应用的传输层协议是 TCP 协议，因此此处介绍基于 TCP 协议的安全协议——安全套接层（secure socket layer，SSL）协议。

1. SSL 协议结构

SSL 主要为基于 TCP 协议的网络应用程序提供身份鉴别、数据加密和数据认证等安全服务。SSL 得到业界的广泛认可，在实际中得到广泛采用，已成为事实上的国际标准。

SSL 协议的基本目标是在 2 个通信实体之间建立安全的通信连接，为基于客户 / 服务器模式的网络应用提供安全保护。SSL 协议提供了以下 3 种安全特性。

①数据保密性。采用对称加密算法（如 DES、RC4 等）加密数据，密钥是在双方握手时指定的。

②数据完整性。采用消息鉴别码（MAC）验证数据的完整性，MAC 是采用 Hash 函数实现的。

③身份合法性。采用非对称密码算法和数字证书验证对等层实体之间的身份合法性。

SSL 协议是一个分层协议，由 2 层组成：SSL 握手协议和 SSL 记录协议。SSL 握手协议用于数据交换前的双方（客户和服务器）身份鉴别以及密码算法和密钥的协商，它独立于应用层协议。SSL 记录协议用于数据交换过程中的数据加密和数据认证，它建立在可靠的传输协议（如 TCP 协议等）之上。因此，SSL 协议是一个嵌入在 TCP 协议和应用层协议之间的安全协议，能够为基于 TCP/IP 的应用提供身份鉴别、数据加密和数据认证等安全服务。

2. SSL 握手过程

在 SSL 协议中，客户和服务器之间的通信分成 2 个阶段。第 1 个阶段是握手协商阶段，双方利用握手协议协商和交换有关协议版本、压缩方法、加密算法和密钥等信息，同时还可以相互验证对方的身份。第 2 个阶段是数据交换阶段，双方利用记录协议对数据实施加密和认证，确保数据交换的安全。因此，在数据交换之前，客户和服务器之间首先要使用握手协议进行有关参数的协商和确认。

SSL 握手协议也包含 2 个阶段：第 1 个阶段用于交换密钥等信息，第 2 个阶段用于用户身份鉴别。在第 1 个阶段，通信双方通过相互发送 Hello 消息进行初始化。通过 Hello 消息，双方就能够确定是否需要为本次会话产生一个新密钥。如果本次会话是一个新会话，则需要产生新的密钥，双方需要进入密钥交换过程；如果本次会话是建立在一个已有的连接上的，则不需要产生新的密钥，双方立即进入握手协议的第 2 个阶段。第 2 个阶段的主要任务是对用户身份进行认证。通常服务器方要求客户方提供经过签名的客户证书进行认证，并将认证结果返回给客户。至此，握手协议结束。

3. SSL 支持的密码算法

SSL 协议使用了 2 种密码算法：不对称密码算法和对称密码算法。在 SSL 握手协议中，使用非对称密码算法来验证用户身份和交换共享密钥；在 SSL 记录协议中，使用对称密码算法来加密信息。

（1）非对称加密算法。

在 SSL 协议中，支持 3 种非对称密码算法：RSA、Diffie-Hellman 和 Fortezza-KEA 算法。它们可以用来确认双方身份，传送共享密钥和密码。

① RSA 算法。对控制密码进行加密，然后传送给服务器方。服务器方使用自己的私有密钥对控制密码进行解密。这样，双方就拥有了一个只有它们自己知道的控制密码。控制密码用来产生加密和认证数据所需的密钥和密码。

协议将用于数据加密的 RSA 密钥长度限制在 512 位之内，但没有限制用于数字签名的 RSA 密钥长度。在一些要求高安全的应用系统中，512 位的 RSA 密钥是不能满足需求的。因此，在这种情况下，证书只能用于签名，而不能用于密钥交换。

当证书中的公开密钥不能用于加密时，服务器方则需要签发一个临时 RSA 密钥进行交换，临时 RSA 密钥允许达到所规定的最大长度，并且必须经常改变。例如，在典型的电子商务应用中，应当每天更改密钥，或者每 500 次交易更改一次。如果允许在多个事务中使用同样的密钥，则每次都应该签名。

② Diffie-Hellman 算法。在使用 Diffie-Hellman 算法时，双方通过 Diffie-Hellman 算法来协商控制密码。通常 Diffie-Hellman 算法由服务器方指定，可以是临时的，也可以包含在服务器方证书中。

③ Fortezza-KEA 算法。Fortezza-KEA 算法使用了公开密钥密码学的原理，结合了 RSA 和 Diffie-Hellman 2 种算法，允许 2 个或多个通信方在不共享密钥的情况下建立一个共享的密钥，并确保该密钥在传输过程中保持机密性和完整性。

（2）对称加密算法。

对称密码算法是用来对 SSL 记录数据进行加密和完整性认证的，典型的情况是采用 DES 算法加密数据，采用 MD5 算法验证数据完整性。其具体算法是由当前密码规范指定的，而当前密码规范则是通过 SSL 握手协议协商建立起来的。这里需要了解以下 2 个概念。

①控制密码。由于采用了对称密码算法，因而客户方和服务器方之间必须拥有一个只有它们自己知道的共享密码信息。这个共享密码信息称为控制密码，共有 48 个字节。控制密码用来生成加密和认证数据所需的密钥和密码。对于 FORTEZZA 算法，使用自己的密钥生成程序和方法，控制密钥只用来做 MAC 计算。

②控制密码的转换。当前密码规范是由一系列密码和密钥组成的，其中包括客户方写 MAC 密码、服务器方写 MAC 密码、客户方写密钥、服务器方写密钥、客户方写初始向量、服务器方写初始向量，它们是由控制密码按上面的顺序生成的，不用的值为空。在生成密钥和 MAC 密码时，控制密码作为信息源，其随机值为输出的密码提供解密的数据和初始向量。

2.3.4　应用层安全协议

应用层协议是网络通信模型中最高层的协议，它直接面向最终用户和应用程序，负责定义特定应用进程间交互的规则、格式以及数据交换的标准。在互联网环境中，应用层协议主要作用于终端用户的应用程序和服务之间，确保不同类型的网络服务（如网页浏览、文件传输、电子邮件、即时通信等）能够有效地进行信息交换。

有些应用层安全协议是对应用层协议安全性的增强，即在应用层协议的基础上增加了安全算法协商和数据加密 / 解密等安全机制，如 S-HTTP（secure HTTP）协议、S/MIME（secure/MIME）协议等；还有些应用层安全协议是为解决特定应用的安全问题而开发的，如 PGP（pretty good privacy）协议等。

1. S-HTTP 协议

解决 Web 通信安全问题的基本方法是通过 HTTP 安全协议来增强 Web 通信的安全性。目前，HTTP 安全协议主要有 2 种：HTTPS 和 S-HTTP。

（1）HTTP 协议。

Web 系统是互联网中使用最为广泛的应用系统，它基于客户 / 服务器模式，整个系统由 Web 服务器、浏览器和通信协议 3 部分组成。其中，通信协议为超文本传输协议 HTTP，它是为分布式超媒体信息系统设计的一种应用层协议，能够传送任意类型的数据对象，以满足 Web 服务器与客户之间多媒体通信的需要。

HTTP 协议是一种面向 TCP 连接的协议，客户与服务器之间的 TCP 连接是一次性连接。它规定每次连接只处理一个请求，服务器返回本次请求的应答后便立即关闭连接，在下次请求时再重新建立连接。这种一次性连接主要考虑到 Web 服务器面向互联网中的成千上万个用户时只能提供有限个连接，及时地释放连接可以提高服务器的执行效率，避免服务器连接的等待状态。同时，服务器不保留与客户交易时的任何状态，以减轻服务器的存储负担，从而保持较快的响应速度。HTTP 协议允许传送任意类型的数据对象，通过数据类型和长度来标识所传送的数据内容和大小，并允许对数据进行压缩传送。

用户在浏览器或 HTML 文档中定义了一个超文本链后，浏览器将通过 HTTP 协议请求与指定的服务器建立连接。如果该服务器一直在 HTTP 端口上侦听连接请求，该连接便会建立起来。然后客户通过该连接发送一个包含请求方法的请求消息块。HTTP 协议定义了 7 种请求方法，每种请求方法规定了客户和服务器之间不同的信息交换方式，常用的请求方法是 GET 和 POST。服务器将根据客户请求完成相应的操作，并以应答消息块的形式返回给客户，最后关闭连接。

HTTPS 协议是基于 SSL 的 HTTP 安全协议，通常工作在标准的 443 端口上。在实际应用中，HTTPS 协议的使用比较简便。如果一个 Web 服务器提供基于 HTTPS 协议的安全服务，并在客户机上安装该服务器认可的数字证书，则用户便可以使用支持 SSL 协议的浏览器（通常浏览器都支持 SSL 协议），并通过 https://www. 服务器名 .com 域名访问该 Web 服务器，Web 服务器与浏览器之间通过 SSL 协议进行安全通信，提供身份鉴别、数据加密和数据认证等安全服务。

（2）S-HTTP 协议。

S-HTTP 协议的目标是提供一种面向消息的可伸缩安全协议，以便广泛地应用于商业事务处理。因此，它支持多种安全操作模式：密钥管理机制、信任模型、密码算法和封装格式。在使用 S-HTTP 协议通信之前，通信双方可以协商加密、认证和签名等算法以及密钥管理机制、信任模型、消息封装格式等相关参数。在通信过程中，双方可以使用 RSA、DSS 等密码算法进行数字签名和身份鉴别，以保证用户身份的真实性；使用 DES、3DES、RC2、RC4 等密码算法加密数据，以保证数据的保密性；使用 MD2、MD5、SHA 等单向散列函数来验证数据和签名，以保证数据的完整性和签名的有效性，从而增强了 Web 应用系统中客户和服务器之间通信的安全性。

S-HTTP 是一种面向安全消息的通信协议，它与 HTTP 消息模型共存，很容易实现与 HTTP 应用的集成。S-HTTP 为 HTTP 客户和服务器提供了多种安全机制，进而为用户提供安全的 Web 服务。

在采用 S-HTTP 协议的客户和服务器中，主要采用 CMS 和 MOSS 消息格式，但并不限于 CMS 和 MOSS 2 种，它还可以融合其他多种加密消息格式及其标准，并且支持多种与 HTTP 相兼容的系统实现。S-HTTP 只支持对称密码操作模式，不需要客户提供公开密钥证书或公开密钥，这意味着客户能够自主地生成个人事务，并不要求有确定的公开密钥。

S-HTTP 支持端到端的安全事务，客户可以事先初始化一个安全事务。S-HTTP 中的密码算法、模式和参数是可伸缩的，客户和服务器之间可以协商事务模式（如请求 / 响应是否加密和签名等）、密码算法（RSA 或 DSA 签名算法，DES 或 RC2 加密算法）以及证书选择等。

（3）消息处理。

消息处理包括消息的创建、恢复和操作模式等。

①创建 S-HTTP 消息。一个 S-HTTP 消息可以通过下列方法创建。

Clear-text 消息：这是一个 HTTP 消息或者一些其他的数据对象，Clear-text 消息被封装在一个 S-HTTP 消息中进行传送。

接收者的密码参数选择和密钥材料：这是由接收者或者一些默认参数集明确指定的。

发送者的密码参数选择和密钥材料：这是由发送者输入的，只存在于发送者的内存中。

为了创建一个 S-HTTP 消息，发送者需要将发送者参数和接收者参数集成在一起，生成一个密码和密钥材料的列表；然后发送者使用列表中的数据来增强 Clear-text 消息的安全性，再通过发送者和接收者参数组合将 Clear-text 消息转换成 S-HTTP 消息。

②恢复 S-HTTP 消息。接收者可以采用下列 4 种方法之一恢复一个输入的 S-HTTP消息：

⇨S-HTTP 消息。

⇨接收者规定的密码参数选择和密钥材料。

⇨接收者当前的密码参数选择和密钥材料。

⇨发送者事先规定的密码选项。

发送者可以规定在一个消息中所执行的加密操作。为了恢复一个 S-HTTP 消息，接收者需要读取消息头信息，以发现在该消息中的密码变换，并使用某种发送者与接收者参数组合去除该变换。接收者也可以选择校验，增强发送者和接收者之间的匹配。

③操作模式。任何消息都可以采用签名、认证和加密来保护，这 3 种保护方法可以单独使用，也可以组合起来使用，并支持多种密钥管理机制，包括基于口令的人工共享私密和基于公开密钥的密钥交换。在交换密钥时，要事先建立一个会话密钥，以便将机密消息传递给没有公开密钥对的用户。

签名：如果使用了数字签名，则可以将一个适当的证书与消息联系起来（可以沿着一个证书链），或者发送者可以认为接收者独立地获得了所需的证书。

密钥交换和加密：为了支持对称密码算法，S-HTTP 定义了 2 种密钥传递机制，一是使用被公开密钥密封的密钥交换，二是使用预先安排的密钥。对于前者，在传送对称密码系统的密钥时要使用接收者公开密钥来加密。对于后者，则使用预先安排的会话密钥来加密内容。密钥认证信息是由消息头指定的。

消息完整性和发送者认证：S-HTTP 通过计算 MAC 码来校验消息的完整性，并对消息的发送者进行认证。它使用一个共享密钥对关键的内容进行散列计算，共享密钥可以通过多种方法预先协商好，不必使用公开密钥密码系统，也不需要加密。

（4）消息头。

从语句上看，S-HTTP 消息与 HTTP 消息相类似，都是由消息头和消息体组成的。然而，S-HTTP 消息头的范围不同于 HTTP，消息体通常是加密保护的。

为了将 S-HTTP 消息与 HTTP 消息区分开，并允许特定的处理，S-HTTP 将请求头中的 method 定义为 Secure、version 定义为 Secure-HTTP/1.4、URL 设置为 *，以防止潜在的敏感信息泄露。在 S-HTTP 响应头中，状态始终为 200 OK，它并不表示 HTTP 请求成功或失败的状态，主要是为防止通过对 HTTP 请求成功与否的状态分析来推测数据的接收者。在 S-HTTP 头中，除 Content-Type 和 Content-Privacy-Domain 外都是可选的，消息体与消息头之间用 2 个连续的 CRLF 符分隔开。在 S-HTTP 中，定义了 2 种交换密钥的方法：Inband 和 Outband。Inband 方法表明会话密钥是预先交换的，它使用了一个适当方法（method）的 Key-Assign 头。Outband 方法表明通过一个确定的名字从外部访问密钥材料，名字可以通过访问数据库或者利用键盘输入来获得。

在消息头中，定义了一个 MAC 行，用于提供消息认证和完整性检查，它定义了散列算法、认证数据和密钥空间。散列计算可以采用 MD2、MD5 和 SHA 等算法。认证数据报包含消息文本散列值、时间值以及客户与服务器之间的共享秘密信息等。时间参数是可选的，不做散列计算，主要为防止重播攻击。消息文本应当是被封装的 S-HTTP 消息内容。MAC-Info 允许快速的消息完整性认证，双方共享一个密钥（可以在前面的消息中使用 Key-Assign 参数）。

（5）消息内容。

消息内容主要由 Content-Privacy-Domain 和 Content-Transfer-Encoding 字段来确定。对于一个 CMS 消息，使用 8 位 Content-Transfer-Encoding，其内容就是 CMS 消息本身。如果 Content-Privacy-Domain 是 MOSS，则内容是由 MOSS 多个安全部分组成的。

Content-Privacy-Domain 的 CMS 符合 CMS 标准格式，任何消息都可以采用保护或无保护模式，其中保护模式有 3 种：加密、签名和加密＋签名。S-HTTP 的认证保护模式是由 MAC-Info 头中的 CMS 编码独立提供的，因为 CMS 只支持 DigestedData 类型，而不支持 KeyDigestedData 类型。

（6）密码参数。

S-HTTP 请求通过接收者所提供的密码参数选项进行预处理。此选项所处的 2 个地方如下：

⇨ 在一个 HTTP 请求 / 响应头中。

⇨ 在包含废弃锚的 HTMI 中。

这里可以提供 2 种密码选项：协商选项和密钥选项。协商选项给出了一个消息接收者的密码参数选择；密钥选项提供了密钥材料，发送者可以用它来增强一个消息。

双方可以通过 permit/require 形式来协商各自的密码强度需求和参数选择，协商选项的选取依赖于实现的能力和特定应用的需求。协商是通过一个协商头实现的，协商头位于被封装的 HTTP 头中，而不在 S-HTTP 头中。一个协商头由 4 部分组成：

⇨ 属性：被协商的选项，如分组密码算法等。

⇨ 值：属性值，如 DES-CBC 等。

⇨ 方向：从源点观察的协商源或目的。

⇨ 强度：参数选择强度，有"必须""可选""拒绝"3 种。

2. S/MIME 协议

在互联网中，主要使用 2 种电子邮件协议传送电子邮件：SMTP 和 MIME。这 2 种协议都是为开放的互联网设计的，并没有考虑电子邮件的安全问题。为了保证基于电子邮件的信息交换的安全，必须采用信息安全技术增强电子邮件通信的安全性。比较成熟的电子邮件安全增强技术主要有 S/MIME 协议和 PGP 协议。

（1）S/MIME 协议简介。

S/MIME 协议是 MIME 协议的安全性扩展。它在 MIME 协议的基础上增加了分级安全方法，为电子邮件提供了数据保密性、消息完整性、源端抗抵赖性等安全服务。S/MIME 协议是在早期信息安全技术的基础上发展起来的。RFC 2632 和 RFC 2633 文档公布了 S/MIME 的详细规范。

由于 S/MIME 协议是针对企业级用户设计的，主要面向互联网和企业网环境，因而得到了许多厂商的支持，被认为是商业环境下首选的安全电子邮件协议。目前市场上已有多款支持 S/MIME 协议的产品，如微软的 Outlook Express、Lotus Domino/Notes、Novell GroupWise 及 Netscape Communicator 等。

传统的邮件用户代理可以使用 S/MIME 为所发送的邮件实施安全服务，并在接收时能够解释邮件中的安全服务。S/MIME 提供的安全服务并不限于邮件，还可用于任何能够传送 MIME 数据的传送机制，如 HTTP 等。S/MIME 利用了 MIME 面向对象的特性，允许在混合传送系统中安全地交换信息。

S/MIME 协议通过签名和加密来增强 MIME 数据的安全性，它使用 CMS 来创建一个用密码增强的 MIME 体，并且定义一种叫作 application/pkcs7-mime 的 MIME 类型来传送 MIME 体。S/MIME 还定义了 2 种用于传送 S/MIME 签名消息的 MIME 类型：multipart/signed 和 application/pkcs7-signature。

S/MIME 协议有 3 个版本，目前使用的大部分是 v3 版本。

（2）S/MIME 密码算法。

S/MIME 密码算法包括消息摘要算法、数字签名算法和密钥交换算法。

①消息摘要算法。S/MIME v3 支持 2 种消息摘要算法：SHA 和 MD5，通过对消息摘要的散列和认证来保证消息的完整性。提供 MD5 算法的目的是保持与 S/MIME v2 的

向后兼容性，这是因为 S/MIME v2 的消息摘要是基于 MD5 算法的。

②数字签名算法。S/MIME v3 支持 2 种数字签名算法：RSA 和 DSA，通过对外出消息的数字签名来实现对消息源的抗抵赖性。对于外出的消息，将使用发送用户的私有密钥来签名，其私有密钥长度是在生成密钥时确定的。对于 S/MIME v2，只支持基于 RSA 的数字签名算法。

③密钥交换算法。S/MIME v3 在加密消息内容时采用了对称密码算法，如 DES、3DES 等，密钥必须经过加密后才能传送给对方。S/MIME v3 支持 2 种密钥交换算法：Diffie-Hellman 和 RSA。使用 RSA 算法时，在进入的加密消息中包含了加密密钥，必须使用接收用户的私有密钥来解密，其私有密钥长度是在生成密钥时确定的。对于 S/MIME v2，只支持基于 RSA 的密钥交换算法。

（3）内容类型。

CMS 定义了多种内容类型，在 S/MIME 中只使用了 SignedData 和 EnvelopedData 2 种内容类型，用于指示对 MIME 数据所做的安全处理。对于签名的 MIME 数据，则使用 SignedData 内容类型来标识；对于加密的 MIME 数据，则使用 EnvelopedData 内容类型来标识。

① SignedData 内容类型。发送代理使用 SignedData 内容类型来传输一个消息的数字签名，或者在无数字签名信息的情况下用来传输证书。

② EnvelopedData 内容类型。发送代理使用 EnvelopedData 内容类型来传输一个被加密保护的消息。由于在加密消息内容时采用了对称密码算法，加密和解密消息使用相同的密钥，该密钥采用非对称密码算法来加密传输，即发送者使用接收者公开密钥来加密该密钥，因此，发送者必须获得接收者的公开密钥后才能使用这个服务。该内容类型不提供认证服务。

需要注意的是，一个 S/MIME 消息中的签名信息是用签名属性来描述的，这些属性分别是签名时间（signing time）、S/MIME 能力（S/MIME capabilities）和 S/MIME 加密密钥首选项（S/MIME encryption key preference）。

（4）内容加密。

S/MIME 采用对称密码算法来加密与解密消息内容。发送和接收代理都要支持基于 DES 和 3DES 的密码算法，接收代理还应支持基于 40 位密钥长度的 RC2（简称 RC2/40），以及与其兼容的密码算法。

当一个发送代理创建一个加密的消息时，首先要确定它所使用的密码算法类型，并将结果存放在一个能力列表中。该能力列表包含了从接收者接收的消息以及 out-of-band 信息，如私人合同、用户参数选择和法定的限制等。

一个发送代理可以按其优先顺序来通告它的解密能力，对于进入的签名消息中的加密能力属性，将按下面的方法进行处理。

⇨ 如果接收代理还未建立起发送者公开密钥能力列表，则在验证进入消息中的签名和签名时间后，接收代理将创建一个包含签名时间的能力列表。

⇨ 如果已经建立了发送者公开密钥能力列表，则接收代理将验证进入消息中的签名和签名时间，如果签名时间大于存储在列表中的签名时间，则接收代理将更新能力列表中的签名时间和能力。

在发送一个消息之前，发送代理要确定是否同意使用弱密码算法来加密该消息中的特定数据。如果不同意，则不能使用弱密码算法（如 RC2/40 等）。

（5）消息格式。

S/MIME 消息是 MIME 体和 CMS 对象的组合，使用了多种 MIME 类型和 CMS 对象。被保护的数据总是一个规范化的 MIME 实体和其他便于对 CMS 对象进行处理的数据，如证书和算法标识符等，CMS 对象将被嵌套封装在 MIME 实体中。为了适应多种特定的签名消息环境，S/MIME 提供了 3 种消息格式：一种只封装数据格式、多种只签名数据格式、多种签名加封装数据格式。多种消息格式主要是为了适应多种特定的签名消息环境。

S/MIME 是用来保护 MIME 实体的。一个 MIME 实体由 MIME 头和 MIME 体 2 部分组成，被保护的 MIME 实体可以是"内部"MIME 实体，即一个大的 MIME 消息中"最里面"的对象；还可以是"外部"MIME 实体，即把整个 MIME 实体处理成 CMS 对象。

在发送端，发送代理首先按照本地保护协议来创建一个 MIME 实体，保护方式可以是签名、封装或签名加封装等；然后对 MIME 实体进行规范化处理和转移编码，构成一个规范化的 S/MIME 消息；最后发送该 S/MIME 消息。

在接收端，接收代理接收到一个 S/MIME 消息后，首先将该消息中的安全服务处理成一个 MIME 实体，然后解码并展现给用户或应用。

3. PGP 协议

PGP 最初是由 Phil Zimmermann 设计的，现在已成为一种广为流行的加密软件工具。RFC 1991 和 RFC 2440 文档描述了 PGP 文件格式，从网上可以免费下载 PGP 加密软件工具包。

（1）PGP 简介。

PGP 是一种对电子邮件进行加密和签名保护的安全协议和软件工具。它将基于公开密钥密码体制的 RSA 算法和基于单密钥体制的 IDEA 算法巧妙地结合起来，同时兼顾了公开密钥密码体系的便利性和传统密码体系的高效，从而形成一种高效的混合密码系统。发送方使用随机生成的会话密钥和 IDEA 算法加密邮件文件，使用 RSA 算法和接收方的公开密钥加密会话密钥，然后将加密的邮件文件和会话密钥发送给接收方。接收方使用自己的私有密钥和 RSA 算法解密会话密钥，再用会话密钥和 IDEA 算法解密邮件文件。

PGP 还支持对邮件的数字签名和签名验证。另外，PGP 还可以用来加密文件。

（2）密码算法。

随着互联网的发展，电子邮件已成为联系沟通、信息交流的重要手段，大大方便了人们的日常工作和生活。电子邮件和普通信件一样，属于个人隐私，而私密权是一项基本的公民权利，应受到保护。电子邮件在传输过程中，存在着被第三者非法阅读和篡改的安全风险，而通过密码技术，可以防止电子邮件被非法阅读；通过数字签名技术，可以防止电子邮件被非法篡改。

PGP 是一种供大众免费使用的邮件加密软件，它采用的是一种基于 RSA 和 IDEA 算法的混合密码系统。基于 RSA 的公开密钥密码体系非常适合处理电子邮件的数字签名、身份鉴别和密钥传递问题，而且 IDEA 算法加密速度快，非常适合用于邮件内容的加密。

PGP 采用了基于数字签名的身份鉴别技术。对于每个邮件，PGP 使用 MD5 算法生成一个 128 位的散列值作为该邮件的唯一标识，并以此作为邮件签名和签名验证的基础。例如，为了证实邮件是 A 发给 B 的，A 首先使用 MD5 算法生成一个 128 位的散列值，再用 A 的私有密钥加密该值，作为该邮件的数字签名。然后把它附加在邮件后面，再用 B 的公开密钥加密整个邮件。在这里，应当先签名再加密，而不应先加密再签名，以防止签名被篡改（攻击者将原始签名去掉，换上其他人的签名）。B 收到加密的邮件后，首先使用自己的私有密钥解密邮件，得到 A 的邮件原文和签名，然后使用 MD5 算法生成一个 128 位的散列值，并和解密后的签名相比较。如果二者相符合，则说明该邮件确实是 A 发来的。

PGP 还允许对邮件只签名而不加密，这种情况适用于发信人公开发表声明的场合。发信人为了证实自己的身份，可以用自己的私有密钥签名。收件人用发信人的公开密钥来验证签名，不仅可以确认发信人的身份，还可防止发信人抵赖自己的声明。

PGP 采用了 IDEA 算法对邮件内容进行加密。由于 IDEA 算法是对称密钥密码算法，加密和解密共享一个随机密钥，因此，PGP 通过 RSA 算法来解决随机密钥的安全传递问题。发信人首先随机生成一个密钥（每次加密都不同），使用 IDEA 算法加密邮件内容，然后再用 RSA 算法加密该随机密钥，并随邮件一起发送给收件人。收信人先用 RSA 算法解密出该随机密钥，再用 IDEA 算法解密出邮件内容。IDEA 算法虽然是一个专利算法，但在非商业用途使用 IDEA 算法时，可以不交纳专利使用费（PGP 软件是免费的）。

可见，PGP 将 RSA 和 IDEA 2 种密码算法有机地结合起来，发挥各自的优势，成为混合密码系统成功应用的典型范例。

（3）密钥管理。

在 PGP 中，采用公开密钥密码体制来解决密钥分发和管理问题。公开密钥可以公开，不存在被监听的问题。但公开密钥的发布仍有一定的安全风险，主要是公开密钥有可能被篡改。

假如 A 要给 B 发邮件，必须首先获得 B 的公开密钥，A 从 BBS 上下载了 B 的公开密钥，然后用它加密邮件，并用 E-mail 发给了 B。然而，在 A 和 B 都不知道的情况下，另一个人 C 假冒 B 的名字生成一个密钥对，并在 BBS 中用自己生成的公开密钥替换了 B 的公开密钥。结果 A 从 BBS 上得到的公开密钥便是 C 的，而不是 B 的。一切看来都很正常，因为 A 拿到的公开密钥的用户名仍然是 B。于是，便出现了如下 4 个安全风险：

⇨ C 可以用他的私有密钥来解密 A 给 B 的邮件。

⇨ C 可以用 B 的公开密钥来转发 A 给 B 的邮件，并且谁都不会起疑心。

⇨ C 可以更改邮件的内容。

⇨ C 可以伪造 B 的签名给 A 或给其他人发邮件，因为这些人拥有的公开密钥是 C 伪造的，他们会以为是 B 的来信。

为了防止这种情况的发生，最好的办法是让任何人都没有机会篡改公开密钥，如直接从 B 的手中得到他的公开密钥。当 B 远在千里之外或无法相见时，获取公开密钥是很困难的。PGP 采用一种公开密钥介绍机制来解决这个问题。例如，A 和 B 有一个共同的朋友 D，而 D 手中的 B 的公开密钥是正确的（这里假设 D 已经认证过 B 的公开密钥，后面会谈到如何来认证公开密钥）。这样 D 可以用他的私有密钥在 B 的公开密钥上签名（使用上面所讲的签名方法），表示 D 可以担保这个公开密钥是属于 B 的。当然，A 需要用 D 的公开密钥来验证 D 给出的 B 的公开密钥，同样 D 也可以向 B 证实 A 的公开密钥，D 就成为 A 和 B 之间的中介人。

这样，B 或 D 就可以放心地把经过 D 签名的 B 的公开密钥上载到 BBS 中，任何人（即使是 BBS 的管理员）篡改 B 的公开密钥都不可能不被 A 发现，从而解决了利用公共信道传递公开密钥的安全问题。

这里还可能存在一个问题：怎样保证 D 的公开密钥是安全的。理论上，D 的公开密钥确有被伪造的可能，但很难实现。因为这需要伪造者必须参与整个认证过程，对 A、B 和 D 3 个人都很熟悉，并且还要策划很久。为了防止这个问题的发生，PGP 建议由一个大家都普遍信任的机构或个人担当中介角色，这就需要建立一个权威的认证机构或认证中心。由这个认证中心签名的公开密钥都被认为是真实的，大家只需要有这样的公开密钥就可以了。通过认证中心提供的认证服务可以方便地验证一个由该中心签名的公开密钥是否是真实的，假冒的公开密钥很容易被发现。这样的权威认证中心通常由非个人控制的组织或政府机构来担当。

（4）安全性。

PGP 的安全性涉及 PGP 的加密体系安全性和实现系统安全性 2 个方面。加密体系的安全性是指 PGP 加密体系中各个加密算法本身的坚固性和抗攻击能力。实现系统的安全性是指一个 PGP 实现系统是否存在可能被攻击者利用的系统安全漏洞以及如何阻塞漏洞，这在其他安全系统同样也存在。这里主要分析 PGP 加密体系的安全性。PGP 的加密体系由 4 个关键部分组成：对称加密算法（IDEA）、非对称加密算法（RSA）、单向散列算法（MD5）和随机数产生器。每个部分的安全性都关系到整个 PGP 加密体系的安全。

① IDEA 算法的安全性。IDEA 算法是用来加密邮件内容的，对于采用直接攻击法的破译者来说，IDEA 是 PGP 密文邮件的第 1 道防线。IDEA 基于"相异代数群上的混合运算"的设计思想，在软件实现上，它比 DES 算法快得多。与 DES 一样，IDEA 也支持反馈加密和链式加密 2 种模式，PGP 采用的是 IDEA 的 64 位 CFB 模式。

对一个密码算法的攻击主要采用 2 种方法——密码分析法和密钥穷举法。密码分析法是通过分析密码算法的弱点来破译密文的。密钥穷举法也称直接攻击法，通过穷举搜索找出密钥来破译密文。至今还没有关于 IDEA 的密码分析攻击法的成果发表，那么只有通过直接攻击法来攻击 IDEA 了。

由于 IDEA 的密钥空间（密钥长度）是 128 位，即使使用 10 亿台每秒钟能够试探 10 亿个密钥的计算机，所需的时间也比目前所知的宇宙年龄还要长。因此对 IDEA 进行直接攻击是不可能的。更何况 PGP 采用随机产生密钥方法，即使一个 IDEA 密钥失密也只能泄露一次加密的信息，并不会影响下一次加密的信息，也不影响 RSA 密钥对的保密性。

② RSA 算法的安全性。RSA 的安全性是基于一个数学假设：对一个很大合数的因子分解是不可能的。RSA 使用了 2 个非常大的素数的乘积，就目前的计算机水平和能力是无法分解的。但这并不能证明 RSA 的安全性，因为大数分解不一定是攻击 RSA 唯一的途径。RSA 可能存在一些密码学方面的缺陷，随着密码破解技术的发展以及计算机能力的提高，可能会威胁 RSA 的安全性，但目前 RSA 还是比较安全的。

密钥长度是决定一个密码算法安全性的重要因数。就目前的计算机水平，1 024 位的 RSA 密钥是安全的，2 048 位的 RSA 密钥是绝对安全的。

③ MD5 算法的安全性。在 PGP 中，MD5 算法主要用于对用户口令和邮件签名的散列保护。一个单向散列算法的强度主要表现为对任意输入数据所散列的随机化程度，并且能产生唯一输出。如果要破译 MD5 所散列的 128 位结果，则必须有足够的计算能力，并且将耗费大量的时间、人力和财力。

④随机数的安全性。在 PGP 中，每次加密数据的密钥是一个随机数，而计算机是无法生成真正的随机数的，只能生成近似随机数的伪随机数。PGP 对随机数的生成是很审慎的，对于关键随机数（如 RSA 密钥等）的生成是从用户按键盘的时间间隔上获取随机数种子的。对于磁盘上的 randseed.bin 文件，也采用了与邮件同样强度的密码进行加密，这就有效地防止了攻击者从 randseed.bin 文件中分析出加密密钥的生成规律。

（5）PGP 的应用。

PGP 是一个功能强大的加密软件，主要用于加密电子邮件，同时也可以加密磁盘文件。PGP 软件可以安装在 Linux、UNIX 和 Windows 系统中。

📖 拓展阅读

　　坚持守正创新，规范发展。以创新为引领，加强电子商务领域新一代信息技术创新应用，鼓励新模式新业态发展，扩大新型数字消费，推动形成新型数字生活；坚持底线思维，健全电子商务相关法规制度，提升数字化治理水平，强化各市场主体权益保护，促进公平竞争，强化反垄断和防止资本无序扩张，加强平台企业网络和数据安全能力建设，增强电子商务在防范化解重大风险中的作用，推动电子商务持续健康发展。

——《"十四五"电子商务发展规划》

📖 本章小结

　　本章系统性地阐述了密码学技术的核心概念和组成部分，总体介绍了密码学技术，深入探讨了对称加密与非对称加密这 2 种主要加密方式的具体原理及其应用。此外，本章还对网络通信模型进行了细致剖析，首先详述了 OSI 七层模型的各个层次及其功能，随后对比分析了更为广泛应用的 TCP/IP 四层模型，并阐明了 2 者之间的相互联系和对应关系。在构建起坚实的对通信模型理解的基础上，进一步延伸至网络安全协议的讨论，涵盖了数据链路层的关键安全协议、网络层所涉及的安全措施、传输层中重要安全协议的详解，直至应用层相关的各类安全协议解析。

　　通过对本章的学习，学生不仅能理解网络通信安全的基础理论知识，而且能搭建起一个立体而严谨的网络安全防护知识框架，为后续的网络安全技术的学习打下基础。

📋 课后练习

一、填空题

1. 密码学技术主要由_____和_____2 个元素组成。

2. 根据加密和解密时使用的密钥，可以将加密分为_____与_____2 种。

3. OSI 模型将网络通信划分为 7 个逻辑层，分别是_____、_____、_____、_____、_____、_____以及_____。

4. 四层结构的 TCP/IP 模型由_____、_____、_____、_____组成。

二、简答题

1. 简述 OSI 模型提供的安全服务。

2. 简述对称加密和非对称加密的区别。

3. 简单列举各层次的网络安全协议都有哪些。

第3章

网络安全技术

本章导言

网络安全技术对于电子商务安全而言，不仅是技术层面的必要措施，更是关乎企业生存与发展的重要基石。掌握网络安全技术能有效防范网络威胁，从而保障电子商务交易流程的稳定运行。

学习目标

➢ 掌握防火墙技术原理与应用，理解入侵检测系统与入侵防御系统在网络安全防御中的关键作用。

➢ 全面认识身份认证技术的原理与作用，熟悉并掌握多种身份认证方法的实际运用。

➢ 理解不同类型访问控制模型，掌握将其应用于网络安全管理的方法。

➢ 掌握恶意软件防护技术，了解并能实施 DDoS 攻击防护措施，熟悉安全漏洞管理全过程。

素质要求

➢ 具备网络安全技术的扎实理论基础，理解其对企业生存发展的重要性，树立牢固的网络安全意识。

➢ 具备持续学习与追踪网络安全前沿技术的能力，保持对新兴威胁与防护手段的敏锐洞察力，不断提升自身知识水平与实践能力。

3.1　边界防护技术

边界防护技术能够防止外部非法访问和恶意攻击，这是保护电子商务平台不受黑客入侵的第 1 道防线。

3.1.1　防火墙技术

防火墙技术是网络边界安全的基础防线，它通过预先定义的安全策略控制进出网络的数据流，允许合法通信并阻止潜在的恶意访问。防火墙技术是构建电子商务环境的第 1 层防护屏障，可以有效防止未经授权的外部访问和攻击，确保内部网络资源和业务数据的安全。

1. 防火墙简介

防火墙最初是一个建筑名词，指的是修建在房屋之间、院落之间、街区之间用以阻断火灾蔓延的高墙。这里介绍的用于计算机网络安全领域的防火墙则是指设置于网络之间，通过控制网络流量、阻隔危险网络通信以达到保护网络的目的，由硬件设备和软件系统组成的防御系统。就像建筑防火墙阻挡火灾、保护建筑一样，计算机网络安全领域的防火墙具有阻挡危险流量、保护网络的功能。从信息保障的角度来看，防火墙是一种保护手段。

防火墙一般都是布置于网络之间的。防火墙通常被布置于公共网络和企事业单位内部的专用网络之间，用以保护内部专用网络。有时在一个网络内部也可以设置防火墙，用来保护某些特定的设备，而且被保护的关键设备的 IP 地址一般会和其他设备处于不同网段，甚至有类似大防火墙 GFW 那样的保护整个国家网络的防火墙。其实，只要有必要，存在网络流量的地方都可以设置防火墙。

防火墙保护网络的手段就是控制网络流量。网络上的各种信息都是以数据包的形式传递的，防火墙要实现控制流量就是要对途经的各个数据包进行分析，判断危险与否，据此决定是否允许其通过。对数据包说"Yes"或"No"是防火墙的基本工作。不同种类的防火墙可以查看数据包的不同内容，但是究竟对怎样的数据包内容说"Yes"或"No"，其规则是由用户来设置的。也就是说，防火墙决定数据包是否可以通过，要看用户对防火墙查看的内容制定怎样的规则。

用以保护网络的防火墙会有不同的形式和不同的复杂程度。它可以是单一设备，也可以是一系列相互协作的设备；设备可以是专门的硬件设备，也可以是经过加固的主机，甚至只是普通的通用主机；设备可以选择不同形式的组合，也可采用不同的拓扑结构。

2. 防火墙的功能

防火墙的主要功能有以下 8 个方面。

（1）提高内网安全性。

一道防火墙（作为阻塞点、控制点）能极大地提高内部网络的安全性，并通过过滤不安全的服务而降低风险。由于只有经过精心选择的应用协议才能通过防火墙，因此网络环境变得更加安全。例如，防火墙可以禁止众所周知的不安全的网络文件系统（NFS）协议进出受保护网络，这样外部的攻击者就不可能利用这些脆弱的协议来攻击内部网络。防火墙同时可以保护网络免受基于路由的攻击，如 IP 选项中的源路由攻击和互联网控制报文协议（ICMP）重定向中的重定向路径。防火墙拒绝所有以上类型攻击的报文并通知防火墙管理员。

（2）强化安全策略。

通过以防火墙为中心的安全方案配置，能将所有安全措施（如口令、加密、身份认证、审计等）配置在防火墙上。与将网络安全问题分散到各台主机上相比，防火墙的集中安全管理更经济。例如，在网络访问时，动态口令系统和其他的身份认证系统完全可以不必分散在各个主机上，而是集中在防火墙上。

（3）监控审计。

如果所有的访问都须经过防火墙，那么防火墙就能记录下这些访问并写入日志，同时也能提供网络使用情况的统计数据。当发生可疑动作时，防火墙能进行适当报警，并提供网络是否受到监测和攻击的详细信息。另外，收集一个网络的使用和误用情况也是非常重要的，因为这样可以弄清楚防火墙是否能够抵挡攻击者的探测和攻击，并且了解防火墙的控制是否充足。而网络使用情况的统计对网络需求分析和威胁分析等而言也是非常重要的。

（4）阻止内部信息外泄。

利用防火墙对内部网络的划分，可实现对内部网重点网段的隔离，从而限制了局部重点或敏感网络的安全问题对全局网络造成的影响。再者，隐私是内部网络非常关心的问题，一个内部网络中不引人注意的细节可能包含了有关安全的线索而引起外部攻击者的兴趣，甚至因此而暴露了内部网络的某些安全漏洞。使用防火墙可以隐藏那些可能泄露内部网络细节的服务，如 Finger 和域名系统（domain name system，DNS）服务。Finger 显示了主机中所有用户的注册名、真名、最后登录时间和使用的 Shell 类型等，但是 Finger 显示的信息非常容易被攻击者所获悉。攻击者可以知道一个系统使用的频繁程度，这个系统当前是否有用户在线，这个系统在被攻击时是否会触发警报或引起管理员的注意等。防火墙同样可以阻塞有关内部网络中的 DNS 信息，如此，一台主机的域名和 IP 地址就不会被外界所了解了。

（5）隔离故障。

由于防火墙具有双向检查功能，也能够将网络中一个网块（也称网段）与另一个网块隔开，从而限制了局部重点或敏感网络的安全问题对全局网络造成的影响，可防止攻击性故障蔓延。

（6）流量控制及统计。

流量统计建立在流量控制基础之上，通过对基于 IP、服务、时间、协议等的流量进行统计，可以实现与管理界面挂接，并便于流量计费。

流量控制分为基于 IP 地址的控制和基于用户的控制。基于 IP 地址的控制是对通过防火墙各个网络接口的流量进行控制；基于用户的控制是通过用户登录来控制每个用户的流量，防止某些应用或用户占用过多的资源，保证重要用户和重要接口的连接。

（7）地址绑定。

除路由器外，防火墙也可以实现 MAC 地址和 IP 地址的绑定，MAC 地址与 IP 地址绑定起来，主要用于防止受控（不允许访问外网）的内部用户通过更换 IP 地址访问外网。这其实是一个可有可无的功能。不过因为它实现起来太容易了，内部只需要 2 个命令就可以实现，所以绝大多数防火墙都提供了该功能。

（8）网络代理。

其实防火墙除安全作用外，还支持 VPN、NAT 等网络代理功能。可以利用防火墙实现远程 VPN 服务端，用来协商远程访问的加密和认证功能。另外还可以进行内部网络的上网代理、实现网关的功能和反向代理，实现 DMZ 的服务器向外网提供服务的作用。

3. 防火墙的分类

根据不同的保护机制和工作原理，一般将防火墙分为包过滤防火墙、状态检测防火墙和应用代理防火墙 3 种。

（1）包过滤防火墙。

包过滤防火墙用软件查看所流经的数据包的包头，由此决定整个包的命运。它可能会决定丢弃这个包，可能会接受这个包（让这个包通过），也可能执行其他更复杂的动作。在 Linux 系统中，包过滤功能是内建于核心的（作为一个核心模块，或者直接内建），同时还有一些可以运用于数据包之上的技巧，不过最常用的依然是查看包头以决定包的命运。包过滤是一种内置于 Linux 内核路由功能之上的防火墙类型，该防火墙工作在网络层。

①包过滤防火墙的工作原理如下。

数据包过滤用在内部主机和外部主机之间，过滤系统是一台路由器或一台主机。当执行数据包时，过滤规则用来匹配数据包内容，以决定哪些包被允许和哪些包被拒绝。当拒绝流量时，可以采用 2 个操作：通知流量的发送者，其数据将被丢弃；没有任何通知，直接丢弃这些数据。包过滤防火墙能过滤如下 4 种类型的信息。

⇨第三层的源和目的地址。

⇨第三层的协议信息。

➡ 第四层的协议信息。

➡ 发送或接收流量的端口号。

数据包过滤是通过对数据包的 IP 头、TCP 头或 UDP 头的检查来实现的，在 TCP/IP 中存在着一些标准的服务端口号，如 HTTP 的端口号为 80 等。通过屏蔽特定的端口可以禁止特定的服务。包过滤系统可以阻塞内部主机与外部主机或另外一个网络之间的连接，如可以阻塞一些被视为有敌意的或不可信的主机或网络连接到内部网络中。

数据包过滤一般使用过滤路由器来实现，这种路由器与普通的路由器有所不同。普通的路由器只检查数据包的目标地址，并选择一个能到达目标地址的最佳路径。它处理数据包是以目标地址为基础的，存在着 2 种可能性：若路由器可以找到一个路径到达目标地址，则发送出去；若路由器不知道如何发送数据包，则通知数据包的发送者"数据包不可达"。

过滤路由器会更加仔细地检查数据包，除决定是否有到达目标地址的路径外，还要决定是否应该发送数据包。应该与否是由路由器的过滤策略决定并强制执行的。包过滤规则如下：

➡ 包过滤规则必须被包过滤设备端口存储在安全策略设置中。

➡ 当包到达端口时，对包头进行语法分析。大多数包过滤设备只检查 IP、TCP 或 UDP 头中的字段。

➡ 包过滤规则以特殊的方式存储。应用于包的规则顺序与包过滤器规则的存储顺序必须相同。

➡ 若一条规则阻止包传输或接收，则此包便不符合条件，被丢弃。

➡ 若一条规则允许包传输或接收，则此包便符合条件，可以被继续处理。符合条件的包将检查路由信息并被转发出去。

②包过滤防火墙的优缺点。

包过滤防火墙的优点如下：

➡ 处理包的速度比代理服务器快，过滤路由器为用户提供了一种透明的服务，用户不用改变客户端程序或改变自己的行为。

➡ 实现包过滤几乎不再需要费用（或极少的费用），因为都包含在标准的路由器软件中。

➡ 包过滤路由器对用户和应用是透明的。

包过滤防火墙的缺点如下：

➡ 防火墙的维护比较困难，定义数据包过滤器会比较复杂，因为网络管理员需要对各种 Internet 服务、包头格式和每个域的意义有非常深入的理解，才能将过滤规则集尽量定义完善。

➡ 只能阻止一种类型的 IP 欺骗，即外部主机伪装内部主机的 IP，对于外部主机伪装其他可信任的外部主机的 IP 无法阻止。

⇨ 任何直接经过路由器的数据包都有被用作数据驱动攻击的潜在危险。

⇨ 一些包过滤网关不支持有效的用户认证。

⇨ 不可能提供有用的日志，日志功能被局限在第三层和第四层的信息。例如，不能
记录封装在 HTTP 传输报文中的应用层数据，这使用户发觉网络受攻击的难度加
大，也就谈不上根据日志进行网络的优化、完善和责任追查。

⇨ 随着过滤器数目的增加，路由器的吞吐量会下降。

⇨ IP 包过滤器无法对网络上的动态信息提供全面的控制。

⇨ 允许外部网络直接连接到内部网络的主机上，容易造成敏感数据的泄露。

虽然包过滤防火墙有上述缺点，但是在管理良好的小规模网络上，它能够正常发挥
作用。一般情况下不单独使用包过滤防火墙，而是将它与其他设备（如堡垒主机等）联
合使用。

③包过滤防火墙的应用。包过滤防火墙通常应用于如下 3 个方面。

⇨ 作为第 1 线防御（边界路由器）。

⇨ 当用包过滤就能完全实现安全策略并且认证不是一个问题的时候。

⇨ 在要求最低安全性并要考虑成本的 SOHO（small office home office，小型居家办
公）网络中。

包过滤防火墙能用于不同子网之间不需要认证的内部访问控制。和其他类型的防火
墙相比，因为包过滤防火墙的简易性和低成本，很多 SOHO 网络使用包过滤防火墙。虽
然包过滤防火墙不能为 SOHO 提供全面的保护，但是至少提供了最低级别的保护，可以
防御多种类型的网络威胁和攻击。

（2）状态检测防火墙。

状态检测防火墙又称动态包过滤，是传统包过滤防火墙的功能扩展。状态检测防火
墙在网络层有一个检查引擎，它可以截获数据包并提取与应用层状态相关的信息。根据
这些信息状态检测防火墙决定是接受还是拒绝该连接。这种技术提供了高度安全的解决
方案，同时具有较好的适应性和扩展性。

①基本原理。状态检测防火墙一般包括一些代理级的服务，它们提供附加的对特定
应用程序数据内容的支持。状态检测技术最适合提供对 UDP 的有限支持。它将所有通过
防火墙的 UDP 分组均视为一个虚拟连接，当反向应答分组送达时就认为一个虚拟连接已
经建立。状态检测防火墙克服了包过滤防火墙和应用代理服务器的局限性，不仅仅检测
源地址和目的地址，而且还不要求每个访问的应用都有代理。

状态检测防火墙工作于传输层，与包过滤防火墙相比，状态检测防火墙判断允许或
者禁止数据流的依据也是源 IP 地址、目的 IP 地址、源端口、目的端口和通信协议等。
与包过滤防火墙不同的是，状态检测防火墙是基于会话信息做出决策的，而不是包的信
息。状态检测防火墙摒弃了包过滤防火墙仅考查数据包的 IP 地址等几个参数，并且不关

心数据包连接状态变化的缺点，在防火墙的核心部分建立状态连接表，并将进出网络的数据当成一个个会话，利用状态表跟踪每个会话状态。状态检测对每个包的检查不仅根据规则表，更考虑了数据包是否符合会话所处的状态，因此提供了完整的对传输层的控制能力。

②工作原理。状态检测防火墙的工作原理如下：

⇨ 包过滤规则必须被存储在安全策略设置中。

⇨ 当包到达端口时，对包头进行语法分析，同时在会话连接状态缓存表中保持一个状态。

⇨ 数据包还要和会话连接状态缓存表中的会话所处的状态进行对比，符合规则的才算检测通过。

⇨ 若一条规则阻止包传输或接收，则此包不符合条件，并被丢弃。

⇨ 若一条规则允许包传输或接收，则此包符合条件，可以被继续处理。

⇨ 符合条件的包将检查路由信息并被转发出去。

状态检测防火墙保持对连接状态的跟踪：连接是否处于初始化、数据传输或终止状态。如果想拒绝来自外部设备的连接初始化，但允许用户和这些设备建立连接并允许响应通过状态防火墙返回时，这种防火墙很有用。

从传输层的角度看，状态检测防火墙检查第三层数据包头和第四层报文头中的信息，如查看 TCP 头中的 SYN、RST、ACK、FIN 和其他控制代码，以确定连接的状态等。

③状态检测防火墙的优缺点。

状态检测防火墙的优点如下：

⇨ 具有检查 IP 包的每个字段的能力，并遵从基于包中信息的过滤规则。

⇨ 知道连接的状态。

⇨ 无须打开很大范围的端口就能够通信。

⇨ 比包过滤防火墙阻止更多类型的 DoS 攻击，并有更丰富的日志功能。

状态检测防火墙的缺点如下：

⇨ 所有记录、测试和分析工作可能会造成网络连接的某种迟滞，特别是在同时有许多连接激活或是有大量的过滤网络通信的规则存在时，维护状态表的开销会非常大。

⇨ 可能很复杂，不易配置。

⇨ 不能阻止应用层的攻击。

⇨ 不支持用户的连接认证。

⇨ 不是所有的协议都包含状态信息。

⇨ 一些应用会打开多个连接，其中的一些为附加连接，使用动态端口号，这样记录状态比较困难。

④状态检测防火墙的应用。

状态检测防火墙作为防御的主要方式，通常用在如下 2 个方面。

⇨作为防御第 1 线的智能设备（带状态能力的边界路由器）。

⇨在需要比包过滤更严格的安全机制而又不用增加太多成本的情况下。

（3）应用代理防火墙。

代理防火墙通常也称应用网关防火墙，它可以彻底隔断内网与外网的直接通信，使内网用户对外网的访问变成防火墙对外网的访问，然后再由防火墙转发给内网用户。所有通信都必须经应用层代理软件转发，访问者任何时候都不能与服务器建立直接的 TCP 连接，应用层的协议会话过程必须符合代理的安全策略要求。

①代理防火墙的工作原理。

代理防火墙的主要功能是通过对连接请求进行认证，然后再允许流量访问内部或外部资源。这样可以对用户请求进行认证，而不仅仅是对设备进行认证。为了使认证和连接过程更加高效，很多代理防火墙对用户进行一次认证，并将授权信息存储在认证数据库中。这样，防火墙可以根据存储的授权信息决定用户可以访问哪些资源，而不需要用户每次访问新资源都一一进行认证。同时，代理防火墙能用来认证输入和输出 2 个方向的连接。

一个代理防火墙能使用多种方式认证连接请求，包括用户名和口令、令牌卡信息、第三层的源地址和生物测量信息。认证信息能储存在本地、一台安全服务器上或目录服务中。

②代理防火墙的优缺点。

同包过滤防火墙和状态检测防火墙相比，代理防火墙的优点如下：

⇨认证个人，而不是设备。

⇨黑客几乎没有时间进行欺骗和实施 DoS 攻击。

⇨能监控和过滤应用层数据。

⇨能提供详细的日志。

代理防火墙能认证试图访问内部资源的个人，能监控连接上的所有数据，能检测应用攻击，甚至能基于认证和授权信息控制用户能执行哪些命令和功能，可以生成非常详细的日志，能监控用户正在通过连接发送的实际数据。

代理防火墙的缺点如下：

⇨难于配置。

⇨处理速度非常慢。

⇨不能支持大规模的并发连接。

由于每个应用都要求单独的代理进程，这就要求网管必须了解每项应用协议的弱点，并合理配置安全策略。由于防火墙规则的制定，其专业性较强且配置烦琐，容易出现参数配置错误的情况，从而影响网络正常通信或降低了安全防范能力。

断掉所有的连接，由防火墙重新建立连接，理论上可以使代理防火墙具有极高的安全性，但在实际应用中并不可行。因为对于内网的每个 Web 访问请求，应用网关都需要开启一个单独的代理连接，建立对应的服务代理，它要保障内网中 Web 服务器、数据库服务器、文件服务器、邮件服务器及业务程序的安全，以处理来自客户端的访问请求。这样，应用网关的处理延迟会变大，从而导致内网用户的正常 Web 访问不能得到及时响应。

总之，代理防火墙不能支持大规模的并发连接，对速度较为敏感的行业如使用这类防火墙则简直是灾难。另外，代理防火墙的核心要求是预先内置一些已知应用程序的代理，这会导致一些新出现的应用程序在代理防火墙中被阻断，从而不能很好地支持这些新应用。

③代理防火墙的应用。与包过滤防火墙和状态检测防火墙相比，代理防火墙增加了如下智能功能。

⇨ 主要的过滤功能设备。

⇨ 边界防御设备。

⇨ 应用代理设备，防止日志过载，以及监控和记录其他类型的流量。

在 IT 领域中，新应用、新技术、新协议层出不穷，代理防火墙很难适应这种局面。因此，在一些重要的领域和行业的核心业务应用中，代理防火墙正被逐渐边缘化。

但是，自适应代理技术的出现让代理防火墙技术出现了新的转机，它结合了代理防火墙的安全性和包过滤防火墙的高速度等优点，在不损失安全性的基础上将代理防火墙的性能提高了 10 倍。

4. 防火墙的存在形式

根据防火墙的实现方式和所使用的设备，可以将其分成如下 4 种形式。

（1）专业硬件级防火墙。

专门的硬件防火墙设备，会将防火墙程序做到芯片中，还拥有专门的寄存器以存放用户规则、连接状态的数据等。这种级别的防火墙，无论是防火墙程序还是运行所需的信息都很难被攻击和篡改，在网络攻击面前，防火墙很坚固，有很高的安全性。这是包过滤防火墙和状态检测防火墙常见的形式。

（2）网络设备防火墙。

路由器一般都可以设置包过滤功能，起到一定的防火墙效果。由于不是专业防火墙设备，实现防火墙功能的程序和需要的一些信息存放于路由器内存中，程序和运行所需信息容易被攻击和篡改，此类防火墙自身的安全性比较差，一般只用于安全防护性要求不高的网络。

（3）主机型防火墙。

主机型防火墙是指使用特定硬件、软件（如安全操作系统等）加固的主机来负担防火墙工作。这将防火墙防火墙程序和需要的规则等信息都存放于主机内存中。由于主机经过加固，不会那么容易受到攻击和篡改，安全性也比较好。由于主机有很好的通用性，此类设备可以承担各种防火墙职能，但一般还是用于程序较为复杂、需要运算力较高的应用代理服务防火墙上。

（4）软件防火墙。

软件防火墙不依赖于任何专门的硬件设备，而是直接安装在计算机的操作系统上。虽然软件本身一般会采取一定的安全措施，但相比硬件防火墙，操作系统和防火墙软件更容易受到攻击和篡改，从而导致其防御功能失效。这种形式的防火墙一般只用于单个主机、小规模网络等安全要求较低的应用中。Windows 等操作系统自身就带有防火墙功能，一些从事网络安全的软件公司也提供这类工具。

5. 防火墙的性能指标

防火墙本身的性能将决定防火墙的工作效率，也直接影响网络的传输速度和安全性。常见防火墙的性能指标如下：

（1）吞吐量。

吞吐量是指设备在不丢包的情况下所能达到的最大数据处理和转发速率。吞吐量的大小主要由防火墙网络接口的速率及程序算法的效率决定。防火墙网络端口本身的速率是防火墙接收和转发数据的极限，而防火墙程序算法的执行效率则在很大程度上影响这种极限的发挥。由于防火墙需要查看数据包的内容并进行分析，这会消耗防火墙的运算能力和处理时间，从而影响防火墙的工作效率。

（2）时延。

网络中加入防火墙必然会增加数据传输时延。时延有存储转发时延和直通转发时延 2 种。防火墙通常都工作在第三层以上，一般以存储转发方式对数据包进行处理。对存储转发型设备，时延是指从数据包最后一个比特进入防火墙开始，到数据包第 1 个比特离开该设备的时间间隔。时延反映了防火墙对数据包的处理速度。

吞吐量和时延是防火墙设备自身的指标，当防火墙在某种特定的网络环境中运行时，还会考虑其他的一些性能指标。

（3）丢包率。

丢包率是指在特定网络负载下，由于资源不足而造成的那些应转发而未能转发的数据包的比率。丢包率是防火墙设备在特定网络负载情况下稳定性和可靠性的指标。

（4）背靠背。

背靠背是指从介质空闲到介质满负荷时，防火墙第 1 次出现丢帧情况之前发送的数据包数量，这个指标反映了设备的缓存能力和处理突发数据流的能力。

（5）并发连接数。

并发连接数是指通信的主机之间穿越防火墙，以及主机和防火墙之间能够建立的最大 TCP 连接数。此项指标对于状态检测防火墙尤其重要。

（6）HTTP 传输速率和 HTTP 事务处理速率。

这 2 个指标适用于评价 HTTP 应用服务代理防火墙的性能。HTTP 传输速率表示 HTTP 应用服务代理防火墙针对 HTTP 数据的平均传输速率，是被请求的目标数据通过防火墙的平均传输速率。HTTP 事务处理速率是防火墙所能维持的最大事务处理速率，即用户在访问目标时所能达到的最大速率。

3.1.2　入侵检测系统（IDS）

入侵检测系统（intrusion detection system，IDS）是网络实时监控与安全防御的核心环节，充当了检测潜在威胁和异常活动的智能哨兵，在网络防线中提供关键的预警与响应功能。

1. 入侵检测系统简介

入侵检测，顾名思义，是对入侵行为的发现和识别。它通过在网络或系统中的若干关键点收集信息并进行分析，以识别是否存在违反安全策略的行为或被攻击的迹象。入侵检测技术是为了保障计算机系统和网络系统的安全而设计与配置的一种技术，它能够及时发现并报告系统中未经授权的行为或异常现象。

入侵检测是防火墙的合理补充，能够帮助系统应对网络攻击，同时扩展了系统管理员的安全管理能力（包括安全审计、监视、进攻识别和响应），提升了信息安全基础结构的完整性。入侵检测被认为是防火墙之后的第 2 道安全闸门，在不影响网络性能的情况下能对网络进行监测，从而提供对内部攻击、外部攻击和误操作的实时保护。入侵检测系统与防火墙在功能上是互补的，通过合理搭配和联动部署，可以提升网络安全级别。

入侵检测系统是进行入侵检测的软件与硬件的组合，是一种动态的安全检测技术，能够实时监控网络流量和系统活动，通过对异常行为、已知攻击模式和未知威胁的分析识别潜在的安全事件，及时发现并报告可能存在的安全漏洞或攻击行为，为防御措施的制定和响应时间的缩短提供关键信息支持。与其他网络安全设备不同，入侵检测系统是一种积极主动的安全防护技术。

IDS 最早出现在 1980 年 4 月。20 世纪 80 年代中期，IDS 逐渐发展成为入侵检测专家系统。90 年代，IDS 分化为基于网络的 IDS 和基于主机的 IDS，而后又出现分布式 IDS。目前，IDS 发展的趋势是完全取代防火墙。

一个好的入侵检测系统不但可以帮助系统管理员时刻了解网络系统（包括程序、文件和硬件设备等）的任何改变，还能为网络安全策略的制定提供指南。更为重要的一点是，它的管理及配置很简单，即使非专业人员也能熟练操作，从而保障网络安全。而且，入侵检测的规模还可根据网络威胁、系统构造和安全需求的改变而改变。入侵检测系统在发现入侵后，会及时做出响应，包括切断网络连接、记录事件和报警等。

2. 入侵检测系统的功能

入侵检测系统的主要功能有如下 4 点：

⇨ 实时检测：监控和分析用户与系统活动，实时地监测、分析网络中所有数据包；发现并实时处理所捕获的数据包，识别网络数据流的特征，并与已知攻击的特征库进行匹配，以确定攻击类型。

⇨ 安全审计：对系统记录的网络事件进行统计分析；发现异常现象；找出所需要的证据，判断系统的安全状态。

⇨ 主动响应：主动切断连接或与防火墙联动，调用其他程序处理。

⇨ 评估统计：评估关键系统和数据文件的完整性，统计分析异常活动模式。

3. 入侵检测系统的分类

入侵检测系统按技术可分为特征检测和异常检测，按监测对象又可分为基于主机的入侵检测和基于网络的入侵检测。

（1）特征检测。

特征检测会通过收集非正常操作的行为特征来建立相关的特征库，当检测到用户或系统的行为与特征库中的记录相匹配时，系统就判断这种行为是入侵。特征检测可以将已有的入侵方法检查出来，但对新的入侵方法无能为力。

特征检测的难点是如何设计模式，从而既能准确表达入侵行为，又不会误报正常的活动。在特征检测中，采用的主要方法是模式匹配。

（2）异常检测。

异常检测会通过总结正常操作应该具有的特征来建立主体正常活动的活动简档，当用户活动状况与活动简档相比出现重大偏离时，即被认为该活动可能是入侵行为。

异常检测的技术难点在于如何建立活动简档及如何设计统计算法，以免把正常的操作作为入侵行为或忽略了真正的入侵行为。异常检测常用的方法是概率统计。

（3）基于主机的入侵检测。

基于主机的入侵检测系统（host-based intrusion detection system，HIDS）主要用于保护运行关键应用的服务器或需要特别监控的主机。HIDS 通过对主机的网络实时连接和系统审计日志进行智能分析，如果发现某些活动十分可疑（例如，特征与已知攻击模式匹配或违反了正常行为统计规律），则会采取相应的措施进行应对。

基于主机的入侵检测的优点主要表现在如下 4 个方面：

⇨ 入侵行为分析能力。HIDS 对分析可能的攻击行为非常有用，除指出入侵者试图执行一些危险的命令之外，还能分辨出入侵者干了什么事，如运行了什么程序、打开了哪些文件、执行了哪些系统调用等行为。

⇨ 误报率低。通常情况下，HIDS 能比网络入侵检测系统提供更详尽的相关信息，误报率比较低。

⇨ 复杂性小，性能价格比高。因为检测在主机上运行的命令序列比监测网络流来得简单。

⇨ 网络通信要求低。对于主机的检测，网络通信量低，可部署在那些不需要大范围入侵检测，或是传感器与控制台之间的通信带宽不足的情况下。

基于主机的入侵检测的缺点主要表现在以下 4 个方面：

⇨ 影响保护目标。因为 HIDS 必须安装在需要保护的设备上，所以可能会降低应用系统的效率，带来一些额外的安全问题。例如，安装了 HIDS 后，会使原本不允许安全管理员访问的服务器变成可以访问的服务器等。

⇨ 服务器依赖性。这种依赖性体现在对主机固有日志和监视能力的利用上。如果主机没有配置日志功能，则必须重新进行配置，这将会给运行中的业务系统带来不可预见的性能影响。

⇨ 全面部署代价大。如果网络上主机较多，全面部署基于主机的入侵检测系统代价会较大。若选择保护部分主机，则那些未安装 HIDS 的主机将成为保护的盲点，入侵者可能利用这些主机达到攻击目的。

⇨ 不能监控网络上的情况。HIDS 只能检测自身的主机，无法检测网络上的情况，所以，对入侵行为分析的工作量将随着主机数量的增加而增加。

（4）基于网络的入侵检测。

基于网络的入侵检测（network intrusion detection system，NIDS）是大多数入侵检测厂商采用的产品形式，它通过捕获和分析网络包来探测攻击。基于网络的入侵检测可以在网段或交换机上进行监听，检测对连接在网段上的多个主机有影响的网络通信，从而保护那些主机。

基于网络的入侵检测的优点表现在以下 4 个方面：

⇨ 网络通信检测能力。NIDS 能够检测那些来自网络的攻击，还能够检测到超过授权的非法访问，对正常业务影响小。

⇨ 无须改变主机配置和性能。由于 NIDS 不会在业务系统的主机上安装额外的软件，因此不会影响这些主机的 CPU、I/O 设备与磁盘等资源的使用，也不会影响业务系统的整体性能。

⇨ 部署风险小，具有独立性和操作系统无关性。因为 NIDS 不像路由器、防火墙等关键设备那样工作在数据传输的关键路径上，所以它不会成为系统中的关键组件。即使 NIDS 发生故障，也不会影响正常业务的运行。因此，部署 NIDS 的风险比部署 HIDS 的风险要小得多。

⇨ 定制设备，安装简单。NIDS 近年来有向专用设备发展的趋势，安装 NIDS 系统非常方便，只需将定制的设备接上电源，做很少的一些配置，再将其与网络连接即可。

基于网络的入侵检测的缺点表现在以下 4 个方面：

⇨ 不能检测不同网段的网络包。NIDS 只检查它直接连接的网段的通信，不能检测不同网段的网络包，暴露出检测范围的局限性，在多传感器系统中，这会使部署成本增加。

➡ 很难检测复杂的需要大量计算的攻击。NIDS 为了性能目标通常采用特征检测的方法，它可以高效地检测出一些普通的攻击，而对一些复杂的需要大量计算与分析时间的攻击，则很难检测出来。

➡ 协同工作能力弱。NIDS 可能会将大量的数据传回分析系统，产生大量的分析数据流量。采用以下方法可减少回传的数据量：对入侵判断的决策由传感器实现，而中央控制台成为状态显示与通信中心，不再作为入侵行为分析器。但是，这样的设计也会使系统中的传感器协同工作能力变得较弱。

➡ 难以处理加密的会话。NIDS 在面对加密的网络流量时，由于需要先解密才能进行内容分析，这不仅增加了系统的处理负担，而且在很多情况下，NIDS 可能缺乏有效的手段来解密流量，尤其是当加密算法足够强大或使用了最新的加密标准时。目前，通过加密通道发起的攻击尚不多，但随着 IPv6 的普及和加密技术的广泛使用，这一问题将会越来越突出。

4. 入侵检测系统性能指标

入侵检测系统的性能指标主要包括 3 项：准确性指标、效率指标和系统指标。

（1）准确性指标。

准确性指标在很大程度上取决于测试时采用的样本集和测试环境。样本集和测试环境不同，准确性也不相同。它主要包括 3 个指标：检测率、误报率和漏报率。

①检测率。检测率是指被监测网络在受到入侵攻击时，系统能够正确报警的概率。通常利用已知入侵攻击的实验数据集合来测试系统的检测率。

$$检测率 = 入侵报警的数量 \div 入侵攻击的数量$$

②误报率。误报率是指系统把正常行为作为入侵攻击而进行报警的概率，以及把一种周知的攻击错误报告为另一种攻击的概率。

$$误报率 = 错误报警数量 \div （总体正常行为样本数量 + 总体攻击样本数量）$$

一个有效的入侵检测系统应限制误报出现的次数，但同时又能有效切断攻击。误报是入侵检测系统面临的最棘手的问题，攻击者可以而且往往是利用包的结构伪造无威胁的"正常"假警报，诱导警觉性不高的管理人员关闭入侵检测系统。

③漏报率。漏报率是指被监测网络受到入侵攻击时，系统不能正确报警的概率。通常利用已知入侵攻击的实验数据集合来测试系统的漏报率。

$$漏报率 = 不能报警的数量 \div 入侵攻击的数量$$

（2）效率指标。

效率指标要根据用户系统的实际需求，以保证检测质量为准，同时还取决于不同的设备级别，如百兆网络入侵检测系统和千兆网络入侵检测系统的效率指标一定会有很大差别。效率指标主要包括最大处理能力、每秒并发 TCP 会话数、最大并发 TCP 会话数等。

⇨ 最大处理能力。是指在指定检测率范围内，系统能够不漏报的最大处理能力，其目的是验证系统可以在多大的流量下仍能正常报警。

⇨ 每秒并发 TCP 会话数。是指入侵检测系统每秒可以增加的 TCP 最大连接数。

⇨ 最大并发 TCP 会话数。是指入侵检测系统可以同时支持的 TCP 最大连接数。

（3）系统指标。

系统指标主要表征系统本身运行的稳定性和使用的方便性。系统指标主要包括最大规则数、平均无故障间隔等。

①最大规则数。系统允许配置的入侵检测规则条目的最大数目。

②平均无故障间隔。系统无故障连续工作的时间。

由于入侵检测系统是软件与硬件的组合，因此性能指标同样取决于软硬件 2 方面的因素。软件因素主要包括数据重组效率、入侵分析算法、行为特征库等，硬件因素主要包括 CPU 处理能力、内存大小、网卡质量等。因此，在考虑性能指标时一定要结合入侵检测系统的软件和硬件情况。另外，由于网络安全的要求在提高，黑客攻击技术、漏洞发现技术和入侵检测技术也在发展，网络入侵检测系统的升级管理功能也是重要的指标之一，用户应当及时获得升级的入侵特征库或升级的软件版本，以保证网络入侵检测系统的有效性。

5. 入侵检测过程

常见的入侵检测过程包括以下 3 个步骤。

步骤 1：信息收集。

入侵检测的第 1 步是在信息系统的一些关键点上收集信息。这些信息就是入侵检测系统的输入数据。

（1）数据收集的内容。

入侵检测收集的数据主要来自 4 个方面。

①主机和网络日志文件。主机和网络日志文件中记录了各种行为类型，每种行为类型又包含不同的信息。例如，记录"用户活动"类型的日志，包含登录、用户 ID 改变、用户对文件的访问、授权和认证信息等内容，这些信息包含了发生在主机和网络上的不寻常和不期望活动的证据，留下了黑客的踪迹。通过查看日志文件，能够发现成功的入侵或入侵企图，并很快地启动应急响应程序。因此，充分利用主机和网络日志文件信息是检测入侵的必要手段。

②目录和文件中的不期望的改变。网络环境中的文件系统包含很多软件和数据文件，包含重要信息的文件和私密数据文件经常是黑客修改或破坏的目标。黑客经常替换、修改和破坏他们获得访问权的系统中的文件，同时为了隐蔽在系统中的活动痕迹，还会尽力替换系统程序或修改系统日志文件。因此，目录和文件中不期望的改变（包括修改、创

建和删除），特别是那些正常情况下限制访问的对象，往往就是入侵发生的标识和信号。

③程序执行中的不期望行为。每个在系统上执行的程序由一到多个进程来实现。每个进程都运行在特定权限的环境中，进程的行为由它运行时执行的操作来表现，这种环境控制着进程可访问的系统资源、程序和数据文件等；操作执行的方式不同，利用的系统资源也就不同。操作包括计算、文件传输、设备与网络间其他进程的通信。黑客可能会将程序或服务的运行瓦解，从而导致运行失败的结果，或者是以非用户或管理员意图的方式操作。因此，一个进程出现了不期望的行为，可能表明黑客正在入侵本系统。

④物理形式的入侵信息。黑客总是想方设法［如通过网络上由用户私自加装的不安全（未授权）的设备］去突破网络的周边防卫，以便能够访问内部网络，在内部网上安装他们自己的设备和软件。例如，用户在家里可能安装调制解调器以远程访问办公室网络，那么这一拨号访问就成了威胁网络安全的后门。黑客会利用这个后门访问内部网，从而绕过内部网络原有的防护措施，然后捕获网络流量，进而攻击其他系统，并窃取敏感的私有信息等。

（4）数据收集机制。

准确性、可靠性和效率是入侵检测系统数据收集机制的基本指标，在 IDS 中占据着举足轻重的位置。如果收集的数据时延较长，检测就会失去作用；如果数据不完整，表明系统的检测能力下降；如果由于错误或入侵者的行为致使收集的数据不正确，IDS 就会无法检测到某些入侵，给用户以安全的假象。

数据收集机制的确定可考虑如下 4 方面的因素。

①基于主机的数据收集和基于网络的数据收集。

为了进行基于主机的数据收集，基于主机的入侵检测系统是在每台被保护的主机后台运行一个代理程序，检测主机运行日志中记录的未经授权的可疑行径，检测正在运行的进程是否合法并及时做出响应。

为了进行基于网络的数据收集，基于网络的入侵检测系统是在连接过程中监视特定网段的数据流，查找每一数据包内隐藏的恶意入侵，对发现的入侵做出及时响应。在这种系统中，使用网络引擎执行监控任务。网络引擎所处的位置不同，所起的作用就不同。

⇨网络引擎配置在防火墙内，可以监测渗透过防火墙的攻击。

⇨网络引擎配置在防火墙外的非军事区，可以监测对防火墙的攻击。

⇨网络引擎配置在内部网络的各临界网段，可以监测内部的攻击。

②分布式与集中式数据收集机制。分布式入侵检测系统收集的数据来自一些固定位置，与受监测的网元数量无关。集中式入侵检测系统收集的数据来自一些与受监测的网元数量有一定比例关系的位置。

③直接监控和间接监控。入侵检测系统从它所监控的对象处直接获得数据，称为直接监控；反之，如果入侵检测系统依赖一个单独的进程或工具获得数据，则称为间接

监控。

就检测入侵行为而言，直接监控要优于间接监控，原因有如下 4 个方面。

⇨ 从非直接数据源获取的数据在被入侵检测系统使用之前，入侵者还有进行修改的潜在机会。

⇨ 非直接数据源可能无法记录某些事件，如它无法访问监视对象的内部信息等。

⇨ 在间接监控中，数据一般都是通过某种机制（如编写审计代码等）生成的，但这些机制并不满足入侵检测系统的具体要求，因而从间接数据源获得的数据量要比从直接数据源获得的数据量大得多，并且间接监控机制的可伸缩性小，一旦主机及其内部的被监控要素增加，过滤数据的开销就会降低监控主机的性能。

⇨ 间接数据源的数据从生成到入侵检测系统访问之间有一个时延。

由于直接监控操作的复杂性，目前的入侵检测系统产品中只有不足 20% 使用直接监控机制。

④外部探测器和内部探测器。外部探测器的监控组件（程序）独立于被监测组件（硬件或软件）。内部探测器的监控组件（程序）附加于被监测组件（硬件或软件）。

步骤 2：数据分析。

数据分析是入侵检测系统的核心，它的功能就是对从数据源提供的系统运行状态和活动记录进行同步、整理、组织、分类以及各种类型的细致分析，提取其中包含的系统活动特征或模式，用于对正常行为和异常行为的判断。

入侵检测系统的数据分析技术按检测目标和数据属性，分为异常发现技术和模式发现技术，最近几年还出现了一些其他类型的数据分析技术。

（1）异常发现技术。

异常发现技术用在基于异常检测的入侵检测系统中。在这类系统中，观测到的不是已知的入侵行为，而是所监测的通信系统中的异常现象。如果建立了系统的正常行为轨迹，理论上就可以把所有与正常轨迹不同的系统状态视为可疑企图。由于正常情况具有一定的范围，因此正确地选择异常阈值和特征，决定何种程度才是异常，是异常发现技术的关键。

异常检测只能检测出那些与正常过程具有较大偏差的行为。由于对各种网络环境的适应性较弱，且缺乏精确的判定准则，异常检测有可能出现虚报现象。

（2）模式发现技术。

模式发现又称特征检测或滥用检测。它是基于已知的系统缺陷和入侵模式，即事先定义了一些非法行为，然后将观察现象与之比较做出判断。这种技术可以准确地检测具有某些特征的攻击，但是由于过度依赖事先定义好的安全策略而无法检测系统未知的攻击行为，因而可能产生漏报。模式发现技术对确知的决策规则通过编程实现，常用的技术有如下 4 种。

①状态建模。将入侵行为表示成许多个不同的状态。如果在观察某个可疑行为期间，所有状态都存在，则判定为恶意入侵。状态建模从本质上来讲是时间序列模型，可以再细分为状态转换和 Petri 网，前者将入侵行为的所有状态形成一个简单的遍历链，后者将所有的状态构成一个更广义的树形结构的 Petri 网。

②串匹配。通过对系统之间传输的或系统自身产生的文本进行字串匹配实现。该方法灵活性差，但易于理解。目前有很多高效的算法，其执行速度也很快。

③专家系统。可以在给定入侵行为描述规则的情况下，对系统的安全状态进行推理。一般情况下，专家系统的检测能力强大，灵活性也很高，但计算成本较高，通常以降低执行速度为代价。

④基于简单规则。类似于专家系统，但相对简单一些，执行速度快。

（3）混合检测。

近几年来，混合检测日益受到人们的重视。这类检测在做出决策之前，既分析系统的正常行为，同时还观察可疑的入侵行为，所以判断更全面、准确、可靠。它通常根据系统的正常数据流背景来检测入侵行为，故也有人称其为启发式特征检测。属于这类检测的技术有人工免疫方法、遗传算法、数据挖掘等。

（4）入侵检测系统特征库。

入侵检测系统要有效地捕捉入侵行为，必须拥有一个强大的入侵特征数据库，这就像和公安部门必须拥有不断完善的罪犯信息库一样。

入侵检测系统中的特征是指用于判别通信信息种类的多种样板数据。一些典型情况及其识别方法有如下 6 种。

⇨ 来自保留 IP 地址的连接企图，可通过检查 IP 报头的来源地址识别。

⇨ 带有非法 TCP 标志联合物的数据包，可通过 TCP 报头中的标志集与已知正确和错误的标记联合物的不同点来识别。

⇨ 含有特殊病毒信息的 E-mail，可通过对比每封 E-mail 的主题信息和病态 E-mail 的主题信息来识别，或者通过搜索特定名字的外延来识别。

⇨ 查询负载中的 DNS 缓冲区溢出企图，可通过解析 DNS 域及检查每个域的长度来识别。另外一个方法是在负载中搜索"壳代码利用"的序列代码组合。

⇨ 对 POP3 服务器大量发出同一命令而导致 DoS 攻击，通过跟踪记录某个命令连续发出的次数，看看是否超过了预设上限，超出则发出报警信息。

⇨ 未登录情况下使用文件和目录命令对 FTP 服务器的文件访问攻击，通过创建具备状态跟踪的特征样板，以监视成功登录的 FTP 对话，发现未经验证却发出命令的入侵企图。

显然，特征的涵盖范围很广：有简单的报头与数值，有高度复杂的连接状态跟踪，有扩展的协议分析。此外，不同的入侵检测系统产品具有的特征功能也有所差异。例如，有些入侵检测系统只允许很少地定制存在的特征数据或者编写需要的特征数据，另外一些则允许在很宽的范围内定制或编写特征数据，甚至可以是任意一个特征；一些入侵检测系统只能检查确定的报头或负载数值，另外一些则可以获取任何信息包的任何位置的数据。

步骤 3：响应与报警。

早期的入侵检测系统的研究和设计将主要精力放在对系统的监控和分析上，而将响应的工作交给用户完成。现在的入侵检测系统都提供响应模块，并提供主动响应和被动响应 2 种响应方式。一个好的入侵检测系统应该能够让用户裁减定制其响应机制，以符合特定的需求环境。

（1）主动响应。

在主动响应系统中，系统将自动或以用户设置的方式阻断攻击过程，或以其他方式影响攻击过程，通常可以选择的措施有如下 3 种。

⇨ 针对入侵者采取的措施。

⇨ 修正系统。

⇨ 收集更详细的信息。

（2）被动响应。

在被动响应系统中，系统只报告和记录发生的事件。

检测到入侵行为需要报警。具体报警的内容和方式需要根据整个网络的环境和安全需要来确定。例如，对于一般性服务企业，报警集中在已知的、有威胁的攻击行为上；对于关键性服务企业，需要将尽可能多的报警记录下来，并对部分认定的报警进行实时反馈。

3.1.3 入侵防御系统（IPS）

入侵防御系统（intrusion prevention system，IPS）在 IDS 的基础上更进一步，不仅能够检测到潜在的入侵行为，还能主动采取行动阻止这些攻击。IPS 对于提升电子商务系统的安全性具有直接且显著的意义，它能够在威胁到达目标之前就将其拦截，从而降低数据泄露、服务中断等风险，并增强整体网络安全架构的主动性与韧性。

1. 入侵防御系统简介

入侵防御是一种安全机制，它通过分析网络流量，检测入侵（包括缓冲区溢出攻击、木马、蠕虫等），并通过一定的响应方式，实时地中止入侵行为，保护企业信息系统和网络架构免受侵害。

2. 入侵防御系统的优势

入侵防御是一种既能发现又能阻止入侵行为的全新安全防御技术。该技术在检测发现网络入侵后，能自动丢弃入侵报文或者阻断攻击源，从根本上避免攻击行为。入侵防御的主要优势有如下 5 点。

⇨ 实时阻断攻击：设备采用直路方式部署在网络中，能够在检测到入侵时，实时对入侵活动和攻击性网络流量进行拦截，将对网络的入侵降到最低。

⇨ 深层防护：新型的攻击通常隐藏在 TCP/IP 协议的应用层中。入侵防御系统能检测报文的应用层内容，还能够重组网络数据流，进行协议分析和检测，并根据攻击类型、策略等确定应该被拦截的流量。

⇨ 全方位防护：入侵防御系统可以提供针对多种威胁的防护措施，包括对蠕虫、病毒、木马、僵尸网络、间谍软件、广告软件、CGI（Common Gateway Interface）攻击、跨站脚本攻击、注入攻击、目录遍历、信息泄露、远程文件包含攻击、溢出攻击、代码执行、拒绝服务、扫描工具等攻击的防护措施，全方位防御各种攻击，保护网络安全。

⇨ 内外兼防：入侵防御不但可以防止来自于企业外部的攻击，还可以防止发自于企业内部的攻击。系统对经过的流量都可以进行检测，既可以对服务器进行防护，也可以对客户端进行防护。

⇨ 不断升级，精准防护：入侵防御特征库会持续更新，以保持最高水平的安全性。用户可以在升级中心定期升级设备的特征库，以保持入侵防御的持续有效性。

3. IPS 与 IDS 的不同

总体上说，IDS 对那些异常的、可能是入侵行为的数据进行检测和报警，告知使用者网络中的实时状况，并提供相应的解决、处理方法，是一种侧重于风险管理的安全功能。而入侵防御对那些被明确判断为攻击行为，会对网络、数据造成危害的恶意行为进行检测，并实时终止、降低或是减免使用者对异常状况的处理资源开销，是一种侧重于风险控制的安全功能。

入侵防御技术在传统 IDS 的基础上增加了强大的防御功能。传统 IDS 很难对基于应用层的攻击进行预防和阻止。入侵防御技术能够有效防御应用层攻击。

由于重要数据往往夹杂在大量一般性数据中，IDS 很容易忽视真正的攻击，误报和漏报率居高不下，日志和警告过多。入侵防御功能可以对报文层层剥离，进行协议识别和报文解析，对解析后的报文分类并进行特征匹配，保证了检测的精确性。

IDS 设备只能被动检测保护目标遭到的攻击。为阻止进一步攻击行为，它只能通过响应机制报告给 FW，由 FW 来阻断攻击。

入侵防御是一种主动积极的入侵防范阻止系统。当它检测到攻击企图时，会自动将攻击包丢掉或将攻击源阻断，有效地实现主动防御功能。

4. 入侵防御系统的工作原理

入侵防御系统的核心作用是在网络边界实施主动防护，通过对网络流量进行实时分析和深度检测，有效拦截各类已知和未知的安全威胁，从而保护电子商务环境及其他网络系统的安全。其工作原理主要包括 5 个核心步骤。

步骤 1：实时监控与数据重组。

IPS 系统嵌入在网络流量中，对进出网络的数据包进行实时监测和捕获。它能够监听并分析通过网络传输的所有流量。IPS 首先对网络中的数据包进行处理，包括 IP 分片报文的重组和 TCP 流的重组，确保应用层数据的完整性与连续性。这种机制有助于检测那些试图通过分片或利用协议漏洞逃避检测的攻击行为。

步骤 2：协议识别与解析。

通过对报文内容进行深度分析，IPS 能够识别多种常见的应用层协议，如 HTTP、FTP、SMTP 等。在识别出特定协议后，IPS 进一步按照该协议的具体结构进行细致解析，并提取出报文的关键特征信息。相比仅基于 IP 地址和端口号的传统防火墙，这一能力显著提高了对于隐藏在复杂网络流量中的应用层攻击行为的检测率。

步骤 3：特征匹配。

IPS 将解析后的报文特征与预定义的安全策略签名库进行对比匹配。这些签名包含了已知威胁和攻击模式的特征描述。当报文特征与签名库中的某条规则相匹配时，即意味着可能发现了潜在的攻击活动。

步骤 4：实时响应。

在发现匹配成功的签名后，IPS 会根据管理员预先配置的动作策略对可疑或恶意报文进行相应的处理，如丢弃报文、阻断连接、记录事件或者通知管理员等。响应处理过程是 IPS 实现主动防御的核心环节，它确保了攻击行为被及时阻止并被记录下来，从而保护了电子商务系统的安全运行。

步骤 5：智能学习与自适应策略。

高级的 IPS 采用机器学习等技术，通过持续学习网络流量的行为模式，自动生成或优化防御策略。此外，入侵防御系统可以根据组织的安全政策和风险等级动态调整其防护措施。

入侵防御系统通过监控、解析、分析和实时响应等手段，在网络层面提供了一道主动防御屏障，有效防止了未经授权的访问和恶意活动影响目标网络或系统。

3.2 身份认证技术

身份认证技术用于检测信息发布主体的合法性，以及控制合法用户获取相应的权限。

3.2.1 身份认证技术概述

身份认证技术是在计算机网络中确认操作者身份的有效解决方法。计算机网络中的一切信息（包括用户的身份信息）都是用一组特定的数据来表示的，计算机只能识别用户的数字身份，所有对用户的授权也都是针对用户数字身份的授权。为了保证以数字身份进行操作的操作者就是这个数字身份的合法拥有者，即保证操作者的物理身份与数字身份相对应，身份认证技术应运而生。作为防护网络资产的第 1 道关口，身份认证起着举足轻重的作用。

信息系统中的一切活动都是由访问行为引起的。为了系统的安全，需要对访问进行管制约束。访问涉及 2 个方面：主体（通常指用户）和客体（也称资源，即数据）。身份认证是指对于主体合法性的认证，访问控制是指对于主体的访问行为进行授权的过程。如果认为一个信息系统有一个入口，则身份认证就是在信息系统的入口进行的身份检查；而访问控制则规定访问者进入系统以后可以对哪些资源分别进行什么样的访问操作。

3.2.2　常用的身份认证方法

在现实生活中，最常用的身份认证方法主要有 3 类。

1. 基于生物特征的身份认证技术

基于生物特征的认证方法在近几年非常流行，包括指纹认证、虹膜认证、面部特征认证及声音特征认证，其他特征还包括笔迹、视网膜、DNA 等。基于生物特征识别和其他身份识别技术各有优势，在实际应用中可以互补，以提升身份认证的准确性，提高信息的安全性。

（1）指纹认证。

一枚指纹密布着 100 ～ 120 个特征细节，这么多的特征参数组合的数量达到 640 亿种（英国学者高尔顿提出的数字），而且它从 4 个月胎儿时生成后保持终生不变，因此，用它作为人的唯一标识是非常可靠的。

指纹识别主要涉及 4 个过程：读取指纹图像、提取指纹特征、保存数据和比对。目前已经开发出的计算机指纹识别系统，可以比较精确地进行指纹的自动识别。另外在日常使用中，指纹解锁手机、指纹登录系统、指纹支付、指纹开门、指纹打卡等身份认证技术应用得也比较广泛。另外在办理特殊业务（如身份证、社保卡等）的时候，也需要录入指纹并验证身份才能进行。因此，指纹在身份认证中已经被广泛使用并被人们所认可。

（2）虹膜认证。

虹膜是位于眼睛黑色瞳孔与白色巩膜之间的环形部分。它在总体上呈现由里向外的放射状结构，并包含许多相互交错的类似斑点、细丝、冠状、条纹、隐窝等形状的细微特征。这些细微特征信息也被称为虹膜的纹理信息，主要由胚胎发育环境的差异决定，因此对每个人都具有唯一性、稳定性和非侵犯性。虹膜识别技术现阶段并没有广泛进入民用市场，主要应用在金融机构、政府机构、科研机构、公共安全机构等安全级别要求较高的场所。

虹膜识别系统主要由虹膜图像采集装置、活体虹膜检测算法、特征提取和匹配几个模块组成。在实际使用时可以和测温、考勤打卡、门禁功能共同使用。

（3）面部特征认证。

面部特征认证主要依靠的是面部识别技术，该技术主要实现面部的检测和定位，即从输入图像中找到面部及面部的位置，并将面部从背景中分离出来。现有的面部检测方法有如下3类。

⇨ 基于规则的面部检测。总结了特定条件下可用于检测面部的知识（如脸型、肤色等），并把这些知识归纳整理成指导面部检测的规则。

⇨ 基于模板匹配的面部检测。首先构造具有代表性的面像模板，然后通过相关匹配或其他相似性度量检测面部。

⇨ 基于统计学习的面部检测。主要利用面部特征点结构灰度分布的共同性来检测面部。

面部识别由如下2个过程组成。

⇨ 面部样本训练。提取面部特征，形成面部特征库。

⇨ 识别。用训练好的分类器将待识别面部的特征同特征库中的特征进行匹配，输出识别结果。

"面部识别＋活体检测技术"被广泛应用在生活的各个方面，如通过人脸识别实现解锁手机、门禁、考勤打卡，完成支付认证、退休人员认证、考试人员身份认证等。另外在公安机关侦办案件、处理交通事故等方面也被广泛使用。

（4）声纹认证。

声纹认证是以人耳听辨的声纹为基础，不仅关注发音人的语音频谱等因素，还充分挖掘说话人语音流中的各种表征性特点。例如，通过方言背景确定地域性，通过发音部位的变化、内容以及发音速度和强度确定发音人的年龄、性格和心理状态等。

在处理时常常将人类声纹特征分为如下3个层次。

⇨ 声道声学层次。在分析短时信号的基础上，抽取对通道、时间等因素的不敏感特征。

⇨ 韵律特征层次。抽取独立于声学、声道等因素的超音段特征，如方言、韵律和语速等。

⇨ 语言结构层次。通过对语音信号的识别，获取更加全面和结构化的语义信息。

声纹识别系统主要包括如下2个部分。

⇨ 特征提取。选取唯一表现说话人身份的有效且可靠的特征。

⇨ 模式匹配。对训练和识别时的特征模式进行相似性匹配。但是，目前还没有证实它的唯一性。

2. 基于信任物体的身份认证技术

基于信任物体的身份认证首先需要确保信任物体和受信者的关系，物体也要被受信者妥善保存，因为系统通过信任物体完成认证并提供权限，而并不直接对受信者进行身份认证，因此一旦信任物体被非受信者获取，整个身份认证体系就将形同虚设。不过相对于生物特征，基于信任物体的身份认证更加灵活。另外，信任物体的验证需要专业的设备和机构才能进行。

当前主要的信任物体包括信用卡、IC 卡、印章、证件以及 USB Key 等。

3. 基于信息秘密的身份认证技术

基于受信者个人秘密，如密码、识别号、密钥等，仅仅为受信者及系统所知晓，不依赖于自身特征，可以在任意场景中使用，对认证设备要求也比较低，但这种方式容易被窃取及伪造。所以，现在复合型信息秘密的身份认证体系还要求提供手机验证码。

3.2.3　基于口令的身份认证技术

1. 基于静态口令的身份认证

静态口令是使用频率最高的一种认证技术，平时使用的密码就是静态口令的一种，其主要特点是简单、高效、易实现，但缺点也显而易见，即容易被非法记录、破解，同时易被用户忘记等。

（1）静态口令的主要威胁。

静态口令在使用时，主要的威胁有如下 8 点：

⇨ 口令过于简单。口令设置过于简单，很容易被破解。这里的简单，除复杂性不够外，还存在容易猜测的问题，如家庭成员或朋友的名字、生日、喜爱的球队名称、城市名、身份证号码、电话号码和邮政编码等。

⇨ 暴力破解。通过密码字典中的常用密码进行穷举破解。

⇨ 浏览器记录。很多浏览器具有保存密码的功能，虽然不用每次输入，但非法用户可以通过查看浏览器的记录获取用户的口令。

⇨ 非法偷窥。通过监控软件对口令进行记录，或者通过各种手段偷窥并记录用户的口令。

⇨ 输入法记录。很多输入法有记录用户输入习惯并自动补全的功能，在输入口令时会作为普通文本进行记录。

⇨ 密码文件破解。通过入侵数据库，获取用户的信息和口令文件。如果此时使用的是明文记录，那么所有的口令都会被泄漏。如果获取到的是密码的 MD 值，也存在被破解的风险。

⇨ 通过社会工程学技术破解。通过诱骗的形式获取用户的相关信息，提高破解成功率，或者直接诱骗出口令。

⇨ 通过木马获取。木马是重大的安全威胁之一，通过木马记录用户的口令是木马的主要应用之一。

（2）静态口令的安全防护。

口令一旦被泄漏，身份认证就形同虚设，攻击者就可以大摇大摆地进入系统。因此，口令的保护是用户和系统管理员都必须重视的工作。应从如下 11 个方面考虑口令的安全性。

⇨ 增加口令的复杂度。在保证可以记住的前提下，尽可能提高口令的复杂度，口令字符的复杂度越高，穷举攻击的难度就越大。设置口令不要仅限于使用 26 个大写字母，可以扩大到小写字母、数字、特殊符号等计算机可以接受的字符。

⇨ 保证口令的长度。口令越长，破解需要的时间就越长，口令位数应多于 6 位。

⇨ 避免使用弱口令。避免使用有规律的口令和容易被猜中的口令，如家庭成员或朋友的名字、生日、喜爱的球队名称和城市名等。

⇨ 多口令。在不同的验证位置使用不同的口令，尽量不要使用相同的口令。

⇨ 定期更换。口令要定期更换，更换时尽量使用新口令，不要使用以前的口令。

⇨ 安全存放。口令的存储不仅是为了备忘，更重要的是系统要在检测用户口令时进行比对。直接明文存储口令（写在纸上或直接明文存储在文件或数据库中）最容易泄密。较好的方法是将每一个用户的系统存储账号和 Hash 值存储在一个口令文件中。当用户登录时，输入口令后，系统计算口令的 Hash 值，并与口令文件中的 Hash 值比对，若相等，则允许登录，否则拒绝登录。

⇨ 系统安全。增强系统安全性包括安装杀毒软件，升级防偷窥系统，禁止浏览器保存密码，及时清空输入法及系统缓存，输入密码时注意安全，增加密码验证系统等。

⇨ 增强验证策略。包括设置最小口令长度，限制登录时间，限制登录的次数、错误的次数，强制修改口令的时间间隔、口令的唯一性、口令过期失效后允许入网的宽限次数。如果在规定的次数内输入不了正确口令，则认为是非法用户的入侵，应给出报警信息。

⇨ 增加辅助验证。例如，在认证过程中，随机提问一些与该用户有关，并且只有该用户才能回答的问题。

⇨ 使用安全口令键盘。可以使用软键盘，软键盘是一种显示在屏幕上的键盘，可供用户用鼠标单击进行输入。应使用各合法软件自带的安全键盘或者系统自带的安全键盘，这种键盘的键位顺序是乱的，可以有效防止木马通过对按键位置的记录窃取用户密码，也可以防止输入法记录密码，从而可避免入侵者通过查看输入法记录获取到密码。

⇨ 增强人员管理。加强管理机制，对从事口令身份认证过程的工作人员进行安全保密培训，增强人员的职业素质和道德水平，防止内部人员非法提权或泄漏口令。

（3）通过验证码增强口令安全性。

全自动区分计算机和人类的图灵测试（completely automated public turing test to tell computers and humans apart，CAPTCHA）是一种区分用户是计算机还是人的公共全自动技术，其目的是有效防止某一个特定注册用户用特定程序暴力破解方式进行不断的登录尝试，其具体方法是强迫用户在登录时必须要人工进行一些工作。用户需要按照验证系统的要求提交答案，并由系统判断是否满足要求。用户只有将正确的答案与账户和口令一起发送，才能注册或者登录，这就使得攻击者使用程序自动注册或不断进行破解验证成为不可能。

在形式上，验证码可以是数字、字母、文字、图片、拼图以及各种常识或计算问题等。

验证码主要用来控制注册或登录的时间和节奏不能太快。用户登录时，验证码根据时间周期随机生成，用户在一定的时间周期内必须从图片中人工找出所隐藏的信息，输入验证码，提交服务器系统验证，验证成功才能登录。2 次登录之间有一个验证生存期。

强制人为干预的另一种方法是通过手机传送验证码，这属于基于信任物品的信任验证，很多网站已经没有口令登录界面，而是使用了手机短信验证码登录。这主要是由于现在口令的验证局限性太多，而手机短信验证码的认证更加安全。

2. 基于动态口令的身份认证

动态口令也称一次性口令，是最安全的口令。它是根据专门的算法生成一个不可预测的随机数字组合，每个密码只能使用一次，目前被广泛运用在网银、网游、电信运营商、电子商务等应用领域。

动态口令有如下优势：提供给最终用户安全访问企业核心信息的手段；降低与密码相关的 IT 管理费用；是一种无须记忆的复杂密码，降低了遗忘密码的概率。

（1）动态口令的类型。

动态口令不是在网络上直接生成，也不是由系统直接从网络上发给用户，而是通过专用的生成器提供给用户。这些用于生成动态口令的终端通常称为"令牌"。目前主流令牌有：短信密码、手机令牌、硬件令牌和软件令牌 4 种。

①短信密码。短信密码是以手机短信形式请求包含 6 位或更多随机数的动态口令。身份认证系统以短信形式发送随机的 6 位 /8 位密码到客户的手机上，用户在登录或者交易认证时需输入此动态口令，从而确保系统身份认证的安全性。该技术具有安全、普及性高、易收费、易维护等优点。由于该技术是基于手机卡的身份认证技术，手机卡一般由本人保管，所以使用该认证时需要确保使用者和受信者是同一人。如果手机卡被别人获取，那么其他人可以完全控制受信者的电子资金及各种权限，后果非常严重。

②手机令牌。手机令牌是一种手机客户端软件，它会每隔 30 s 生成一个随机 6 位动态密码。口令生成过程不产生费用，具有使用简单、安全性高、成本低、无须携带额外设备、容易获取、无物流等优势。手机令牌支持 iOS、Android、鸿蒙等系统，可以广泛应用在网络游戏、互联网支付等用户基数大的领域。手机令牌的使用将大大减少动态密

码服务管理及运营成本。手机令牌的客户端和服务器端校准时间后，同时按照某种算法进行运算，该算法不可逆且算法严密，非常安全。

③软件令牌。软件令牌是通过软件生成随机密码，通过统一的算法，每隔一定时间更新一次。

④硬件令牌。手机令牌的实体版，往往是一个钥匙扣大小的轻巧器物，上有显示屏，可以显示随机密码。原理同手机令牌类似，每 60 s 更换一次动态口令（6 位 /8 位动态数字），动态口令当次有效。一般需要用户先设置查看口令，然后通过口令验证后，才能查看到令牌的随机密码。使用硬件令牌需要用户随身携带，没有手机令牌方便，且需要定期到指定机构更换电池或更换令牌，使用起来有局限性。

（2）动态口令的技术分类。

动态口令按照实现技术进行划分，主要分为同步口令技术（时间同步口令和事件同步口令）与异步口令技术。

①时间同步口令。时间同步口令基于令牌和服务器的时间同步，并且采用国际标准时间，一般每 60 s 生成一个新口令。为了保持服务器与令牌的同步，一方面，要求服务器时钟必须十分精准，对令牌的晶振频率也有严格的要求；另一方面，由于令牌的工作环境不同，在磁场、高温、高压、浸水等情况下易发生时钟脉冲的不确定偏移和损坏，因此在每次进行认证时，服务器端将会检测令牌的时钟偏移量，不断微调自己的时间记录。

②事件同步口令。基于事件同步的令牌是指输入某一特定的事件次序及相同的种子值，通过哈希算法运算出一致的密码。它的整个工作流程与时钟无关，不受时钟的影响，令牌中不存在时间脉冲晶振。但由于其算法的一致性，其口令是预先可知的，通过令牌可以预先知道今后的多个密码，故当令牌遗失且没有使用 PIN 码对令牌进行保护时，存在非法登录的风险。因此，对于 PIN 码的保护是十分重要的。

③异步口令。异步口令不需要令牌和服务器之间同步，因而降低了对应用的影响，极大地提高了系统的可靠性。它主要采用了挑战 / 应答方式。基于挑战 / 应答方式的身份认证系统在每次认证时，认证服务器端都会给客户端发送一个不同的"挑战"字串，客户端程序收到这个"挑战"字串后，做出相应的"应答"，具体过程如下：

➡客户端向认证服务器发出请求，要求进行身份认证。

➡认证服务器从用户数据库中查询用户是否是合法的用户，若不是，则不做进一步处理。

➡认证服务器内部生成一个随机数，作为"提问"，发送给客户端。

➡用户将用户名和随机数合并，使用单向 Hash 函数（如 MD5 算法等）生成一个 6 位 /8 位的随机数字字串作为应答，口令当次有效。

➡认证服务器将应答串与自己的计算结果比较：若二者相同，则通过一次认证；否则，认证失败。

➡认证服务器通知用户认证成功或失败。

以后的认证由客户端不定时地发起，过程中没有了用户认证请求这一步。这个过程增加了用户操作的复杂度，因此，两次认证的时间间隔不能太短，否则就给网络、客户端和认证服务器带来太大的负担；但时间间隔也不能太长，否则不能保证用户不被他人盗用 IP 地址，一般定为 1 ～ 2 min。

3.3　访问控制技术

访问控制技术是指防止对任何资源进行未授权的访问，从而使计算机系统在合法的范围内使用；是通过识别用户身份赋予其相应的权限，通过不同的权限来限制用户对某些信息项的访问，或限制对某些控制功能的使用的一种技术。访问控制通常用于系统管理员控制用户对服务器、目录、文件等网络资源的访问。

3.3.1　访问控制模型

一般的安全模型都可以用一种称为"格"的数学表达式来表示。格是一种定义在集合 SC 上的偏序关系，并且满足 SC 中任意 2 个元素都有最大下界和最小上界的条件。在一种多级安全策略模型中，SC 表示有限的安全类集合，其中每个安全类可用一个二元组（A,C）来表示，其中 A 表示权力级别，C 表示类别集合。权力级别共分成 4 级：0 级，普通级；1 级，秘密级；2 级，机密级；3 级，绝密级。

访问控制模型基于对操作系统结构的抽象，并建立在安全域基础上。一个安全域中的实体被分成 2 种：主动的主体和被动的客体。以主体为行，以客体为列，构成一个访问矩阵，矩阵的元素是主体对客体的访问模式，如读、写、执行等。某一时刻的访问矩阵定义了系统当前的保护状态，依据一定的规则，访问矩阵可以从一个保护状态迁移到另一个状态。访问控制模型只规定系统状态的迁移必须依据的规则，但没有规定具体的规则是什么，因此，访问控制模型拥有较大的灵活性。访问控制模型主要有 Graham Lampson 模型、UCLA 模型、Take-Grant 模型、Bell&LaPadula 模型等，其中影响较大的是 Bell&LaPadula 模型。

3.3.2　信息流模型

访问控制模型描述了主体对客体访问权的安全策略，主要应用于文件、进程之类的"大"客体。而信息流模型描述了客体之间信息传递的安全策略，直接应用于程序变量之类的"小"客体，它可以精确地描述程序中的隐通道，比访问控制模型的精确度要高。

信息流模型也是基于格的模型，为信息流引入一组安全类集合，定义安全信息流通过程序时的检验和确认机制。一个信息流模型由 5 部分组成。

（1）客体集合。表示信息的存放位置，如文件、程序、变量以及位等。

（2）进程集合。表示与信息流相关的活跃实体。

（3）安全类集合。对应于互不相关的、离散的信息类。

（4）一个辅助交互的类复合操作符。用于确定在 2 类信息上的任何二进制操作所生成的信息。

（5）一个流关系。用于确定在任何一对安全类之间信息是否能从一个安全类流向另一个安全类。

在一定的假设条件下，安全类集合、流关系和类复合操作符构成一个格，指定了模型系统的安全信息流的意义，使客体之间的信息流不违背指定的流关系。信息流模型的形式化描述比有限状态机更详细，可以表示程序中信息的细节。

访问控制模型和信息流模型是最主要的 2 类安全模型，分别代表了 2 种安全策略：访问控制策略指定了主体对客体的访问权限，信息流策略指定了客体所能包含的信息类别以及客体之间的关系。信息流模型可以分析程序中的合法通道和存储通道，但不能防止程序中的隐秘时间通道。

3.3.3　信息完整性模型

信息完整性是信息安全的重要组成部分，是指防止信息在处理和传输过程中被篡改或被破坏。信息完整性模型主要面向商业应用，而访问控制模型和信息流模型侧重于军事领域，它们在描述方法上有很大的不同。

信息完整性模型是用于描述信息完整性的形式化模型，主要适用于商业计算机安全环境。信息完整性模型主要有 Biba 模型、Clark-Wilson 模型等，其中，Biba 模型由于过于复杂，没有得到实际应用；Clark-Wilson 模型侧重于商业领域，能够在面向对象系统中应用，具有较大的灵活性。

Clark-Wilson 模型采用了 2 个基本方法来保证信息的安全：一个是合式交易方法，另一个是职责分离方法。

合式交易方法提供了一种保证应用完整性的机制，其目的是不让用户随意地修改数据。它如同会计领域的复式记账系统，要修改一个账目记录，必须在支出和转入 2 个科目上都要做出修改，这种交易才是"合式"的，而不能只改变支出或转入科目，否则账目将无法平衡，会出现错误。

职责分离方法提供一种保证数据一致性的机制，其目的是保证数据对象与它所代表的现实世界对象相对应，而计算机本身并不能直接保证这种外部的一致性。最基本的职责分离规则是不允许创建或检查某一合式交易的人再来执行它。这样，在一次合式交易中至少有 2 个人参与才能改变数据，从而防止了欺诈行为。

因此，Clark-Wilson 模型有 2 类规则——强制规则和确认规则。

1. 强制规则

定义了与应用无关的安全功能，共有 4 条。

① E1。用户只能通过事务过程间接地操作可信数据。

② E2。用户只有被明确地授权后才能执行操作。

③ E3。用户的确认必须经过验证。

④ E4。只有安全官员（管理者）才能改变授权。

2. 确认规则

定义了与具体应用相关的安全功能，也有 4 条。

① C1。可信数据必须经过与真实世界一致性表达的检验。

② C2。程序以合式交易的形式执行操作。

③ C3。系统必须支持职责分离。

④ C4。由操作检验输入、接收或者拒绝。

Clark-Wilson 模型通过这些规则定义了一个完整性策略系统，给出了在商业数据处理系统中实现完整性的基本方法，同时也展示了商业应用系统对信息安全的特定需求。

3.3.4　基于角色的访问控制模型

基于角色的访问控制（role based access control，RBAC）模型是一种访问控制技术，目的是简化授权管理的复杂性，降低管理开销，为管理员提供一个实现复杂安全策略的良好环境。

RBAC 的基本思路是：给用户所授予的访问权限是由用户在一个组织中担任的角色确定的。例如，在一个单位中，角色可以有出纳员、会计师、信贷员等，他们的职能不同，所拥有的访问权限也各不相同。RBAC 将根据用户在其中所担任的角色来授予相应的访问权限，但用户不能随意将访问权限转授他人。这一点是 RBAC 模型与其他自主访问控制模型最根本的区别。

在 RBAC 模型中，可定义主体、客体、角色和事务处理等术语。这里的角色是指一个或一群用户在组织中可执行的事务处理集合，而事务处理是指数据和对数据执行的操作，如读一个文件等。为了叙述方便，下面将事务处理简称为操作，它们之间的关系如图 3-1 所示。

图 3-1　RBAC 模型中各术语之间的关系

一个用户经过授权后可以拥有多个角色，一个角色也可以由多个用户拥有。每个角色可以执行多种操作，每个操作也可以由不同角色执行。一个用户可以拥有多个主体，即可以拥有多个处于活动状态且以用户身份运行的进程，但每个主体只对应一个用户。每个操作可以施加于多个客体，每个客体也可以接受多个操作。

用户对一个客体执行访问操作的必要条件是：该用户被授权拥有一定的角色，其中一个角色在当前时刻处于活动状态，并且该角色对客体拥有相应的访问权限。

RBAC 的概念模型是由 Ravi 等人提出的，也称为 RBAC96 概念模型。它由基本模型 RBAC0、等级模型 RBAC1、约束模型 RBAC2 和合并模型 RBAC3 组成。

RBAC0 模型包括 3 个实体集——用户、角色和权限，此外还包括会话。其中，用户是指一个人，其概念可以扩展到各种智能体，如软件代理、移动计算机以及网络中的计算机等；角色是一个与一定职能和权限相联系的策略部件；权限是对客体的特定访问方式；会话是一个用户与角色之间的映射。RBAC1 模型在 RBAC0 模型的基础上引入了角色等级概念。由于 RBAC1 和 RBAC2 互不兼容，因此引入了它们的兼容模型 RBAC3。

RBAC 模型的 5 个主要特点介绍如下：

①角色与权限的关联。不同的角色拥有不同的访问权限，一个用户被授权拥有何种角色，也就决定了该用户所拥有的访问权限以及所能执行的操作。

②角色继承关系。角色之间可能有相互重叠的职责和权力，属于不同角色的用户可能需要执行某些相同的操作。为了提高效率，RBAC 定义了"角色继承"的概念和功能，通过角色继承关系可以指定一些角色除了拥有自己的属性，还可以继承其他角色的属性和拥有的权限，以避免重复定义。

③最小权限原则。它是指一个用户所拥有的权限不能超过其工作任务所需的权限。为了实现最小权限原则，必须分清用户的工作任务和内容，确定完成该工作所需的最小权限集，并将用户限制在最小权限集的范围内。RBAC 允许根据一个组织内的规章制度和职能分工，设计拥有不同权限的角色，只将角色必须执行的操作权限授予角色。

④职责分离原则。职责分离是防止欺诈行为最重要的手段，例如，在银行业务中，"授权付款"和"实施付款"是职责分离的 2 个操作，必须将它们分离开，否则将会引起欺诈行为。

⑤角色容量。在一个特定的时间段内，某些角色只能容纳一定数量的用户。例如，"经理"这一角色虽然可以授予多个用户，但在实际的业务中，任何时刻只能由一个人来行使经理职能。

3.3.5　基于域的访问控制技术

在部分局域网中，提供了基于域模型的安全机制和服务。这里的域就是一个基于操作系统的网络进行安全管理的边界，每个域都有一个唯一的名字，并由一个域控制器对一个域的网络用户和资源进行管理和控制。域模型采用客户机 / 服务器结构，如图 3-2 所示。

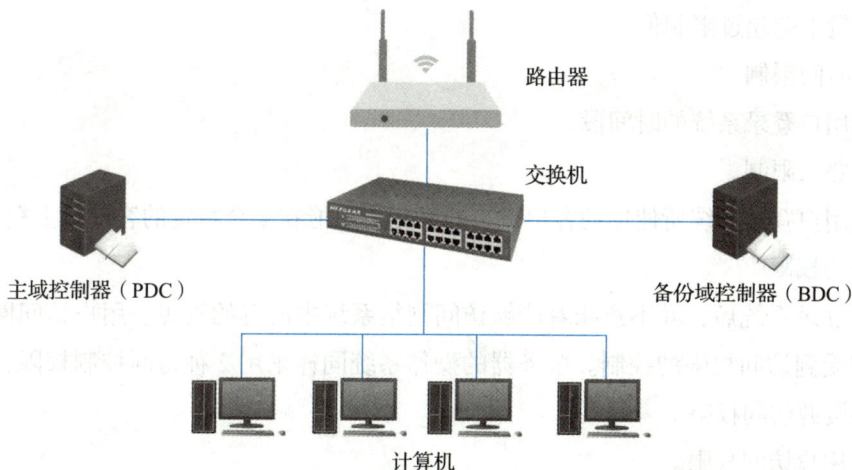

路由器

交换机

主域控制器（PDC）

备份域控制器（BDC）

计算机

图 3-2 域模型

域控制器必须由服务器来充当，域控制器可分成主域控制器（primary domain controller，PDC）和备份域控制器（backup domain controller，BDC）2 种。对于一个域，PDC 是必需的，且只能有一个 PDC，在 PDC 上存放了用户账户数据库和访问控制列表，对登录入网的用户实施强制性身份鉴别和访问控制。对于一个域，BDC 不是必需的，可以根据需要安装或不安装 BDC；如果安装了 BDC，则必须处于由 PDC 构成的域中，而不能单独存在。PDC 将周期性地复制域账户数据库信息给 BDC，BDC 可以协助 PDC 进行身份验证，以减轻 PDC 的负担，并且在 PDC 发生故障时，可以将 BDC 升级为 PDC。一个域中可以有多个 BDC。在 PDC 上，提供了以下的身份鉴别和访问控制功能。

1. 身份鉴别

在服务器操作系统安装完成后，系统会自动建立两个特殊的用户：一个是拥有最大权限的网络管理员，主要负责管理本域网络的用户和资源；另一个是拥有最小权限的来客（guest），主要提供给临时用户登录系统使用。网络管理员应当把 guest 用户删除，以避免安全漏洞。其他用户都要通过网络管理员的用户注册，成为合法用户后才能登录系统。

网络管理员注册用户就是在 PDC 的账户数据库中为用户建立一个账户。一个用户账户可以用下列相关信息来描述。

（1）用户名。

每个用户都有一个唯一的名字，用户必须使用用户名登录系统，这是第 1 级安全性。

（2）口令。

每个用户都可以设置一个口令，口令将被加密存储起来，这是第 2 级安全性。

（3）口令限制。

如口令的最小长度、定期改变的周期、口令唯一性和下次登录是否更改口令等限制。

（4）连接限制。

限制用户登录入网所使用的客户机数量，即在同一时间使用某一用户名登录入网的客户机数量不能超过限制值。

（5）时间限制。

限制用户登录系统的时间段。

（6）登录限制。

限制用户登录系统所使用的客户机，即某用户只能在某个特定的客户机上登录系统。

2. 访问权限

用户登录系统后，并不意味着能够访问网络系统中所有的资源。用户访问网络资源的权限将受到访问权限的控制。服务器的操作系统同样采用 2 种访问控制权限：用户访问权限和资源访问权限。

（1）用户访问权限。

用户访问权限规定了登录系统的用户以何种权限使用网络共享资源，它也被称为共享权限。例如，Windows Server 服务器提供以下 4 种共享权限。

①完全控制。用户拥有对一个共享资源（目录或文件，后同）的完全控制权，用户可以对该共享资源执行读取、修改、删除及设置权限等操作。

②更改。允许用户对一个共享资源执行读取、修改、删除及更改属性等操作。例如，对共享目录下的子目录和文件执行读取、修改、删除及更改属性等操作。

③读取。允许用户查看共享目录下的子目录和文件，但不能创建文件；允许用户打开、复制和执行（如果是可执行文件）共享文件，以及查看该文件的内容、属性、权限及所有权等信息。

④拒绝访问。禁止用户访问一个共享资源。如果一个用户组被指定了该权限，则这个组下的所有用户都不能访问共享资源。

如果允许一个用户在网络共享资源上执行某种操作，则必须为该用户授予相应的访问权限。执行目录和文件操作所对应的共享权限如表 3-1 所示。

表 3-1　执行目录和文件操作所对应的共享权限

目录和文件操作	权限
显示子目录名和文件名	读取，更改，完全控制
显示文件内容和属性	读取，更改，完全控制
访问指定目录的子目录	读取，更改，完全控制
运行程序文件	读取，更改，完全控制
更改文件内容和属性	更改，完全控制
创建子目录和增加文件	更改，完全控制
删除子目录和文件	更改，完全控制
更改权限（仅限于 NTFS 文件和目录）	完全控制
获得所有权（仅限于 NTFS 文件和目录）	完全控制

（2）资源访问权限。

资源访问权限是由资源的属性提供的。在 Windows NT 网络中，磁盘文件 / 目录资源属性称为访问权限，并且取决于 Windows 系统安装时所采用的文件系统。Windows 网络支持 2 种文件系统：FAT 和 NTFS。其中，FAT 是与 DOS 相兼容的文件系统，但不提供任何资源访问权限，网络访问控制只能依赖共享权限；NTFS 是 Windows 特有的文件系统，拥有严格的目录和文件访问权限，用户对网络资源的访问将受到 NTFS 访问权限和共享权限的双重控制，并以 NTFS 访问权限为主。

NTFS 提供了 2 种访问权限来控制用户对特定目录和文件的访问：一种是标准权限，是口径较宽的基本安全性措施；另一种是特殊权限，是口径较窄的精确安全性措施。标准权限是特殊权限的组合，在一般情况下，使用标准权限来控制用户对特定目录和文件的访问。当标准权限不能满足系统安全性需要时，可以进一步使用特殊权限进行更精确的访问控制。NTFS 的特殊权限如表 3-2 所示，NTFS 的标准权限如表 3-3 所示。

表 3-2　NTFS 的特殊权限

特殊权限	文件访问权限	目录访问权限
读取（R）	允许用户打开文件、查看文件内容和复制文件，并允许用户查看文件的属性、所有权等信息	允许用户查看目录中文件的名字以及目录的属性
写入（W）	允许用户打开并更改文件内容。必须和特殊权限 R 相结合，才能从文件中读出数据	允许用户在目录中创建文件以及更改目录的属性
执行（X）	允许用户执行文件。如果和特殊权限 R 相结合，则可以执行一个批文件	允许用户访问该目录下的子目录，并允许用户显示目录的属性和权限
删除（D）	允许用户删除或移动文件	允许用户删除目录，但该目录必须为空。如果目录非空，则用户还应拥有这些目录的 R 和 W 特殊权限以及这些文件的 D 权限，才能删除该目录
更改权限（P）	允许用户更改文件的权限，包括阻止访问文件的任何特殊权限，相当于拥有该文件的完全控制权	允许用户更改目录的权限，包括阻止所有者访问目录的任何特殊权限，相当于拥有该目录的控制权
取得所有权（O）	可使用户成为文件的所有者。这时文件的原有所有者便丧失了对该文件的控制权，并能禁止原有所有者对该文件的访问	可使用户成为目录的所有者。这时目录的原来所有者便丧失了对该目录的控制权，而且禁止原有所有者对该目录的访问

表 3-3　NTFS 的标准权限

标准权限	含义
目录	
拒绝访问（None）	禁止用户查看该目录下的所有文件，并且该目录下的所有文件都被标记成"拒绝访问"标准文件权限

标准权限	含义
列表（RX）	允许用户列表显示该目录下的所有文件名，并允许访问子目录，但不能查看文件内容或创建文件
读取（RX）	允许用户查看该目录下的子目录和文件，但不能创建文件
增加（WX）	允许用户在该目录下创建文件，但不能列表显示该目录下的文件
增加和读取（RWX）	允许用户查看该目录下的文件及文件内容，并能创建文件
更改（RWXD）	允许用户创建、查看该目录下的子目录和文件，并允许用户显示和更改目录的属性
完全控制（A11）	允许用户创建、查看该目录下的子目录和文件；显示和更改目录的属性和权限；获取目录的所有权
文件	
拒绝访问（None）	禁止用户对该文件的访问。如果一个用户组被指定了该权限，则这个组下的所有用户都不能访问该文件
读取（RX）	允许用户打开、复制和执行（如果是可执行文件）文件，以及查看文件的内容、属性、权限及所有权等
更改（RWXD）	允许用户读取、修改和删除该文件
完全控制（A11）	用户拥有该文件的完全控制权，用户可以读取、修改、删除该文件以及设置文件的权限

另外，需要注意如下 7 点：

➪ 在表3-3中，括号内是该标准权限的特殊权限组合。例如，"读取（RX）"表示"读取"标准权限是 R 和 X 特殊权限的组合。

➪ 除标准权限外，还允许为目录和文件定义特定的特殊权限组合。

➪ 用户在使用目录或文件前，必须被授予适当权限或加入具有访问权限的用户组。

➪ 权限是累积的，但是"拒绝访问"权限优先于其他所有权限。

➪ 权限是继承的，在目录中所创建的文件和子目录将继承该目录的权限。

➪ 创建文件或目录的用户是该文件或目录的所有者。所有者可以通过设置文件或目录权限来控制其他用户对文件或目录的访问。

➪ 文件权限始终优先于目录权限。

3. 多个域的访问控制

如果局域网是按域来组织和管理网络的，通常一个域最多可容纳 26 000 个用户和 250 个用户组，因此，对于大多数网络应用来说，单一域是适用的，并能够保证较好的网络性能。如果用户数量过多或者根据工作性质需要划分多个网络，则可以采用多域模型来组织网络。

在多域模型中，网络被分成 2 个以上的域，每个域由各自的 PDC 进行管理，各个域之间可以通过委托关系实现资源共享和相互通信。如果一个域的用户要访问另一域中的资源，则有 2 种方法来实现：该用户要在资源所在域中注册一个用户账号，成为该域的合法用户后方能访问该域中的资源，这是一种笨拙的方法；在该用户的账号所在域（称为账号域）和所要访问资源的域（称为资源域）之间建立一个委托关系，资源域（或称委托域）可以委托账号域（或称受托域）对该用户的身份进行验证，只要该用户在账号域中是合法的，就允许访问资源域，而不必在资源域中注册账号，其委托验证模型如图 3-3 所示。建立委托关系是一种提供多域之间资源共享的简便方法。委托关系可以是单向委托，也可以是双向委托。

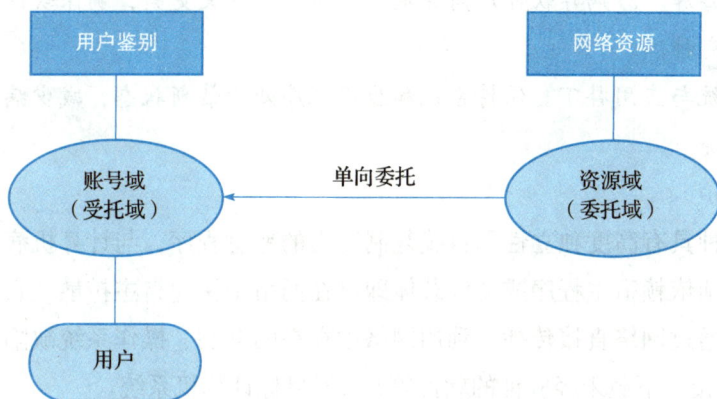

图 3-3　委托验证模型

3.4　网络攻击防范技术

网络攻击防范技术对电子商务安全至关重要，它能有效保护用户隐私、确保交易安全、维护企业信誉并促进业务发展。

3.4.1　恶意软件防护

恶意软件是计算机病毒、蠕虫、特洛伊木马、间谍软件等多种有害程序的统称。

1. 计算机病毒防护

计算机病毒是一种具有自我复制能力的恶意软件，其独特之处在于能够将自身代码嵌入合法程序或文档中，形成所谓的"宿主程序"或"宿主文档"。当宿主程序被执行或宿主文档被打开时，附着在其上的计算机病毒随之被激活并开始执行恶意操作。病毒的传播途径多样，包括但不限于通过文件共享、电子邮件附件、网络下载、移动存储介质的交换，甚至社交网络和即时通信软件分享的链接等方式。

一旦计算机病毒进入受害者的计算机系统，就可能会执行一系列恶意操作，如删除或篡改重要文件，破坏系统功能，导致系统瘫痪或不稳定，窃取敏感信息，植入其他恶意软件，或者占用大量系统资源，严重影响计算机性能。

病毒的传播通常需要用户进行某种形式的操作，如打开受感染的文件或点击恶意链接等。计算机病毒防护技术主要包括如下 5 种。

⇨ 实时监控。安装具有实时监控功能的防病毒软件，它可以持续监视文件系统活动，拦截试图执行的恶意代码。

⇨ 定期扫描。定期全盘扫描计算机，查找潜在的病毒感染。

⇨ 启发式检测。利用智能算法识别未知或新型病毒的行为模式。

⇨ 更新病毒库。防病毒软件厂商会定期发布病毒定义更新，确保软件能够识别最新的病毒变种。

⇨ 操作系统与应用补丁。保持系统和应用程序处于最新状态，减少病毒利用漏洞传播的机会。

2. 蠕虫防护

蠕虫是一种具有高度独立性和自我复制能力的恶意程序，与计算机病毒的主要区别在于，蠕虫无须依赖宿主程序或文件载体即可在网络中快速自主扩散。它能够在互联网上自我复制并通过网络直接传播，利用网络中存在的漏洞、操作系统缺陷或用户误操作（如点击恶意链接、下载未经验证的软件等）入侵目标计算机系统。

蠕虫病毒一旦在网络中启动，能够迅速蔓延至大量互联的计算机，无须通过文件共享或电子邮件附件等媒介进行间接传播。这种独立传播的能力使得蠕虫能够在短时间内覆盖大面积的网络，对网络带宽造成极大的压力，严重时甚至会导致网络拥堵乃至瘫痪。

不仅如此，蠕虫在入侵计算机后，除了占用系统资源、减缓网络速度之外，还可能实施各种恶意行为，如破坏系统文件、篡改数据、挖掘加密货币、建立僵尸网络等，从而对受感染计算机的稳定性和安全性造成严重威胁。

蠕虫防护技术包括如下 4 种。

⇨ 网络防护。配置防火墙规则，限制不必要的网络端口和服务，防止蠕虫通过网络传播。

⇨ 邮件过滤。对邮件系统进行安全加固，检查并隔离带有蠕虫的附件或链接的邮件。

⇨ 入侵检测系统（IDS/IPS）。监测网络流量，识别蠕虫特有的传播行为并加以阻断。

⇨ 即时响应。发现蠕虫后立即隔离受感染设备，同时更新防病毒软件策略以抵御新出现的蠕虫变种。

3. 特洛伊木马防护

特洛伊木马是一种极具欺骗性的恶意软件，它巧妙地将自己的代码隐藏在看似正常、无害的应用程序内部，如实用工具、游戏、商业软件或其他合法软件中，以此迷惑并诱骗用户下载和安装。这种伪装策略使其能够轻易绕过用户的常规安全警惕，让用户在不知情的情况下自愿将其引入自己的计算机系统。

一旦用户运行了被特洛伊木马感染的程序，恶意代码便会悄然启动，在后台静默执行一系列未经授权的操作。这些操作可能包括但不限于：窃取用户的个人敏感信息，如银行账号、密码、通信录等；远程控制受感染的计算机，使之成为僵尸网络的一员，参与分布式拒绝服务攻击或从事其他非法活动；在受害计算机上秘密安装额外的恶意软件，扩大攻击面和危害程度。

特洛伊木马的防护措施如下 4 点。

⇨ 用户教育。提高用户对不明来源软件的警惕性，只从官方或信誉良好的渠道下载软件。

⇨ 安全软件。安装具有特洛伊木马查杀能力的安全软件，对下载的文件进行扫描。

⇨ 行为分析。通过对进程行为的监控，识别木马试图隐藏其活动或控制系统的异常行为。

⇨ 权限管理。严格限制用户账户权限，减少木马成功安装后所能造成的损害。

4. 间谍软件防护

间谍软件是一种特殊类型的恶意软件，其设计初衷是为了隐蔽地监视和收集用户的网络活动数据及个人信息，其中包括但不限于用户的浏览历史记录、登录凭证、私人通信内容、地理位置信息等各种敏感数据。这种恶意软件以其高度隐匿性著称，往往通过多种途径潜入用户的计算机系统，对用户隐私和数据安全构成严重威胁。

间谍软件的传播方式多种多样，既可以伪装成实用工具、优化软件甚至是安全防护程序，诱骗用户下载安装，也可能通过软件捆绑安装的方式，藏身于免费软件或盗版软件之中，当用户安装这些程序时，间谍软件也随之进驻用户计算机。此外，间谍软件还能利用网页脚本、恶意广告、驱动下载等形式，悄无声息地在用户浏览网页时侵入系统。

间谍软件的防护措施如下 4 点。

⇨ 安装反间谍软件工具。安装专门针对间谍软件开发的安全软件，从而检测和清除各种间谍软件组件。

⇨ 浏览器插件管控。禁用或限制可疑的浏览器插件，尤其是那些可能侵犯用户隐私的插件。

⇨ 隐私设置。加强浏览器和其他应用程序的隐私设置，限制网站跟踪和 Cookie 的使用。

⇨ 定期清理。定期检查和清理计算机中的临时文件、Cookies 以及其他可能含有间谍软件痕迹的部分。

3.4.2 DDoS 攻击防护

DDoS（分布式拒绝服务）攻击是一种极具破坏性的网络攻击手段，它并不直接植入或传播计算机病毒，而是通过大规模集结并操控多台计算机（通常是受到黑客控制的"僵尸网络"成员）同时向目标系统发送海量请求，故意耗尽目标的网络带宽、处理器资源或内存，从而使目标服务器因无法处理合法请求而陷入瘫痪，丧失正常服务功能。

1. DDoS 攻击的三级架构

DDoS 攻击依托于一个多层级的攻击架构，每一层都有其独特的角色和功能。

（1）攻击者层。

攻击者通常使用任意一台联网主机作为攻击主控台，它可以是任何具备网络连接能力的设备，包括但不限于普通的 PC、服务器，甚至是移动便携设备。攻击者通过主控台全程操控整个攻击过程，向其控制下的主控端发送攻击指令。

（2）主控端层。

主控端由攻击者非法侵入并掌控的一系列主机组成，这些主机搭载了特定的攻击控制程序，能够接收和执行攻击者发来的命令。主控端主机的核心任务是指挥和调度更大规模的攻击资源——代理端主机。

（3）代理端层。

代理端主机是 DDoS 攻击的执行主体，它们同样被攻击者通过利用网络中的安全漏洞入侵并控制。在这些主机上运行着攻击器程序，它们按照主控端的指令，向指定的受害者主机发送大量的请求或数据包，从而发起实际的攻击。

2. DDoS 攻击的步骤

攻击者发起 DDoS 攻击的完整过程如下：

首先，攻击者在网络中寻找并利用存在安全漏洞的主机，成功入侵并获取控制权。

其次，在这些受控主机上部署攻击程序，分化为主控端和代理端，构建攻击网络。

最后，各层级主机各负其责，在攻击者的遥控指挥下，代理端主机集中火力向目标主机或网络发起攻击。

由于攻击者通过幕后操控，巧妙地隐藏了真实身份，并通过层层递进的方式分散攻击来源，使得监控系统很难直接追踪到攻击源头，这也加大了防范和对抗 DDoS 攻击的难度。

3. DDoS 攻击的防护

针对 DDoS 攻击，可采取的防护策略有如下 5 个方面。

（1）流量检测与清洗。

实施实时流量监控，通过先进的流量分析技术，如使用深度包检测（deep packet inspection，DPI）识别并区分正常流量和恶意攻击流量。部署 DDoS 防护设备或云防护服务，对异常流量进行清洗，过滤掉恶意攻击流量，确保合法流量能够顺利到达目标服务器。

（2）带宽冗余与智能调度。

提升网络带宽，预留充足的带宽资源以应对突发的大规模流量攻击。利用负载均衡技术，将流量分散到多个数据中心或服务器集群，通过地理分散和智能调度，有效缓解单个节点受到攻击时的压力。

（3）黑/白名单与 IP 封禁。

构建动态的黑/白名单系统，对频繁发起异常请求的 IP 地址进行暂时或永久封禁。当检测到明显的 DDoS 攻击时，通过配置网络设备，将攻击流量导向黑洞路由，阻止其进一步影响目标系统。

（4）深度防御与应急预案。

建立多层次、立体化的防御体系，包括网络边缘防护、应用层防护、用户认证防护等。制定详尽的应急预案，包括预警机制、紧急响应团队、沟通协调机制、业务连续性计划和灾难恢复策略。

（5）安全加固与用户认证。

对系统和服务进行安全加固，及时更新系统补丁，关闭不必要的网络服务，减少攻击入口。强化用户认证机制，采用多因素认证等手段，降低僵尸网络控制合法设备并用于发起 DDoS 攻击的可能性。

通过上述防护策略的实施，不仅能有效抵御 DDoS 攻击，维持网络服务的稳定运行，而且还能在很大程度上改善整体网络安全状况，减少因系统瘫痪而引发的其他安全隐患，间接提高对计算机病毒、恶意软件等其他网络安全威胁的防范能力。同时，DDoS 防护工作的不断完善也有助于提升企业的风险管理水平和用户信任度，为电子商务、在线服务等业务提供坚实的安全屏障。

3.4.3 安全漏洞管理

安全漏洞的产生是多因素交织的结果，涉及软件开发的各个环节，彻底消除所有漏洞几乎是不可能的，因此，持续的漏洞管理、安全更新和防御体系建设显得尤为必要，网络安全漏洞管理是网络安全防护中的重要组成部分。

1. 安全漏洞的类型

安全漏洞的类型可以按其对受害主机的危险程度分成 A、B、C、D 4 个等级。

①D 级漏洞。允许远程用户获取信息，虽不直接造成危害，但可能被用于攻击前期的信息收集。

②C 级漏洞。允许拒绝服务，可能导致合法用户无法访问系统资源。

③B 级漏洞。允许本地用户非法访问，可能使本地用户权限提升，对系统造成威胁。

④A 级漏洞。允许远程用户未经授权访问，是最具破坏性的，可能使攻击者完全控制目标系统。

2. 安全漏洞扫描技术

安全漏洞扫描技术是为使系统管理员能够及时了解系统中存在的安全漏洞，采取相应防范措施，从而降低系统的安全风险而发展起来的一种安全技术。

（1）安全漏洞扫描技术的原理。

安全漏洞扫描技术通过自动化的工具对局域网、Web 服务器、操作系统、系统服务以及防火墙进行全面的安全检查，识别不安全的网络服务、可能导致缓冲溢出攻击或拒绝服务攻击的操作系统漏洞，以及主机系统中是否存在恶意监听程序等，同时还会检查防火墙是否存在安全漏洞和配置错误。

网络安全扫描技术能够自动探测远程或本地主机的安全弱点，通过查询 TCP/IP 端口并对目标主机的响应进行记录和分析，收集关于服务运行状态、用户权限、匿名登录支持等相关信息。早期的安全扫描程序主要针对 UNIX 系统开发，随着 TCP/IP 协议在各平台的广泛应用，现今几乎在所有操作系统上都有对应的扫描工具，极大地推动了互联网安全防护水平的提升。

（2）安全漏洞扫描技术的实施策略。

在具体实施安全漏洞扫描时，通常采用 2 种策略：被动式扫描和主动式扫描。被动式扫描主要关注系统本身的配置问题，如弱口令、不恰当的权限设定等；而主动式扫描则通过模拟攻击行为，观察系统响应以揭示潜在的安全漏洞。

（3）安全漏洞扫描技术的检测手段。

安全漏洞扫描技术包含了基于应用、主机、目标和网络等多方面的检测手段。基于应用的检测侧重于对软件包设置的审查，查找安全漏洞；基于主机的检测则关注内核、文件属性、系统补丁等方面，以精准定位系统漏洞，但因其与平台紧密相关，升级和维护较为复杂；基于目标的检测通过循环处理系统属性和文件属性，利用消息摘要算法进行安全性验证；基于网络的检测则通过模拟攻击行为，针对已知漏洞进行检验，发现可能存在的安全问题（尽管此方法能够跨平台检测漏洞，但可能会对网络性能造成一定影响）。

（4）安全漏洞扫描技术的实施方法。

在安全漏洞扫描的具体方法上，涵盖了多种技术，如 TCP Connect 扫描、TCP SYN 扫描、TCP FIN 扫描等传统扫描技术，以及针对特定网络环境和漏洞特点的 UDP ICMP 端口不可达扫描、UDP recvfrom() 和 write() 扫描、分片扫描、FTP 跳转扫描等。此外，还有 ICMP 扫描技术，用于快速探测网络中活动主机的数量。

除了扫描方法，模拟攻击方法也是漏洞检测的一种重要手段，包括 IP 欺骗、缓冲区溢出攻击、DDoS 攻击和口令攻击等。IP 欺骗通过伪造 IP 地址实现对系统权限的冒充；缓冲区溢出攻击利用程序对输入数据长度缺乏有效验证的漏洞，执行非授权指令或获取系统控制权；DDoS 攻击通过大量傀儡机协同发起攻击，消耗系统资源直至使其瘫痪；口令攻击则是通过破解用户账户口令，进而获取系统访问权限。

在实际应用中，安全漏洞扫描技术通常结合使用多种扫描和模拟攻击方法，首先运用扫描方法获取目标系统的基础信息，然后根据这些信息执行相应的模拟攻击方法，深入挖掘并验证系统中的安全漏洞。此外，为了有效防御安全威胁，应采取一系列安全防范措施，如及时更新系统补丁、加强口令复杂性和备份机制、合理配置网络服务、监测系统物理环境和网络状态，并借助防火墙等安全设备过滤恶意流量，确保网络安全的稳定和可控。

📖 拓展阅读

坚持融合共生，协调发展。做好电子商务统筹推进工作，促进线上线下、行业产业间、国内国际市场深度融合，推动电子商务全方位、全链条赋能传统产业数字化转型，形成更高水平的供需动态平衡；坚持包容审慎监管，深化相关制度改革，破除制约电子商务融合创新发展的体制机制障碍，构建资源共享、协同发展的良好生态。

——《"十四五"电子商务发展规划》

📇 本章小结

本章着重阐述了构筑网络安全防护体系的关键技术手段。首先，详细剖析了边界防护技术，如防火墙技术、入侵检测系统（IDS）以及入侵防御系统（IPS）等在保护电子商务环境免受外来威胁中的作用。接着，探讨了身份认证技术，概述了身份认证的重要性并列举了常用的身份认证方法，以确保网络资源仅限于合法用户访问。随后，系统地介绍访问控制技术，讲解了不同模型如何有效管控网络资源访问权限。最后，细致讲解了网络攻击防范技术，包括防范恶意软件、DDoS 攻击，以及安全漏洞管理等实战性网络安全防护策略。

通过对本章的学习，学生不仅能够掌握网络安全技术的基础理论，还能切实理解并运用到电子商务安全保障的各个环节。

📋 课后练习

一、填空题

1. ＿＿＿＿＿＿＿＿＿是网络边界安全的基础防线，它通过预先定义的安全策略控制进出网络的数据流，允许合法通信并阻止潜在的恶意访问。

2. ＿＿＿＿＿＿＿＿＿通过针对网络或系统中的若干关键点搜集信息并对其进行分析，从中发现网络或系统中是否有违反安全策略的行为和被攻击的迹象；＿＿＿＿＿＿＿＿＿不仅能够检测到潜在的入侵行为，还能主动采取行动阻止这些攻击。

3. 在现实生活中，最常用的身份认证方法主要有 3 类，分别是基于＿＿＿＿＿＿、＿＿＿＿＿＿和＿＿＿＿＿＿的身份认证技术。

4. _____描述了主体对客体访问权的安全策略，主要应用于文件、进程之类的"大"客体。而_____描述了客体之间信息传递的安全策略，直接应用于程序变量之类的"小"客体，比访问控制模型的精确度要高。

5. _____是计算机病毒、蠕虫、特洛伊木马、间谍软件等多种有害程序的统称。

二、简答题

1. 简述防火墙的分类。

2. 简述静态口令与动态口令的区别。

3. 简述 DDoS 攻击的防护策略有哪些。

数据传输安全

⚙ 本章导言

　　数据传输安全在电子商务乃至整个网络经济的稳健运行中扮演着至关重要的角色，就如同维持生命延续的血脉一般不可或缺。在数字化转型和信息流动加速的时代背景下，无论是在线交易、用户数据交换，还是企业间的信息交互，数据的安全传输都是确保业务连续性、保护用户隐私和维护市场秩序的基石。

📖 学习目标

　　➤ 理解数据加密技术的基本原理，掌握其在电子商务中的应用场景。

　　➤ 理解数据完整性保护机制的重要性和内容，熟悉消息认证机制、报文摘要方法以及 Hash 算法的具体应用。

　　➤ 了解数字签名标准相关知识，理解数字签名技术的概念、原理和实际应用。

　　➤ 理解数字证书技术的基本概念和原理，知晓其在身份验证和数据传输安全中的核心地位及功能实现。

📉 素质要求

　　➤ 认识到数据传输安全在电子商务和网络经济中的重要性，养成时刻关注数据安全的习惯，具备强烈的数据保护意识和责任感。

　　➤ 培养运用各种数据传输安全技术解决电子商务中实际数据安全问题的能力，提升技术应用水平。

4.1 数据加密技术

数据加密技术的应用面非常广，如常见的支付加密、网页加密、客户端的登录验证等。

4.1.1 数据加密技术原理

加密技术是通过加密算法将原始的、可读的信息（明文）转换成看似随机且无法直接解读的形式（密文），只有拥有正确密钥的接收方才能将密文还原为原始信息。在这种情况下即使信息被截获并阅读，这则信息也是毫无利用价值的。据不完全统计，实现这种转化的算法标准到现在为止已经有 200 多种。

就像以前战争时期的电报，其所有的数据内容都在公共频道中传输，别人也能截获，但必须有相应的密码本才能读懂电报内容。当然，现在的加密算法更复杂，且有很多防范措施。

无论从安全性角度还是恶意角度出发，人们总会对各种加密算法的安全性进行研究并尝试破解。已知的算法总会被研究出漏洞或不安全的地方，这也是推动算法更替和升级的原因。随着加密技术的发展，数据的非法破解已经越来越难。复杂的密钥及算法增加了破解时间，也就增加了破解的成本，当破解成本非常高昂时，就可以认为该加密是非常安全的。

4.1.2 数据加密技术的常见术语

数据加密技术中经常用到的一些术语及其解释如下：

⇨ 明文。指待加密的信息，用 P 或 M 表示。明文可以是文本文件、图形、数字化存储的语音流或数字化视频图像的比特流等。

⇨ 密文。指明文经过加密处理后的形式，用 C 表示。

⇨ 加密。指用某种方法伪装消息以隐藏明文内容的过程。

⇨ 加密算法。指将明文变换为密文的变换函数，通常用 E 表示。

⇨ 解密。指把密文转换为明文的过程。

⇨ 解密算法。指将密文变换为明文的变换函数，通常用 D 表示。

⇨ 密码分析。指截获密文者试图通过分析截获的密文，从而推断出原来的明文或密钥的过程。

⇨ 被动攻击。对一个保密系统截获密文并对其进行分析和攻击。这种攻击对密文没有破坏作用。

⇨ 主动攻击。指攻击者非法侵入一个密码系统，采用伪造、修改、删除等手段向系统注入假消息进行欺骗。这种攻击对密文具有破坏作用。

⇨ 密码系统。指用于加密和解密的系统。加密时，系统输入明文和加密密钥，加密变换后，输出密文；解密时，系统输入密文和解密密钥，解密变换后，输出明文。

4.1.3　常用的加密算法及其原理

1. DES 算法

DES 算法是对称加密算法，它是一种分组密码算法，使用 64 位密钥中的 56 位，将 64 位的明文转换为 64 位的密文，在 64 位密钥中除了包含 56 位的密钥位，剩下的 8 位是奇偶校验位。在 DES 算法中，只使用了标准的算术和逻辑运算，其加密和解密速度很快，并且易于实现硬件化和芯片化。

DES 算法的计算过程如下：DES 算法对 64 位的明文分组进行加密操作，首先通过一个初始置换（IP），将 64 位明文分组成左半部分和右半部分，各为 32 位；然后进行 16 轮完全相同的运算，这些运算称为函数 f，在运算过程中，数据和密钥结合，经过 16 轮运算后，通过一个初始置换的逆置换（IP^{-1}），将左半部分和右半部分合在一起，最后得到一个 64 位的密文，如图 4-1 所示。

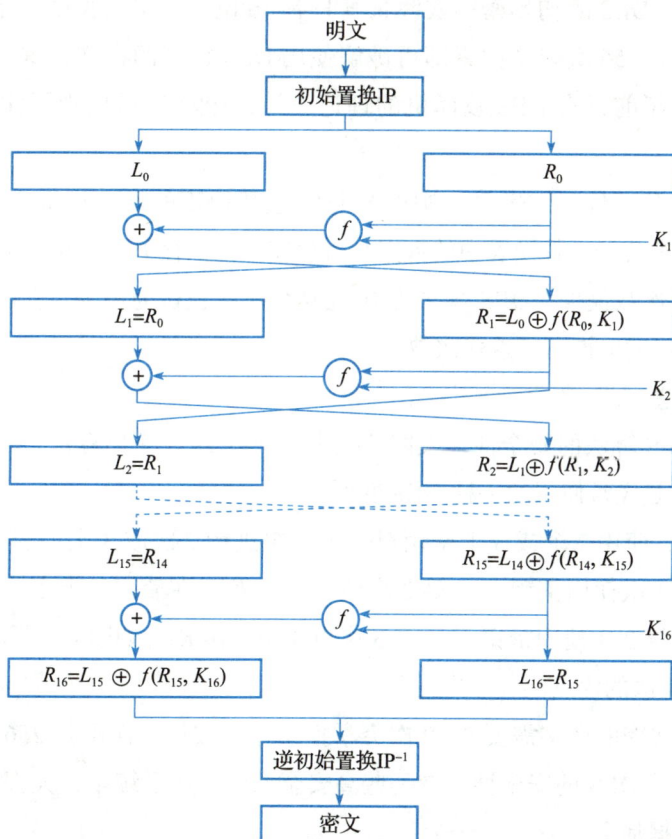

图 4-1　DES 算法运算步骤

每一轮的运算步骤如下：

步骤 1：进行密钥置换。

通过移动密钥位，从 56 位密钥中选出 48 位密钥。

步骤 2：进行 f 函数运算。

①通过一个扩展置换（也称 E 置换）将数据的右半部分扩展成 48 位。

②通过一个异或操作与 48 位密钥结合，得到一个 48 位数据。

③通过 8 个 S- 盒代换将 48 位数据变换成 32 位数据。

④对 32 位数据进行一次直接置换（也称 P- 盒置换）。

步骤 3：进行密文。

通过一个异或操作将函数 f 的输出与左半部分结合，其结果为新的右半部分；而原来的右半部分成为新的左半部分。

每一轮运算的数学表达式为：

$$\begin{cases} R_i = L_{i-1} \oplus f(L_{i-1}, K_i) \\ L_i = R_{i-1} \end{cases}$$

其中，L_i 和 R_i 分别为第 i 轮迭代的左半部分和右半部分，K_i 为第 i 轮 48 位密钥。

DES 算法含有以下 3 种安全隐患。

①密钥太短。DES 的初始密钥实际长度只有 56 位，该密钥长度不足以抵抗穷举搜索攻击，因为只需 256 次穷举搜索即可破解使用 DES 加密的密文，这显然不具备足够的安全性。1998 年前只有 DES 破译机的理论设计，1998 年后出现了实用化的 DES 破译机。

② DES 的半公开性：DES 算法中的 8 个 S- 盒替换表的设计标准（指详细准则）自 DES 公布以来仍未公开，替换表中的数据是否存在某种依存关系，用户无法确认。

③ DES 迭代次数偏少：DES 算法的 16 轮迭代次数被认为偏少，在以后的 DES 改进算法中，都不同程度地提高了迭代次数。

2. 3DES 算法

为了提高 DES 算法的安全性，人们还提出了一些 DES 变形算法，其中三重 DES 算法（简称 3DES）是经常使用的一种 DES 变形算法。

在 3DES 中，使用 2 个或 3 个密钥对一个分组进行 2 次或 3 次加密。在使用 2 个密钥的情况下，第 1 次使用密钥 K_1，第 2 次使用密钥 K_2。在使用 3 个密钥的情况下，第 1 次使用密钥 K_1，第 2 次使用密钥 K_2，第 3 次再使用密钥 K_3，如图 4-2 所示。

（1）3DES 算法的优点。

经过 3DES 加密的密文需要 2112 次穷举搜索才能破译，而不是 256 次。可见 3DES 算法进一步加强了 DES 的安全性，在一些高安全性的应用系统中，大都将 3DES 算法作为一种可选的数据加密算法。

加密

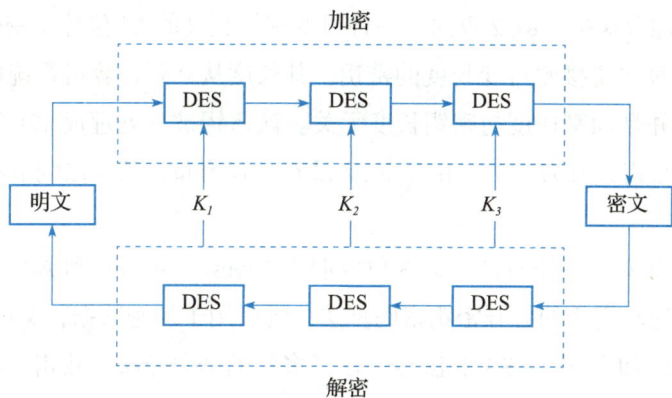

图 4-2　3DES 算法

（2）3DES 算法的缺点。

处理速度相对较慢，因为 3DES 共需要迭代 48 次，同时密钥长度也增加了，计算时间明显增加；3DES 算法的明文的分组大小不变，仍为 64 位，加密的效率不高。

除 3DES 外，还有 2DES、4DES 等算法。但实际中，一般还是多采用 3DES 算法。

3. AES 算法

AES 是一种区块加密算法，该算法用来替代原先的 DES 算法，已被广泛使用。AES 高级加密算法于 2001 年 11 月 26 日发布，并在 2002 年 5 月 26 日成为有效标准。2006 年，AES 已成为对称密钥加密中流行的算法之一。

AES 的基本要求是采用对称分组密码体制，密钥长度可以为 128、192 或 256 位，分组长度为 128 位，算法应易于被各种硬件和软件实现。1998 年开始 AES 进行了第 1 轮分析、测试和征集，共产生了 15 个候选算法。1999 年 3 月完成了第 2 轮 AES2 的分析、测试。2000 年 10 月 2 日，比利时密码学家 Joan Daemen 和 Vincent Rijmen 提出的密码算法 Rijndael 被选中作为 AES 的算法。

在应用方面，尽管 DES 在安全上是脆弱的，但由于快速 DES 芯片的大量生产，使得 DES 仍能暂时继续使用，同时为提高安全强度，通常使用独立密钥的三级 DES。但是 DES 迟早要被 AES 代替。尽管流密码体制较分组密码在理论上成熟且安全，但未被列入下一代加密标准。

AES 加密数据块分组长度必须为 128 位，密钥长度可以是 128、192、256 位中的任意一个（如果数据块及密钥长度不足时会补齐）。AES 加密有很多轮的重复和变换。

4. RC 算法

RC 密码算法是一系列对称加密算法，它们都是由密码学专家 Ron Rivest 设计的。其中，RC1 未公开发表，RC2 是可变密钥长度的分组密码算法，RC3 因在开发过程中被攻破而放弃，RC4 是可变密钥长度的序列密码算法，RC5 是可变参数的分组密码算法。

其中，RC2 算法是 Rivest 为 RSA 数据安全公司设计的，RC2 没有申请专利，而是作为商业秘密被加以保护。RC2 算法是一种可变密钥长度的 64 位分组密码算法，其目标是取代 DES。该算法将接收可变长度的密钥，其长度从 0 到计算机系统所能接收的最大长度的字符串，并且加密速度与密钥长度无关。该密钥被预处理成 128 字节的相关密钥表，有效的不同密钥数目为 2^{1024}。由于 RC2 没有正式公布，其算法细节不得而知。

5. RSA 算法

RSA 算法是非对称加密算法，以 3 位发明人 Rivest、Shamir 和 Adleman 的名字命名的。它是第 1 个比较完善的公开密钥密码算法，既可用于加密数据，又可用于数字签名，并且比较容易理解和实现。RSA 算法经受住了多年的密码分析的攻击，具有较高的安全性和可信度。

RSA 使用 2 个密钥，1 个公开密钥，1 个私有密钥。如用其中的一个加密，则可用另一个解密，密钥长度从 40～2 048 位块变化，加密时也把明文分成块，块的大小可变，但不能超过密钥的长度，RSA 算法把每一块明文转化为与密钥长度相同的密文块。密钥越长，加密效果越好，但加密 / 解密的成本也越高，所以要在安全性与性能之间折中考虑。

RSA 算法研制的最初理念与目标是努力使联网安全可靠，旨在解决 DES 算法密钥利用公开信道传输分发的难题。实际结果不但很好地解决了这个难题，还可利用 RSA 完成对电文的数字签名以对抗电文的否认与抵赖。同时还可以利用数字签名较容易发现攻击者对电文的非法篡改，以保护数据信息的完整性。

RSA 的安全性依赖于大数分解的难度，其公开密钥和私人密钥是一对大素数的函数。从一个公开密钥和密文中恢复出明文的难度等价于分解 2 个大素数之积的难度。该算法经受了多年深入的密码分析，虽然分析者不能证明 RSA 的安全性，但也没有证明 RSA 的不安全，表明该算法的可信度还是比较高的。

目前，很多种加密技术采用了 RSA 算法，如 PGP 加密系统，它是一个工具软件，向认证中心（certificate authorities，CA）注册后就可以用它对文件进行加密 / 解密或数字签名，PGP 所采用的就是 RSA 算法。由此可以看出，RSA 有很好的应用前景，是迄今理论上最为成熟完善的一种公开密钥密码体制。

6. ECC 算法

ECC（Elliptic Curve Cryptography，椭圆曲线密码学）是一种基于椭圆曲线数学原理的非对称加密算法。相比于传统的 RSA 等加密方法，ECC 在保证安全强度的前提下展示了更高效、密钥长度更短的优点。

ECC 的核心概念是利用了椭圆曲线上的点加法运算以及离散对数问题的困难性。在一个定义在有限域上的椭圆曲线上，给定一个基点 G 和一个私有密钥 k，很容易计算出公开密钥 K，即 K=k*G，这里的 "*" 表示椭圆曲线上的点加法操作。然而，即便知道 G、K 和曲线参数，从 K 推算出 k 也是非常困难的，这一难题就是椭圆曲线离散对数问题（ECDLP）。

ECC 的基本操作是，在密钥生成阶段，用户选取一条特定参数的椭圆曲线和基点 G，然后随机选择一个私有密钥 k，并计算对应的公开密钥 K=k*G。加密时，使用接收方的公开密钥 K 以及某种协议实现加密；解密则利用私有密钥 k 完成解密操作。

4.2 数据完整性保护机制

数据的传输除了保证正确性以外，还要确保数据的安全性和完整性，防止被恶意篡改。

4.2.1 数据完整性保护的内容

数据完整性保护主要针对的是非法篡改，常见的非法篡改包括如下 3 种：

①内容篡改。包括对报文内容的插入、删除、改变等。

②序列篡改。包括对报文序列的插入、删除、错序等。

③时间篡改。包括对报文进行延迟或回放等。

4.2.2 消息认证

消息认证也称报文鉴别，是用于验证所收到的消息确实来自真正的发送方，并未被篡改。

检测传输和存储的消息（报文）有无受到完整性攻击的手段，包括消息内容认证、消息的序列认证和操作时间认证等，其核心是消息（报文）的内容认证。消息序列认证的一般办法是给发送的报文加一个序列号，接收方通过检查序列号鉴别报文传送的序列有没有被破坏。消息的操作时间认证也称数据的实时性保护，通常可以采用时间戳或询问 - 应答机制进行确认。

从功能上看，一个消息认证系统分为 2 个层次：下层是认证函数，上层是认证协议。关于认证协议在后面讨论，这里主要讨论认证函数。认证函数的功能是能够由报文生成一个鉴别码，也叫作报文摘要。

4.2.3 报文摘要

为了验证电子文件的完整性，可以采用某种算法从该文件中计算出一个报文摘要，由此摘要来鉴别此报文是否被非法修改过。一个报文与该报文产生的报文摘要是配对的。发送方从要发送的报文数据中按照某种约定的算法计算出报文摘要，再用自己的私有密钥将报文摘要加密，然后附在报文后部一起传输。加密后的报文摘要也称为"报文验证码 MAC"。接收方从收到的报文中按照约定的算法计算出报文摘要，再利用发送方的公开密钥将收到的加密摘要解密，将二者进行对照，就可检验出该报文是否被篡改过。因为收到的加密摘要是用发送方的私有密钥加密的，接收方只有用发送方的公开密钥解密才能得到正确的摘要，伪造者如果篡改了报文就不可能生成与原报文相同的报文摘要。在此过程中即实现了对发送文件的"数字签名"，它包含 2 个目的：一是验证报文发送者的真实性，二是验证报文传输后是否出错或被篡改。关于数字签名技术，将在下一节重点讲解。

4.2.4 Hash 算法

Hash 算法（hash algorithm）也称为信息标记算法，可以提供数据完整性方面的判断依据。

1. Hash 简介

Hash，一般翻译为散列、杂凑，或音译为哈希，它是把任意长度的输入（又叫作预映射 pre-image）通过散列算法转换成固定长度的输出，该输出就是散列值。这种转换是一种压缩映射，散列值的空间通常远小于输入的空间，不同的输入可能会散列成相同的输出，所以不可能从散列值来确定唯一的输入值。简单的说，Hash 算法就是一种将任意长度的消息压缩到某一固定长度的消息摘要的函数。

Hash 算法将任意长度的二进制值映射为固定长度的较小二进制值，这个小的二进制值称为 Hash 值。Hash 值是一段数据唯一且极其紧凑的数值表示形式。如果对一段明文使用 Hash 算法，而且哪怕只更改该段落的一个字母，Hash 值都会生成不同的值。要找到 Hash 值为同一个值的 2 个不同的输入，在计算操作层面是不可能的，所以数据的生成值可以检验数据的完整性。

Hash 算法可以将一个数据转换为一个标志，这个标志和源数据的每一个字节都有十分紧密的关系。Hash 算法还具有一个特点，就是很难找到逆向规律。

Hash 算法也被称为散列算法，它是一个广义的算法。Hash 算法虽然被称为算法，但实际上它更像是一种思想。Hash 算法没有一个固定的公式，只要符合散列思想的算法都可以被称为是 Hash 算法。

使用 Hash 算法可以提高存储空间的利用率，还可以提高数据的查询效率，也可以用于数字签名保障数据传递的安全性，因此 Hash 算法被广泛地应用在互联网应用中。

2. Hash 算法的特性

Hash 算法用一条信息输入，输出一个固定长度的数字，称为标记。Hash 算法具备如下 3 个特性：

⇨ 不可能以信息标记为依据推导出输入信息的内容。

⇨ 不可能人为控制某个消息与某个标记的对应关系（必须用 Hash 算法得到）。

⇨ 要想找到具有同样标记的信息在计算操作方面是行不通的。

3. 散列函数的特性

所有散列函数都有一个基本特性：如果 2 个散列值是不相同的（根据同一函数），那么这 2 个散列值的原始输入也是不相同的。这个特性使散列函数具有确定性的结果。但是，散列函数的输入和输出不是一一对应的，如果 2 个散列值相同，2 个输入值很可能是相同的，但无法确定二者一定相等（可能出现 Hash 碰撞）。输入一些数据计算出散列值，然后部分改变输入值，一个具有强混淆特性的散列函数会生成一个完全不同的散列值。

典型的散列函数都有无限定义域。例如，任意长度的字节字符串和有限的值域，固定长度的比特串等。在某些情况下，散列函数可以设计成具有相同大小的定义域和值域间的一一对应。一一对应的散列函数也称为排列。可逆性可以通过使用一系列的对于输入值的可逆"混合"运算而得到。

4. Hash 函数的计算

根据获取 Hash 值的计算方法，Hash 函数常使用以下 4 种方法获取到 Hash 值。

（1）余数法。

先预估整个哈希表中的表项目的数目大小，然后用这个预估值作为除数去除每个原始值，得到商和余数，用余数作为哈希值。这种方法产生冲突的可能性相当大，因此任何搜索算法都应该能够判断冲突是否发生并提出取代算法。

（2）折叠法。

这种方法是针对原始值为数字的情况，将原始值分为若干部分，然后将各部分叠加，得到的最后 4 位数字（或者取其他位数的数字也可以）作为 Hash 值。

（3）基数转换法。

当原始值是数字时，可以将原始值的数制基数转为一个不同的数字。例如，可以将十进制的原始值转为十六进制的 Hash 值。为了使 Hash 值的长度相同，可以省略高位数字。

（4）数据重排法。

这种方法只是简单地将原始值中的数据打乱排序。例如，可以将第 3 ～ 6 位的数字逆序排列，然后利用重排后的数字作为 Hash 值。

5. 常见的 Hash 应用及算法

Hash 算法与加密算法共同使用可加强数据通信的安全性。采用这一技术的应用有数字签名、数字证书、网上交易、终端的安全连接、安全的电子邮件系统、PGP 加密软件等。

Hash 算法是用来生成一些数据片段（如消息或会话项等）的 Hash 值的算法。使用好的 Hash 算法，在输入数据中所做的更改就可以更改结果 Hash 值中的所有位。因此，

Hash 算法对于检测数据对象（如消息等）中的修改很有用。此外，一个好的 Hash 算法会避免人为创建多个可以得到相同哈希值的数据，起码不能通过计算得到。典型的 Hash 算法有 MD5 算法和 SHA 算法。

（1）MD5 算法。

信息 - 摘要算法 5（message-digest algorithm 5，MD5）在 20 世纪 90 年代初由 Ronald L.Rivest 开发出来，经由 MD2、MD3 和 MD4 发展而来。MD5 是把一个任意长度的字节串加密成一个固定长度的大整数（通常是 16 位或 32 位），加密的过程中要筛选过滤掉一些原文的数据信息，因此想通过对加密的结果进行逆运算得出原文是不可能的。

对 MD5 算法可以简要叙述为：MD5 以 512 位分组来处理输入的信息，且每一分组又被划分为 16 个 32 位子分组，经过了一系列处理后，算法的输出由 4 个 32 位分组组成，将这 4 个 32 位分组级联后将生成一个 128 位散列值。

在 MD5 算法中，先需要对信息进行填充，使其位（bit）长对 512 求余的结果等于 448 位。这样 Hash 信息的位长将被扩展至 $n \times 512+448$，即 $n \times 64+56$ 个字节（Byte），n 为一个正整数。填充的方法为：在信息的后面填充一个 1 和无数个 0，直到满足上面的条件时才停止用 0 对信息的填充。然后，再在这个结果后面附加一个以 64 位二进制表示的填充前信息长度。经过这 2 步处理，现在的信息字节长度 $n \times 512+448+64=(n+1) \times 512$，即长度恰好是 512 的整数倍。这样做的原因是为满足后面处理中对信息长度的要求。

MD5 中有 4 个 32 位被称作链接变量的整数参数，它们分别为：$A=0 \times 01234567$，$B=0 \times 89abcdef$，$C=0 \times fedcba98$，$D=0 \times 76543210$。

当设置好这 4 个链接变量后，就开始进入到算法的 4 轮循环运算。循环的次数是信息中 512 位信息分组的数目。

将上面 4 个链接变量复制到另外 4 个变量中：A 到 a，B 到 b，C 到 c，D 到 d。

主循环有 4 轮（MD4 只有 3 轮），每轮循环都很相似。第 1 轮进行 16 次操作。每次操作对 a、b、c 和 d 中的其中 3 个作一次非线性函数运算，然后将所得结果加上第 4 个变量。再将所得结果向右环移一个不定的数，并加上 a、b、c 或 d 中之一。最后用该结果取代 a、b、c 或 d 中之一。

以下是每次操作中用到的 4 个非线性函数（每轮一个）。

$$
\begin{cases}
F(X,Y,Z)=(X\&Y)|((\sim X)\&Z) \\
G(X,Y,Z)=(X\&Z)|(Y\&(\sim Z)) \\
H(X,Y,Z)=X \wedge Y \wedge Z \\
I(X,Y,Z)=Y \wedge (X|(\sim Z))
\end{cases}
$$

其中，& 是与操作，| 是或操作，～是非操作，^ 是异或。

对这 4 个函数的说明如下：

⇨ 如果 X、Y 和 Z 的对应位是独立和均匀的，那么结果的每一位也应是独立和均匀的。

⇨ F 是一个逐位运算的函数，即如果 X，那么 Y，否则 Z。函数 H 是逐位奇偶操作符。

⇨ 所有这些完成之后，将 A、B、C、D 分别加上 a、b、c、d。然后用下一分组数据继续运行算法，最后的输出是 A、B、C 和 D 的级联。

MD5 不以任何假设和密码体制为基础，是一个直接构造出来的算法。它具有单向性，即由报文生成报文摘要，但不能由报文摘要还原为报文；具有无碰撞性，即对于不同的报文，不会生成 2 个相同的报文摘要。它的运算速度快，应用比较普遍。

（2）SHA 算法。

安全哈希算法（secure hash algorithm，SHA）是由 NIST 和 NSA 开发的，于 1993 年作为美国国家信息处理标准（FIPS PUB 180）公布，1995 年修订为 FIPS PUB 180-1，通常称为 SHA-1。在此基础上发展出 SHA-2。2002 年，NIST 分别发布了 SHA-256、SHA-384、SHA-512，这些算法统称为 SHA-2，2008 年又新增了 SHA-224。SHA-1 是 160 位的 Hash 值，而 SHA-2 是组合值，有不同的位数，导致这个名词有一些混乱。但是无论是"SHA-2""SHA-256"或"SHA-256 位"，其实都是指同一种加密算法。

SHA 算法原理如下：

在 SHS 中，定义了用于保证 DSA 安全的单向散列函数 SHA。当一个长度小于 2 位的消息输入时，SHA 生成一个 160 位的散列值输出，称为消息摘要；然后将摘要输入 DSA 中，对该摘要进行签名。由于消息摘要比消息小得多，因此可以提高签名的处理效率，同时还增强了数字签名的安全性。SHA 采用了与 MD4 类似的设计原则和算法思想，但 SHA 生成一个 160 位的散列值，比 MD5 的散列值（128 位）长。

SHA 和 MD5 算法有些相似，MD5 把 128bit 的信息摘要分成 A、B、C、D 4 段，每段 32bit，在循环过程中交替运算 A、B、C、D，最终组成 128bit 的摘要结果。再看一下 SHA 算法，SHA-1 算法的核心过程大同小异，主要的不同点是把 160bit 的信息摘要分成了 A、B、C、D、E 5 段。关于 SHA 系列的其他参数，如表 2-1 所示。

表 2-1　SHA 系列的其他参数

类别	消息摘要长度	消息长度	分组长度	计算字步长	计算步骤数
SHA-1	160	$<2^{64}$	512	32	80
SHA-224	224	$<2^{64}$	512	32	64
SHA-256	256	$<2^{64}$	512	32	64
SHA-384	384	$<2^{128}$	1 024	64	80
SHA-512	512	$<2^{128}$	1 024	64	80

MD5 的初始值有 4 个，SHA 的初始值不同。例如，SHA-256 的初始值有 8 个，具

体如下：

h_0=0x6a09e667、h_1=0xbb67ae85、h_2=0x3c6ef372、h_3=0xa54ff53a、h_4=0x510e527f、h_5=0x9b05688c、h_6=0x1f83d9ab、h_7=0x5be0cd19。

以 SHA-1 为例，SHA 算法的过程如下：

步骤 1：对信息进行处理。

既然 SHA-1 算法是对给定的信息进行处理得到相应的摘要，那么首先需要按算法的要求对信息进行处理。首先对输入的信息按 512 位长度进行分组并进行填充，填充报文后使其按 512 位进行分组后正好余 448 位。填充的内容就是先在报文后面加一个 1，再加很多个 0，直到长度满足对 512 取模仿结果为 448。这是因为在最后会附加上一个 64 位长度的报文信息，而 448+64 正好是 512。

步骤 2：填充长度信息。

填充后所补充的信息报文使其按 512 位分组后余 448 位，剩下的 64 位是用来填写报文长度信息的。报文长度不能超过 64 位。填充长度值时要注意必须是低位字节优先。

步骤 3：信息分组处理。

经过添加位数处理的明文，其长度正好为 512 位的整数倍，然后按 512 位的长度进行分组，可以得到一定数量的明文分组，用 Y_0、Y_1、……、Y_{n-1} 表示这些明文分组。对于每一个明文分组，都要重复处理，这些与 MD5 都是相同的。

步骤 4：初始化缓存。

初始化缓存就是为链接变量赋初值。实现 MD5 算法时，由于摘要是 128 位，以 32 位为计算单位，所以需要 4 个链接变量。同样 SHA-1 采用 160 位的信息摘要，也以 32 位为计算单位，就需要 5 个链接变量，记为 A、B、C、D、E。其初始赋值分别为：A=0x67452301、B=0xEFCDAB89、C=0x98BADCFE、D=0x10325476、E=0xC3D2E1F0。如果对比前面说过的 MD5 算法就会发现，前 4 个链接变量的初始值是一样的，因为它们本来就是同源的。

步骤 5：计算信息摘要。

SHA-1 有 4 轮运算，每一轮包括 20 个步骤，一共 80 个步骤，最终生成 160 位的信息摘要，这 160 位的摘要存放在 5 个 32 位的链接变量中。

4.3 数字签名技术

数字签名又称电子加密，可以区分真实数据与伪造或被篡改过的数据，这对于网络数据传输，特别是电子商务是极其重要的。数字签名一般要采用一种称为摘要的技术，摘要技术主要是采用前面介绍的 Hash 函数。

4.3.1　数字签名技术简介

所谓数字签名，就是附加在数据单元上的一些数据，或是对数据单元所做的密码变换。这种数据或变换允许数据单元的接收者用来确认数据单元的来源和数据单元的完整性并保护数据，防止被人（如接收者等）伪造。它是对电子形式的消息进行签名的一种方法，一个签名消息能在一个通信网络中传输。基于公开密钥密码体制和私有密钥密码体制都可以获得数字签名，目前主要是基于公开密钥密码体制的数字签名，包括普通数字签名和特殊数字签名。数字签名的主要功能是保证信息传输的完整性、发送者的身份认证、防止交易中否认的发生。

数字签名机制作为保障网络信息安全的手段之一，可以解决伪造、否认、冒充和篡改的问题。数字签名的目的之一就是在网络环境中代替传统的手工签字与印章，有着十分重要的作用。

数字签名技术具有如下 6 种功能：

⇨ 防冒充。私有密钥只有签名者自己知道，所以其他人不可能构造出正确的数字签名。

⇨ 可鉴别身份。由于传统的手工签名一般是双方直接见面的，身份自然一清二楚。但在网络环境中，接收方必须能够鉴别发送方宣称的身份。

⇨ 防篡改。假如要签署一份 200 页的合同，传统的手工签字是仅仅在合同末尾签名呢，还是对每一页都签名？如果仅在合同末尾签名，对方会不会偷换其中的几页？而对于数字签名，签名与原有文件已经形成了一个合成的整体数据，不可能被篡改，从而保证了数据的完整性。

⇨ 防重放。在日常生活中，A 向 B 借了钱，同时写了一张借条给 B，当 A 还钱的时候，肯定要向 B 索回借条撕毁，不然，会担心 B 再次利用借条要求 A 还钱。在数字签名中，如果采用了对签名报文添加流水号、时间戳等技术，就可以防止重放攻击。

⇨ 防否认。如前所述，数字签名可以鉴别身份，不可能被冒充伪造，因此，只要保护好签名的报文，就是保存好手工签署的文本合同，也就是保存了证据，签名者就无法否认。但如果接收者确已收到对方的签名报文，却否认收到呢？要防止接收者否认，在数字签名机制中，要求接收者返回一个自己的签名表示收到报文，发给对方或者第三方或者引入第三方机制。如此操作，双方均无法否认。

⇨ 机密性（保密性）。手工签字的文件（如同文本）是不具保密性的，文件一旦丢失，其中的信息就极可能泄露。数字签名可以加密签名消息的 Hash 值，但不必对消息本身进行加密。当然，如果签名的报文不要求机密性，也可以不用加密。

4.3.2　数字签名技术的原理

数字签名技术从原理上可以分为基于共享密钥的数字签名和基于公开密钥的数字签名2种。

1. 基于共享密钥的数字签名

基于共享密钥的数字签名是指服务器端和用户共同拥有一个或一组密码，当用户需要进行身份验证时，用户通过输入或通过保管有密码的设备提交由用户和服务器共同拥有的密码，服务器在收到用户提交的密码后，检查用户所提交的密码是否与服务器端保存的密码一致。如果一致，就判断用户为合法用户；如果用户提交的密码与服务器端所保存的密码不一致，则判定身份验证失败。

使用基于共享密钥的身份验证的服务有很多，如绝大多数的网络接入服务、绝大多数的 BBS 等。

2. 基于公开密钥的数字签名

基于公开密钥的数字签名是不对称加密算法的典型应用。数字签名的应用过程是数据源发送方使用自己的私有密钥对数据校验和其他与数据内容有关的变量进行加密处理，完成对数据的合法"签名"；数据接收方则利用对方的公开密钥解读收到的"数字签名"，并将解读结果用于对数据完整性的检验，以确认签名的合法性。数字签名技术是在网络虚拟环境中确认身份的重要技术，完全可以代替现实中的"亲笔签字"，在技术和法律上有保障。在公开密钥与私有密钥管理方面，数字签名应用与加密邮件 PGP 技术正好相反。在数字签名应用中，发送者的公开密钥可以很方便地得到，但他的私有密钥则需要严格保密。

数字签名技术是将摘要信息用发送者的私有密钥加密，与原文一起发送给接收者。接收者只有用发送的公开密钥才能解密被加密的摘要信息，然后用 Hash 函数对收到的原文生成一个摘要信息，与解密的摘要信息对比。如果相同，则说明收到的信息是完整的，在传输过程中没有被修改，否则说明信息被修改过，因此数字签名能够验证信息的完整性。

4.3.3　对报文的数字签名

虽然报文认证码 MAC 可以提供对报文的完整性和身份认证，但是它不能取代发送者对报文的数字签名。当发送方向接收方发送一个文件时，为了证明此文件是自己发送的，而不是冒名顶替者发送的，就需要在文件上进行数字签名。

通常在传统的纸质文件上签名时，签名与文件成为一个整体，而不是分离的2个文件。但是，对电子文件进行数字签名时，电子文件和数字签名是2个不同的文件报文和签名。接收方收到这2个文件后，使用数字签名来判断电子文件是否来自真实的发送者。

对传统的文件签名时，一个签名可以针对很多不同的文件。但是，对数字文件的签名是一对一的，每个报文有一个签名，同一签发者对不同报文的数字签名要求是不同的。另外，数字签名也应当与时间戳联系起来，这是为了防止重复使用同一个数字签名。例如，小李签发了一个报文给小张，让他付一笔钱给小刘，如果小刘收到钱后，又获得了小李的报文和数字签名，他就可再次用它向小张要求重复付一次款。加上时间戳后，就可防止同一个文件及签名的重复冒用。

数字签名使用一对非对称密钥：一个公开密钥和一个私有密钥。发送方使用自己的私有密钥和一个签名算法对文件签名，任何人利用发送方的公开密钥和签名算法都可以验证此签名是发送方的。例如，微软发行的软件产品中都有自己的数字签名，供用户进行验证。数字签名不能使用对称密钥。

数字签名可以用 2 种方式：一是对整个报文签名，二是只对报文摘要签名。对整个报文签名，就是发送方使用自己的私有密钥将整个报文加密，接收方使用发送方的公开密钥进行解密，获得整个报文，这种签名运算量太大。对报文摘要签名，运算量较小。

4.3.4　数字签名标准 DSS

基于有限域上的离散对数问题制定了数字签名标准 DSS。该标准定义了用于通过安全 Hash 算法来生成数字签名的算法，以用于电子文档的身份验证。DSS 仅提供数字签名函数，而没有提供任何加密或密钥交换策略。

1. 发送方

在 DSS 方法中，从消息中生成 Hash 值，然后将以下输入提供给签名函数：Hash 值、为该特定签名生成的随机数"k"、发送者的私有密钥［即 PR（a）］、全局公开密钥［用于通信原理的一组参数，即 PU（g）］。这些对函数的输入将提供包含 2 个部分的输出签名 s 和 r。因此，将与签名串联在一起的原始消息发送给接收者。

2. 接收方

在接收方，对发送方进行验证，生成已发送消息的 Hash 值。有一个验证函数，它需要以下输入：接收方生成的 Hash 值、签名组件 s 和 r、发送者的公开密钥、全局公开密钥。将验证函数的输出与签名组件 r 进行比较。如果发送的签名有效，则 2 个值都将匹配，因为只有发送者借助其私有密钥才能生成有效的签名。

4.4　数字证书技术

在验证数字签名时需要合法的公开密钥，那么怎么才能知道自己得到的公开密钥是否合法呢？可以将公开密钥当作消息，对它加上数字签名，像这样对公开密钥施加数字签名所得到的就是公开密钥证书。

4.4.1　数字证书技术简介

数字证书是指在互联网通信中标志通信各方身份信息的一个数字认证，人们可以在网上用它来识别对方的身份，因此，数字证书又称为数字标识。数字证书对网络用户在计算机网络交流中的信息和数据等以加密或解密的形式保证了信息和数据的完整性和安全性。数字证书的特征有以下 3 点：

⇨ 安全性。用户申请证书时会有 2 份不同的证书，分别用于工作用计算机以及用于验证用户的信息交互。若所使用的计算机不同，用户就需重新获取用于验证用户所使用的计算机的证书，而无法进行备份，这样即使他人窃取了证书，也无法获取用户的账户信息，从而保护了用户的账户信息。

⇨ 唯一性。数字证书依用户身份不同给予其相应的访问权限，若更换计算机进行账户登录，而用户无证书备份，此时他是无法进行操作的，只能查看账户信息。数字证书就犹如"钥匙"一般，所谓"一把钥匙只能开一把锁"，就是其唯一性的体现。

⇨ 便利性。用户可即时申请、开通并使用数字证书，且可依用户需求选择相应的数字证书保障技术。用户不需要掌握加密技术或原理，就能够直接通过数字证书进行安全防护，十分便捷高效。

电子商务技术使得网上购物的顾客能够极其方便地获取商家和企业的信息，但同时也增加了某些敏感或有价值的数据被滥用的风险。为了保证互联网上交易和支付的安全性和保密性，防范交易和支付过程中的欺诈行为，有必要在网上建立一种信任机制。这要求参加电子商务的买方和卖方都必须拥有合法的身份，并且在网上能够有效无误地进行验证。数字证书是一种权威性的电子文档，它提供了一种在互联网上验证身份的方式，其作用类似于司机的驾驶执照或日常生活中的身份证。

数字证书是由 CA（certificate authcrity，证书授权）发行的，人们可以在互联网交往中用它来识别对方的身份。在数字证书认证的过程中，CA 作为权威的、公正的、可信赖的第三方，其作用是至关重要的。证书认证中心是证书的签发机构，它是公开密钥基础设施（public key infrastructure，PKI）的核心，CA 是负责签发证书、认证证书、管理已颁发证书的机关。CA 拥有一个证书（内含公开密钥和私有密钥）。网上的公众用户通过验证 CA 的签字从而信任 CA，任何人都可以得到 CA 的证书（含公开密钥），用以验证它所签发的证书。

4.4.2　数字证书技术的原理

数字证书必须具有唯一性和可靠性。为了达到这一目的，需要采用很多技术来实现。通常数字证书采用公开密钥体制，即利用一对互相匹配的密钥进行加密、解密。每个用户自己设定一个特定的，仅为本人所有的私有密钥，用它进行解密和签名；同时设定一个公开密钥并由本人公开，为一组用户所共享，用于加密和验证签名。当发送一份保密文件时，发送方使用接收方的公开密钥对数据加密，而接收方则使用自己的私有密钥解密，这样信息就可以安全无误地到达目的地。通过数字手段保证加密过程是一个不可逆过程，即只有用私有密钥才能解密。公开密钥技术解决了密钥发布的管理问题，用户可以公开其公开密钥，而保留其私有密钥。

数字证书的使用过程为：用户首先向 CA 申请一份数字证书，申请过程中会生成他的公开密钥 / 私有密钥对；公开密钥被发送给 CA，CA 生成证书，并用自己的私有密钥签发，同时向用户发送一份副本；用户用数字证书把文件加上签名，然后把原始文件同签名一起发送给自己的同事；同事从 CA 查到该用户的数字证书，用证书中的公开密钥对签名进行验证。

知识链接

公开密钥基础设施（PKI）

公开密钥基础设施（public key infrastructure，PKI）是一种基于公开密钥理论和技术建立的安全服务平台，旨在为所有网络应用提供可靠的加密、数字签名及其他密码服务，并配套完善的密钥和证书管理体系。作为信息安全技术的核心，PKI 对于电子商务、电子政务以及其他各类在线交易的安全至关重要。

PKI 系统主要包括如下 5 个组成部分：

①权威认证机构（certification authority，CA）。作为数字证书的签发中心，CA 扮演着权威的信任源头角色，负责核实用户身份并签发数字证书。

②数字证书库。存储经过 CA 签发的数字证书和对应的公开密钥信息，供用户检索和验证他人的证书和公开密钥。

③密钥备份及恢复系统。确保在用户丢失密钥时，通过可信渠道备份和恢复解密密钥，同时强调签名私有密钥因其独特性不可备份。

④证书作废系统。应对证书生命周期中的作废需求，如密钥泄露或用户身份变更等情况，通过证书撤销列表（certificate revocation list，CRL）管理失效证书。

⑤应用程序接口（Application Programming Interface，API）。为各类应用提供便捷接口，使得它们能够无缝集成到 PKI 环境中，实现安全服务的统一调用和管理。

PKI 的主要职能包括制定全面的证书管理政策，建立高度可信的 CA 中心，执行用户属性管理、隐私保护和证书作废列表管理，以及提供证书相关的各项服务。

PKI 系统按照层次化结构组织，通常分为根 CA、一级 CA 和二级 CA 等多个层级，以适应全球范围内证书的分发和验证需求。根 CA 处于信任链顶端，对下级 CA 进行认证，各级 CA 向下逐层负责特定领域的用户证书生成和管理。在这一结构中，通过层层认证和 CRL 发布机制，确保了证书的有效性和安全性。

PKI 提供的核心安全服务功能包括以下 5 个方面：

①网络身份认证。利用数字签名技术，通过公开密钥和私有密钥对实现交易双方的身份认证，确保参与者身份真实有效。数字证书作为网络身份证，包含了证书持有者信息、公开密钥和 CA 签名等必要数据，确保了公开密钥与持有者的绑定关系。

②数据完整性。采用 Hash 算法（如 SHA-1、MD5）来保证数据在传输和存储过程中不被非法篡改，确保数据的完整性。

③机密性。通过加密技术对敏感信息进行加密处理，确保数据在传输过程中不被未经授权的个体获取。

④不可否认性。利用数字签名与时间戳服务相结合，确保交易各方无法否认自己的行为，强化了交易的法律责任和证据效力。

⑤时间戳服务。提供权威的时间戳证明，不仅记录事件发生的顺序，也在一定程度上确保了数据的时间有效性，增强了不可否认性。

公开密钥基础设施（PKI）通过严密的密钥管理和证书体系，为电子商务和其他网络活动构建了一个安全、可信、易于使用的环境，有力地保障了网络空间中的信息安全和交易秩序。

📖 拓展阅读

坚持普惠共享，绿色发展。聚焦人民共享发展成果，积极发挥平台经济、共享经济在城乡一体化和区域一体化发展中的作用，加快弥合城乡之间数字鸿沟，强化产销对接、城乡互促，促进共同富裕，让人民群众从电子商务快速发展中更好受益；践行绿色发展理念，贯彻落实碳达峰、碳中和目标要求，提高电子商务领域节能减排和集约发展水平。

——《"十四五"电子商务发展规划》

📋 本章小结

本章围绕数据传输安全这一主题展开。首先，从数据加密的基础概念和框架出发，逐步深入到数据加密技术的核心，解析常见术语、介绍主流加密算法原理及其在电商中的实际应用。其次，探讨了数据完整性保护，涉及消息认证、报文摘要、Hash 算法等技术确保数据传输完整真实。再次，深入讲解了数字签名技术，包括基本概念、运作原理、报文签名实践及其在数据安全中的关键地位。最后，详述了数字证书技术，从其基本原理至具体应用，帮助读者全面理解数字证书在电子商务和网络通信中的安全价值，构建起扎实的数字证书安全知识结构。

通过对本章的学习，学生不仅能够掌握数据传输安全领域的基础理论知识，还能深入了解并熟练掌握数据传输安全技术的实际运用。

课后练习

一、填空题

1. ＿＿＿＿＿＿＿＿＿也称报文鉴别，是用于验证所收到的消息确实来自真正的发送方，并未被篡改。

2. ＿＿＿＿＿＿＿＿＿也称为信息标记算法，可以提供数据完整性方面的判断依据。

3. 数字证书的特征有＿＿＿＿＿＿＿＿＿、＿＿＿＿＿＿＿＿＿和＿＿＿＿＿＿＿＿＿。

二、简答题

1. 简述数据加密技术的原理。

2. 简述数字签名技术的原理。

3. 简述数字证书技术的原理。

第 5 章

CHAPTER 5

无线局域网安全

📟 本章导言

　　得益于无线网络的便捷性与灵活性，众多企业和组织得以打破实体空间束缚，实现快速部署和无缝连接。在电子商务环境中，WLAN 不仅支持商家与顾客之间随时随地进行交易，还极大地提升了内部运营效率。如今，无线局域网已广泛渗透至各行各业，尤其在电子商务领域扮演着至关重要的角色。

📋 学习目标

　　➤ 理解局域网与无线局域网的特性及区别。

　　➤ 识别无线局域网的安全隐患及防护需求。

　　➤ 掌握无线网络安全技术及实施策略，包括加密、认证、访问控制等。

　　➤ 学会提升无线局域网安全性的实用方法。

　　➤ 明晰无线密码安全设置原则及接入无线网络的安全注意事项。

📈 素质要求

　　➤ 认识到无线局域网在电子商务中的重要性，理解其便捷性与灵活性对业务开展的积极影响，同时关注其带来的安全隐患，具备强烈的安全意识。

　　➤ 熟练掌握无线局域网特性、区别于传统局域网的安全防护需求，能准确识别潜在风险点，具备独立进行风险评估与分析的能力。

5.1　局域网与无线局域网

随着互联网的发展，无线局域网作为企业内部网络、公共场所以及移动设备连接互联网的主要方式，在电子商务交易过程中扮演着至关重要的角色。无线局域网是在局域网的基础上添加无线功能，让无线客户端可以方便地加入到局域网中，共享上网或共享局域网资源。要了解无线局域网，首先来了解一下局域网。

5.1.1　局域网

局域网是在一个相对的小范围内，一般在 10 km 以内，通过局域网技术，将各种计算机、网络设备连接起来组建而成的网络，主要用于实现共享上网、共享文件、共享打印、远程管理等功能。

局域网的主要设备包括路由器、交换机、服务器以及各种网络终端。

局域网的特点是分布距离近、范围较小、用户较少、传输速度快、组建费用较低、易于实现、维护方便，传输速度大约为 100 ～ 1 000 Mbit/s。

根据网络所覆盖的范围和采用的技术，范围较广的还有城域网以及范围最大的广域网。

1. 局域网的结构

局域网从逻辑拓扑结构上可以分为以下几种。

（1）总线型拓扑。

采用一根信号线（通常为同轴电缆）进行连接，所有的站点直接连接到该总线上。总线型拓扑上的所有设备都使用广播进行通信，每个时间点只有一台设备可以发送数据，其他节点都可以收到该数据，接收后发现不是自己的数据就丢弃。

（2）环形拓扑。

整个局域网呈环形状态，也就是常说的令牌环局域网。在同一时间，只有持有“令牌”的设备可以发送数据，发送完毕后，将“令牌”发给下一台设备。环形拓扑的特点为：不需要网络设备、实现较容易、投资少。在环形网络中，数据流是单方向传递的，每个收到数据包的站点都会向其下游传递数据包。和总线型结构类似，任何一个节点出现了故障，整个网络就处于瘫痪状态。环形网维护起来也非常困难，排除故障难度较高，而且电缆的连接并非像网线一样，容易产生接触不良。如果要添加设备，势必要造成网络中断。

（3）星形拓扑。

由中心节点的网络设备（一般是交换机）和周围节点的各种终端设备所组成，终端设备之间的通信需要通过中心节点的网络设备进行数据转发。星形拓扑的特点是容易实现，传输介质通常为双绞线（网线），较便宜；节点容易扩充，用网线连接新设备即可；如果某个节点发生故障，可以随时将该节点拆除。星形拓扑对中心节点的依赖程度较高，如果中心节点的网络设备发生故障，整个网络就会瘫痪。

星形拓扑是现在主流的局域网拓扑结构，广泛应用在家庭、企业中。如果使用的是无线路由器，那么各无线终端与无线路由器之间的逻辑关系也类似于星形拓扑。

（4）树形拓扑。

树形拓扑结构从本质上来说，是一种多层次的星形结构，常见于一些大中型局域网中，设备较多，网络需求较高，业务多，用户多，需要进行分层管理的情况。树形拓扑结构组建成本较低，非常容易扩充，采用一些交换机技术后，可以进行线路的备份冗余，稳定性和安全性都非常高。其中节点损坏或者某网络设备出现故障后，可以快速定位故障点，故障排除较容易，出现问题也可将影响降到最低。相对于小型局域网环境，设备选择方面都需要企业级别，且需要对设备进行专业设置、部署、调试，需要专业的网络维护人员进行维护，会增加一定的企业成本。

2. 局域网的主要技术

根据所使用的介质和拓扑结构，可以采用多种技术组建局域网。

（1）以太网技术。

以太网是最为常见的局域网技术，现在使用的绝大部分局域网都采用以太网技术。电气与电子工程协会在 IEEE 802.3 标准中，制定了以太网的技术标准，包括物理层的连线、电子信号和介质访问层协议的内容。现在的以太网分成 2 种：一种是经典以太网（总线型），另一种是交换式以太网。

（2）令牌环网技术。

令牌环网主要采用令牌环拓扑结构，最早用于 IBM 的网络系统中，现在比较少见了。令牌环网的网速也可以达到 100 Mbit/s。介质可以是屏蔽双绞线、非屏蔽双绞线和光纤等。

（3）FDDI 网技术。

光纤分布式数据接口（FDDI）是在光缆中发送数字信号的一组协议。FDDI 使用双环令牌，传输速率可以达到 100 Mbit/s。由于支持高宽带和远距离通信网络，FDDI 通常用作骨干网，FDDI 用得最多的是用作校园环境的主干网。这种环境的特点是站点分布在多个建筑物中，FDDI 也常被用于城域网。

FDDI 网络的抗干扰性和保密性较好，可靠性高，支持的范围较大，但造价较高。

（4）ATM 网技术。

ATM 是以信元为基础的一种分组交换和复用技术，适用于局域网和广域网。因其是一种为了多种业务设计的、通用的、面向连接的传输模式，具有高速数据传输速率和支持多种类型的数据通信，如声音、数据、传真、实时视频、图像等数据类型。ATM 采用面向连接的传输方式，将数据分割成固定长度的信元，通过虚连接进行交换。ATM 集交换、复用、传输为一体，在复用上采用的是异步时分复用方式，通过信息的首部或标头区分不同信道。

（5）无线局域网技术。

无线局域网技术是一种利用射频技术进行数据传输的系统。因为无线终端的大规模普及，无线技术也被大范围地应用。无线局域网技术的优点就在于摆脱了有线通信的束缚，可以在无线覆盖范围内的任意位置添加或删除节点。无线局域网技术的缺点是：一方面，无法达到有线网络的稳定性，发生丢包的可能性更大，而且延时、不稳定；另一方面，无线信号有衰减，尤其是在穿透墙壁时衰减严重。

5.1.2　无线局域网

无线局域网以其便捷性与灵活性逐渐成为现代电子商务环境不可或缺的一部分，它不仅扩展了局域网的功能边界，使其不再受制于物理线缆，而且在移动办公、远程协作、智能商店等诸多场景下提升了电子商务服务的质量与用户体验，但同时也带来了额外的安全挑战与防护需求。

1. 无线局域网的概念

无线局域网（wireless local area network，WLAN），指应用无线通信技术将计算机设备互联起来，构成可以互相通信和实现资源共享的网络体系。无线局域网本质的特点是不再使用通信电缆将计算机与网络连接起来，而是通过无线的方式连接，从而使网络的构建和终端的移动更加灵活。

目前无线局域网已经遍及社会生活的方方面面——家庭、学校、办公楼、体育场、图书馆，公司、大型企业等都有无线技术的身影。另外，无线网络还可以解决一些有线技术难以覆盖或者布置有线线路成本过高的地方，如山区、河流、湖泊以及一些危险区域等。

2. 无线局域网的设备

在家庭或企业的无线局域网中，无线设备包括如下 5 种。

（1）无线路由器。

无线路由器将无线功能加到路由器中，除了可以实现路由器的正常功能外，还可以为无线设备提供接入点。在家庭或小型企业中，无线路由器可以作为网络的中心和网关。

（2）无线网卡。

无线网卡是无线通信所必需的设备，用来将计算机的电信号转化为无线信号，在设备间传输数据。

（3）无线 AP。

无线接入点（wireless access point，无线 AP），是无线网与有线网之间沟通的桥梁，也是各种终端接入到无线的接入点，是组建无线局域网的核心设备。它主要用于宽带家庭、楼宇内部以及园区内部，典型覆盖距离在几十 km 至上百 km，目前主要技术为802.11 系列。大多数无线 AP 还带有接入点客户端模式，可以和其他 AP 进行无线连接，扩展了网络的覆盖范围。

（4）无线 AC。

无线接入控制器（wireless access point controller，无线 AC），主要用来集中化控制无线 AP，是管理 AP 所必须使用的硬件。它负责把来自不同 AP 的数据进行汇聚并接入因特网，同时完成 AP 设备的配置管理、无线用户的认证、管理及宽带访问、安全等控制功能；另外，还提供 DHCP 功能、自动信道调整、WPA2 安全机制、AP 定时重启、AP自动统一升级、AP 统一配置和管理、AP 批量编辑、AP 分组管理等，这些都是无线局域网经常使用的功能。

（5）无线网桥。

无线网桥利用无线传输方式可实现在 2 个或多个网络之间通信桥梁的搭建，无线网桥从通信机制上分为电路型网桥和数据型网桥。无线网桥除了具备有线网桥的基本特点之外，无线网桥工作在 2.4 GHz 或 5.8 GHz 的免申请无线执照的频段，因而比其他有线网络设备更方便部署。

一般在楼宇大厦顶部、信号塔上都可以发现无线网桥的身影。无线网桥根据不同的品牌和性能，可以实现几百 m 到几十 km 的传输。很多监控都使用无线网桥进行视频传输。

3. 无线局域网技术的分类

无线局域网工作于 2.5 GHz 或 5 GHz 频段，是很便利的数据传输系统，它利用射频技术取代原有比较碍手的双绞线所构成的有线局域网络。WLAN 是介于有线传输和移动数据通信网之间的一种技术，可提供给用户高速的无线数据通信。

WLAN 用户通过一个或多个无线接入点接入无线局域网。WLAN 最通用的标准是IEEE802.11 系列标准。由于 WLAN 是基于计算机网络与无线通信的技术，在计算机网络结构中，逻辑链路控制层及其之上的应用层对不同物理层的要求可以相同，也可以不同，因此物理层和媒介访问控制层是 WLAN 标准的主要针对对象。在 WLAN 高速发展的同时，众多厂商和运营商非常关注的一个问题便是 WLAN 的标准，究竟 WLAN 最终会采取哪种技术作为主流标准直接影响到企业今后的决策走向。目前的 WLAN 产品所采用的技术标准主要有蓝牙、HomeRF、HiperLAN、IEEE 802.11 等。

（1）蓝牙。

蓝牙是一个短距离的开放性无线通信标准，设计者的初衷是用隐形的连接线代替线缆，它的出现不是为了竞争而是为了互补。利用蓝牙技术能够有效地简化移动通信终端设备之间的通信，也能成功地简化设备与因特网之间的通信，从而使数据传输变得更加迅速高效，为无线通信拓宽道路。蓝牙的目标和宗旨是保持联系，不靠电缆，拒绝插头，并以此重塑人们的生活方式。在发射带宽为 1 MHz 时，其有效数据速率为 721 kbit/s，最高数据速率可达 1 Mbit/s。由于采用低功率时分复用方式工作发射，其有效传输距离约为 10 m，加上功率放大器时，传输距离可扩大到 100 m。蓝牙数据在某个载频的某个时隙内传输，不同类型数据占用不同的信道。蓝牙不仅采用了跳频扩谱的低功率传输，而且还使用鉴权和加密等方法提升通信的安全性。

（2）HomeRF。

HomeRF 是一项专为家庭用户设计的无线局域网技术标准，其目标是通过集成语音和数据通信服务降低家庭网络部署的成本。HomeRF 采用跳频扩频（FHSS）技术，在 2.4 GHz 频段上工作，支持在同一时间内利用 1MHz 跳频带宽同时提供多达 4 个高质量的语音信道，并且可以灵活地运用时分复用技术进行语音通话，以及通过载波侦听多路访问 / 冲突避免（CSMA/CA）协议处理数据传输业务。

然而，HomeRF 标准存在一定的局限性。首先，它与后来普及的 802.11b 标准并不兼容，这意味着在支持这 2 种标准的设备之间无法直接通信。此外，由于 HomeRF 与 802.11b 及蓝牙一样，都在 2.4 GHz 公共频段上运行，这导致了潜在的频率干扰问题，进一步限制了 HomeRF 在与其他无线设备共存环境下的实际应用范围。因此，尽管 HomeRF 曾被广泛考虑用于家庭网络场景，但随着 802.11 系列标准的不断演进和完善，尤其是在解决了兼容性和互操作性问题后，HomeRF 逐渐失去了市场份额，未能在更广泛的领域内得到持续发展和应用。

（3）HiperLAN。

HiperLAN 1 推出时，数据速率较低，没有被人们重视。2000 年，HiperLAN 2 标准制定完成，HiperLAN 2 标准的最高数据速率为 54 Mbit/s。HiperLAN 2 标准详细定义了 WLAN 的检测功能和转换信令，用以支持更多无线网络，支持动态频率选择、无线信元转换、链路自适应、多束天线和功率控制等。该标准在 WLAN 性能、安全性、服务质量 QoS 等方面也给出了一些定义。

（4）IEEE 802.11。

IEEE 802.11 无线局域网标准的制定是无线网络技术发展的一个里程碑。802.11 标准的颁布，使得无线局域网在各种有移动要求的环境中被广泛接受。它是无线局域网目前最常用的传输协议，各生产制造商都有基于该标准的无线网卡产品。

现在的 WLAN 主要以 802.11 为标准，它定义了物理层和 MAC 层规范，允许无线局域网内的设备根据协议互相协同工作。在 IEEE 802.11 系列的常见标准中，802.11a、802.11b、802.11g、802.11n、802.11ac 和 802.11ax 最具代表性。各标准的有关数据如表 5-1 所示。

表 5-1　IEEE 802.11 系列标准的有关数据

协议	使用频率	兼容性	理论最高速率	实际速率
802.11a	5 GHz		54 Mbit/s	22 Mbit/s
802.11b	2.4 GHz		11 Mbit/s	5 Mbit/s
802.11g	2.4 GHz	兼容 b	54 Mbit/s	22 Mbit/s
802.11n	2.4 GHz/5 GHz	兼容 a/b/g	600 Mbit/s	100 Mbit/s
802.11ac W1	5 GHz	兼容 a/n	1.3 Gbit/s	800 Mbit/s
802.11ac W2	5 GHz	兼容 a/b/g/n	3.47 Gbit/s	2.2 Gbit/s
802.1lax	2.4 GHz/5 GHz		9.6 Gbit/s	

4. 无线局域网结构

无线局域网通常包含 2 种主要网络类型：对等网络和基础结构网络，以及在此基础上衍生出的桥接模式和 Mesh 网络。

（1）对等网络。

在对等网络（Ad-hoc）中，一组安装了无线网卡的计算机通过自组织的方式相互连接，无需固定基站或接入点。这些设备共享相同的工作组名、ESSID 和密码，在 WLAN 覆盖范围内直接进行点对点或多点之间的通信。这种模式适用于临时性网络搭建或终端数量较少的场景。

（2）基础结构网络。

在基础结构网络架构中，无线终端与固定的无线 AP 相连，形成以无线 AP 为中心的网络。借助于无线网桥、无线接入网关（AG）、无线接入控制器（AC）以及无线接入服务器（AS）等组件，将无线局域网与有线网络整合起来，实现大规模、多用户的无线移动办公接入。在基础结构网络中，任意站点间的所有通信均需经过 AP 转发。

（3）桥接模式。

虽然不是一种独立的网络类型，但在实际应用中，桥接模式（Bridge Mode/Hybrid Mode）常常用于扩展基础结构网络的覆盖范围。在这种配置下，一个 AP 可以与另一个 AP 或其他网络节点建立连接，从而充当桥梁角色，允许更多节点通过该 AP 接入到更广泛的网络中。

（4）Mesh 网络。

Mesh 网络是一种由对等网络理念演化而来的高级形态，它采用了"多跳"技术，使得每个节点都能够智能地与其他节点互联，并且支持动态路由选择和自我修复功能。Mesh 网络特别适用于需要大面积无缝覆盖和灵活扩展的环境，其中每一个节点都可以作为数据传输路径的一部分，通过有线或无线方式与其他节点协同工作。虽然 Mesh 网络能够提供广泛的覆盖范围和良好的可扩展性，但随着级联层级增加，由于部分带宽用于内部通信，可能导致数据传输速率随距离增大而降低。

5.2　无线局域网安全防护

无线局域网的安全关系着无线局域网中各种资源的安全以及数据传输设备的安全。在无线局域网的安全管理中，认证和加密技术是主要的安全手段。

5.2.1　无线局域网存在的安全隐患

由于无线信号传输的特殊性，无线局域网在数据传输时，数据信号极易被其他设备侦听和截获。

1. 假冒攻击

假冒攻击是计算机无线网络应用中存在的一大安全隐患。假冒攻击指的是某个实体假扮成无线网络供另一个实体进行访问。假冒攻击是对某个安全防线入侵最常用的方法，会导致在无线信道中进行传输的身份信息随时遭受窃听。

2. 无线窃听

由于计算机无线网络中所有的通信内容都是由无线信道传送出去的，所有配备相应设备的人都能从无线网络的无线信道所传送的信息中获取自己所需的信息，因此造成无线网络存在可能遭受无线窃听的隐患。

3. 信息篡改

信息篡改是无线网络应用中最主要的安全隐患之一。所谓信息篡改，指的是攻击者把自己所窃听到的全部信息或部分信息进行修改或删除。另外，信息篡改者还可能会把篡改过的信息发送给原本该接收此信息的人。进行信息篡改有 2 个目的：一是恶意破坏合法用户间的通信，阻止合法用户间建立通信连接；二是攻击者把自己篡改过的信息发送给原本的信息接收者，从而致使接收者受骗上当。

4. 重传攻击

重传攻击指的是计算机无线网络的攻击者在窃听到信息的一段时间后才把窃听到的信息发送给原本该接收此信息的接收方。重传攻击的主要目的是对曾经的有效信息在失效的情况下加以利用，从而达到攻击的目的。

5. 非法用户接入

所有的 Windows 操作系统大多具备自动查找无线网络的功能，因此对于那些安全级别低或是不设防的无线网络，只要黑客或未经授权用户对无线网络有一般的基本认识，就能利用最普通的攻击或借助一些攻击工具发现和接入到无线网络。一旦非法用户接入网络，不仅会占用合法用户的带宽，而且还会恶意更改无线网络的路由器设置，从而导致合法用户无法接入无线网络，更有甚者还会入侵合法用户的计算机，窃取其相关信息。

6. 非法接入点

由于无线局域网具有配置简单和访问便捷的特点，因此导致任何用户的计算机都能利用自己的 AP 不经授权地接入网络。例如，为了使用方便，有些员工会自己购买 AP，不经允许就接入无线网络，这就是非法接入点，并且这些非法接入点只要是在无线信号覆盖的范围内，都能进入或连接企业网络，从而给企业带来巨大的安全风险。

5.2.2 无线局域网安全的防护策略

1. 机密性保护

无线网络在实际应用过程中面临着严重的信息泄露或被篡改的风险。例如，在移动通信领域，手机通信信息可能被泄露；在军事领域，无线传感器被部署在重要区域进行监测，其收集的数据往往携带重要情报信息，如果数据泄露或被篡改将带来严重威胁或造成决策失误；在医疗检测领域，使用无线传感器对病人的心率、血压等重要特征数据进行收集分析时，这些敏感信息可能会被泄露。无线网络中数据泄露的威胁将严重影响无线网络的应用发展，因此，研究和解决机密性保护问题对无线网络的大规模应用具有重要意义。保证数据的机密性可以通过有线等效保密（wired eguvalent privacy，WEP）协议、时限密钥完整性协议（temporal key integrityprotocol，TKIP）或 VPN 实现。WEP 提供了机密性，但是这种算法很容易被破解。TKIP 使用了更强的加密规则，可提供更好的机密性。

2. 安全重编程

安全重编程指的是通过无线信道对整个网络进行代码镜像分发并完成代码安装，这是解决无线网络管理和维护的有效途径。因为无线网络通常布置在开阔并且环境恶劣的地方，攻击方可以利用重编程机制的漏洞发起一系列的攻击。例如，攻击方可以通过注入伪造的代码镜像获取整个网络的控制权。安全重编程技术主要解决无线网络中代码更新的验证问题，其目的在于防止恶意代码的传播和安装。安全重编程一直是一个研究热点。

3. 用户认证

为了让具有合法身份的用户加入网络并获取其预订的服务，同时能够阻止非法用户获取网络数据，确保无线网络的外部安全，要求网络必须采用用户认证机制以检验用户身份的合法性。用户认证是一种最重要的安全业务，在某种程度上所有其他安全业务均依赖于它。

对于无线网络的认证可以是基于设备的，通过共享的 WEP 密钥来实现。它也可以是基于用户的，使用可扩展身份验证协议（extensible authentication protocol，EAP）实现。无线 EAP 认证可以通过多种方式来实现，如 EAP-TLS、EAP-TTLS、LEAP 和 PEAP。在无线网络中，设备认证和用户认证都应该实行，以确保最有效的网络安全性。用户认证信息应该通过安全隧道传输，从而保证用户认证信息交换是加密的。因此，对于所有的网络环境，如果设备支持，最好使用 EAP-TTLS 或 PEAP。

4. 信任管理

作为对基于密码技术的安全手段的重要补充，信任管理在抵御无线网络中的内部攻击，鉴别恶意节点和自私节点，提高系统安全性、公平性、可靠性等方面有着显著的优势。以信任计算模型为核心的信任管理，尤其对于没有构建网络基础设施的自组织网络，提供了一种新的、有效的安全解决方案。

5. 网络安全通信架构

网络通信架构包括网络接入协议及多种网络通信协议。无线网络应用领域的多样性决定了其构成的复杂性。建设安全的无线网络离不开安全的网络通信架构。

5.2.3　无线局域网安全技术

1. 无线局域网的访问控制技术

无线局域网的访问控制是无线局域网安全的重要组成部分，无线局域网的访问控制技术可以基于以下技术来实现。

（1）SSID。

服务集标识符（service set identifier，SSID）技术可将一个 WLAN 分为若干子网，这些子网必须经过独立的不同的身份验证，只有通过身份验证的用户才有接入目标子网的权限。SSID 是相邻 AP 的区分标识，无线接入用户必须设定服务集标识符才能和 AP 通信。尝试连接到无线网络的系统在被允许进入之前必须提供 SSID，这是唯一标识网络的字符串。如果出示的 SSID 与 AP 的 SSID 不同，则 AP 将拒绝其通过本服务器上网。因此，SSID 是一个简单的口令，采用提供口令认证机制，实现一定的安全保障。但是，SSID 对于网络中的所有用户都是相同的字符串，可以从每个数据包的明文中窃取到它，因此存在一定的安全漏洞。

（2）MAC。

媒体访问控制（media access control，MAC）用于标识网络中独一无二的物理地址。在 WLAN 中，可以将其当作客户访问控制的源地址使用。因为每个网卡都有唯一的物理地址与其对应，使用媒体访问控制技术可在无线局域网的每个接入点加入一张有接入权限的用户的 MAC 地址列表。在请求接入目标网络时，如果 MAC 地址不属于列表清单，接入点将不允许其接入。虽然没有在 802.11 标准中得到定义，大多数无线设备制造商都给它们的产品增加了基于 MAC 地址的访问控制机制，以弥补 802.11 与生俱来的安全弱点。在使用这类机制的时候，网络管理员需要定义一个允许接入的客户 MAC 地址表，只有 MAC 地址被列在这个表中的客户，系统才允许与相应的接入点建立连接。这对小型无线网络来说还算是一种灵活的访问控制机制，但因为它需要网络管理员追踪所有无线客户的 MAC 地址，在大型网络上就会是一种负担了。

MAC 地址并不能提供一种良好的安防机制，因为它很容易被探测和复制。攻击者只需简单地监控目标网络并等到某位合法用户成功地与接入点建立连接，就可以把他自己的 MAC 地址修改成与那位合法用户相匹配的 MAC 地址。

（3）端口。

端口访问控制技术（802.1x）是由 IEEE 定义的，用于以太网和无线局域网中的端口访问与控制。802.1x 引入了点对点协议定义的可扩展身份验证协议，这些协议增强了网络的安全性。当无线工作站与接入点关联后，802.1x 的认证结果决定了可否使用接入点提供的服务。如果认证通过，该用户可以接入网络；如果认证失败，则不允许用户接入网络。802.1x 不仅具有端口访问控制能力，还具有基于用户的计费和认证系统功能，比较适用于无线接入解决方案。但是，802.1x 只使用用户名和口令作为用户认证参考，而用户名和口令在使用或认证过程中可能会外泄，有不安全隐患，而且无线接入点与服务器中间采用共享密钥进行认证，这些共享密钥属于静态手工管理，这种情况使它的安全隐患更为严重。

2. 无线局域网的数据加密技术

在无线局域网中，常见的数据加密技术有 WEP、WPA 和 WAPI 等。

（1）WEP。

有线等效保密协议（wired equivalent privacy，WEP）可以保护无线局域网链路层的数据安全。WEP 使用 64 位或 128 位密钥，使用 RC4 对称加密算法对链路层数据进行加密，从而防止非授权用户的监听和非法用户的访问。有线等效保密协议加密时采用的密钥是静态的，各无线局域网终端接入网络时使用的密钥是一样的。有线等效保密协议具有认证功能，当 WEP 加密启用后，客户端要连接到 AP 时，AP 会发出一个 Challenge Packet 给客户端，客户端再利用共享密钥将此值加密后送回存取点以进行认证比对，只有正确无误才能获准存取网络的资源。无线对等保密是 802.11 标准下定义的一种安全机制，设计用于保护无线局域网接入点和网卡之间通过空气进行的传输。虽然 WEP 提供了 64 位或 128 位密钥，但是它仍然具有很多漏洞，因为用户共享密钥，当有一个用户泄露密钥，将对整个网络的安全性构成很大的威胁。而且由于 WEP 加密被发现有安全缺陷，可以在几分钟内被破解，因此现在的 WEP 已经不再是 WLAN 加密的主流方式。

（2）WPA。

Wi-Fi 保护性接入（Wi-Fi protected access，WPA）是在继承了 WEP 基本原理的同时又克服了 WEP 缺点的一种新技术。WPA 的核心是 IEEE 802.1x 和 TKIP，它属于 IEEE 802.11i 的一个子集。WPA 协议使用新的加密算法和用户认证机制，强化了生成密钥的算法，即使有不法分子对采集到的分组信息深入分析也无济于事，WPA 协议在一定程度上解决了 WEP 破解容易的缺陷问题。而 WPA2 是 Wi-Fi 联盟发布的第 2 代 WPA 标准。WPA2 与后来发布的 802.11i 具有类似的特性，它们最主要的共性是预验证，即在用户对延迟毫无察觉的情况下实现安全快速漫游。同时采用 CCMP 加密包代替 TKIP，WPA2 实现了完整的标准，但不能用在某些陈旧的老网卡上。这 2 个协议都提供优良的安全能力，但有如下 2 个明显的问题：

⇨ WPA 或 WPA2 一定要启动并且被选来代替 WEP 才有用，但是大部分的安装指引都把 WEP 列为第 1 选择。

⇨ 在家中和小型办公室中选用"个人"模式时，为了安全的完整性，所用的密钥一定要多于 6 ～ 8 个字符。

WPA 加密方式目前有 4 种认证方式——WPA、WPA-PSK、WPA2 和 WPA2-PSK。采用的加密算法有 2 种——AES 和 TKIP。

⇨ WPA。WPA 加强了生成加密密钥的算法，因此即便收集到分组信息并对其进行解析，也几乎无法计算出通用密钥。WPA 中还增加了防止数据中途被篡改的功能和认证功能。

⇨ WPA-PSK。WPA-PSK 适用于个人或普通家庭网络，使用预先共享密钥，密钥设置的密码越长，安全性越高。WPA-PSK 只能使用 TKIP 加密方式。

⇨ WPA2。WPA2 是 WPA 的增强型版本，与 WPA 相比，WPA2 新增支持 AES 的加密方式，取代了以往的 RC4 算法。

⇨ WPA2-PSK。与 WPA-PSK 类似，适用于个人或普通家庭网络，使用预先共享密钥，支持 TKIP 和 AES 2 种加密方式。

一般在家庭无线路由器设置页面上选择使用 WPA-PSK 或 WPA2-PSK 认证类型即可，对应设置的共享密码尽可能长些，并且在用过一段时间之后更换共享密码，可确保家庭无线网络的安全。

（3）WPA3。

WPA3（Wi-Fi protected access 3），是 Wi-Fi 联盟组织于 2018 年 1 月 8 日发布的 Wi-Fi 新加密协议，是 Wi-Fi 身份验证标准 WPA2 技术的后续版本。

WPA3 标准将加密公共 Wi-Fi 网络上的所有数据，可以进一步保护不安全的 Wi-Fi 网络。特别是当用户使用酒店或旅游 Wi-Fi 热点等公共网络时，借助 WPA 3 创建更安全的连接，可以让黑客无法窥探用户的流量，难以获得私人信息。黑客虽然仍可以通过专门的、主动的攻击来窃取数据，但是，WPA3 至少可以阻止强力攻击。

WPA3 主要有如下 4 项新功能：

⇨ 对使用弱密码的人采取"强有力的保护"。如果密码多次输错，将锁定攻击行为，屏蔽 Wi-Fi 身份验证过程，防止暴力攻击。

⇨ WPA3 将简化显示接口受限，能够使用附近的 Wi-Fi 设备作为其他设备的配置面板，为物联网设备提供更好的安全性。

⇨ 在接入开放性网络时，可通过个性化数据加密增强用户隐私的安全性，它是对每个设备与路由器或接入点之间的连接进行加密的一个特征。

⇨ WPA3 的密码算法提升至 192 位的 CNSA 等级算法，与之前的 128 位加密算法相比，增加了字典法暴力密码破解的难度，并使用新的握手重传方法。

（4）WAPI。

无线局域网鉴别与保密基础结构（wireless authentication and privacy infrastructure，WAPI）是 2003 年在我国 WLAN 国家标准 GB 15629.11—2003 中提出的针对有线等效保密协议安全问题的无线局域网安全处理方案。这个方案已经经过 IEEE 严格审核，并最终取得 IEEE 的认证，分配了用于 WAPI 协议的以太类型字段，这也是我国目前在该领域唯一获得批准的协议，同时也是中国无线局域网安全强制性标准。

与 Wi-Fi 的单向加密认证不同，WAPI 是双向都认证，以保证传输的安全性。WAPI 安全系统采用公开密钥密码技术，鉴权服务器负责证书的颁发、验证与吊销等，无线客户端与无线接入点上都安装有 AS 颁发的公开密钥证书作为自己的数字身份凭证。当无线客户端登录至无线接入点时，在访问网络之前必须通过 AS 对双方进行身份验证。根据验证的结果，持有合法证书的移动终端才能接入持有合法证书的无线接入点。

对于个人用户，WAPI 的出现最大的好处就是让自己的无线设备从此更加安全。无线局域网传输速度快，覆盖范围广，因此它在安全方面非常脆弱。因为数据在传输的过程中都暴露在空中，很容易被别有用心的人截取数据包。虽然 3COM、安奈特等国外厂商都针对 802.11 制定了一系列的安全解决方案，但并不尽人意。

Wi-Fi 加密技术经历了 WEP、WPA、WPA2 的演化，每次演化都极大地提高了安全性和被破解难度，然而由于其单向认证的缺陷，这些加密技术均已经被破解并公布。WPA 于 2008 年被破解，WPA2 则于 2010 年上半年被黑客破解并在网上公布。

而 WAPI 由于采用了更加合理的双向认证加密技术，比 802.11 更为先进，WAPI 采用国家密码管理局批准的公开密钥体制的椭圆曲线密码算法和对称密钥体制的分组密码算法，实现了设备的身份鉴别、链路验证、访问控制和用户信息在无线传输状态下的加密保护。此外，WAPI 从应用模式上分为单点式和集中式 2 种，可以彻底扭转目前 WLAN 采用多种安全机制共存且互不兼容的现状，从根本上解决了安全问题和兼容性问题。所以，我国强制性地要求相关商业机构执行 WAPI 标准，以便更有效地保护用户的数据安全。

5.2.4　提高无线局域网安全的主要方法

提高无线网络安全的方法有多种，针对不同的情况采用不同的方法，也可以多种方法相结合。

1. 使用高级的无线加密协议

不要使用 WEP，大多数没有经验的黑客都能够迅速和轻松地突破 WEP 加密。若使用 WEP，则应立即升级到具有 802.1x 身份识别功能的 802.11i 的 WPA2 协议，有条件的用户也可以使用更高级的 WPA3 协议。对于不支持 WPA2 的老式设备和接入点，要设法进行固件升级，或者直接更换设备。破解 WPA2 协议需要很长的时间，破解工具也需要复杂的参数配置，成功率也低很多。再结合其他的安全设置，即可以提高网络的安全性。在设置加密方式时，可以使用 WPA2-PSK 加密，设置 PSK 可以降低拒绝服务攻击和防止外部探测。然而，传统的 PSK 是共享给每位用户的，没法跟踪或对单独的用户取消跟踪。但有些产品提供动态 PSK 给每位用户，如 Ruckus DPSK 和 Aerohive PPSK 可以解决这类问题。

2. 禁止非授权的用户联网

无线网络和有线网络虽然都是计算机网络，但有很大的区别。无线网络是放射状的，不存在专有线路连接，比有线网络更容易识别和连接。因此，保证无线网络的安全比有线网络更加困难。保证无线连接安全的关键是禁止非授权用户访问无线网络，即安全的接入点对非授权用户是关闭的，非授权用户将无法接入网络。

3. 禁用动态主机配置协议

动态主机配置协议（DHCP）在很多网络中被普遍使用，给网络管理提供了便利条件，但也会给网络带来安全风险，因此应该禁用动态主机配置协议。采用这个策略后，即使黑客能使用你的无线接入点，但因为不知道 IP 地址等信息，会增加黑客破解无线网络的难度，因此即可提高无线网络的安全性。

4. 禁止使用或修改 SNMP 的默认设置

SNMP 是简单网络管理协议，如果无线接入点支持这个协议，那么应该禁用此协议或修改初始配置，否则黑客可以利用这个协议获取无线网络的重要信息并进行攻击。

5. 尽量使用访问列表

为了更好地保护无线网络，可以设置一个访问列表，使无线路由器只允许在规则内的 MAC 地址设备进行通信，或者禁止黑名单中的 MAC 地址访问。启用 MAC 地址过滤，无线路由器会拦截禁止访问的设备所发送的数据包，将这些数据包丢弃。因此，对于恶意攻击的主机，即使变换 IP 地址也无法进行访问。但这项功能并不是所有无线接入点都会支持，并且需要输入过滤的 MAC 地址，工作量很大。支持访问列表功能的接入点设备可以利用简单文件传输协议（TFTP）定期自动地下载更新访问列表，从而减少管理人员的工作量。

6. 改变 SSID 号并且禁止 SSID 广播

SSID 是无线接入的身份标识，是无线网络用于无线服务连接的一项功能，用户通过它连接到无线网络。为了能够连接成功并进行通信，无线路由器和访问设备必须使用相同的 SSID。这个身份标识是由通信设备制造企业出厂时设置的，都有其默认值。在使用出厂设置的默认值的情况下，在设备使用中无线路由器广播其 SSID 号，任何在此设备覆盖范围内的无线访问设备都可以获得 SSID 信息，使用此 SSID 对接入设备进行配置后，可以实现与无线路由器进行通信。黑客可以未经授权轻松连接无线网络。虽然大部分无线路由器都有禁用 SSID 广播的功能，但仍需要将每个无线接入点设置一个唯一且难以推测的 SSID，同时禁止 SSID 广播。这样，无线网络就可以限制未授权的连接，只有知道 SSID 的用户才能进行连接，而且功能使用正常，只是它不会出现在搜索到的名单中，需要手动设置来连接到无线网络。

7. 修改无线网络的管理账户和密码

有很多用户在使用无线网络的时候自己修改了相关的安全设置，但是忽略了对管理账户和密码的修改，这给网络安全带来了隐患。因此，在对无线网络进行安全设置时，先要对管理账号和密码进行修改。

8. 将 IP 地址和 MAC 地址绑定

在设置安全策略时，可以使用静态 IP，并给 MAC 地址指定 IP 值进行绑定。如果 IP 地址和 MAC 地址不完全相同，设备会禁止访问，如此可以降低安全风险。

9. 修改接入点设备的接入 IP 地址

路由器厂商在生产设备时会设置默认的 LAN 接入 IP 地址，很多设备的 LAN 接入 IP 地址为 192.168.1.1 或 192.168.0.1，这样的接入 IP 地址如果不进行修改很容易被攻击者利用，通过嗅探和扫描很容易发现网络的漏洞。因此，在设置无线网络安全时，可以将这个 IP 地址修改为其他值，如 192.168.50.1，攻击者将无法获取接入 IP 地址，攻击无线网络的难度也增加了。

10. 保护网络组件的物理安全

计算机安全并不仅仅涉及最新的技术和加密，保护网络组件的物理安全同样重要。要保证接入点设置在平常接触不到的地方，如吊顶上方，或考虑把接入点放置在一个隐秘的地方，然后在一个最佳地点使用一个天线。如果放置在不安全的地点，就有可能被别有用心的人接触到，产生设备损坏、重置、入侵的风险。

有了以上这些方法，无线网络便可以放心地提供给用户、合作伙伴、客户以及其他授权的用户使用，而不用过多担心安全问题了。

5.2.5 接入无线局域网的安全注意事项

除了提高无线局域网本身的安全性外，作为个人来说，接入公开的无线信号时也要注意安全，因为有可能此时的无线设备已经被黑客控制，用来获取接入者的信息。

1. 谨慎使用 Wi-Fi

官方机构提供的而且有验证机制的 Wi-Fi，可以找工作人员确认后连接使用。其他可以直接连接且不需要验证密码的公共 Wi-Fi 风险较高，背后有可能是钓鱼陷阱，尽量不要使用。

2. 避免使用网银

除非能确认所处网络非常安全，千万不要发送银行卡号及密码、机密电子邮件或其他比较敏感的数据。如果在浏览器的状态栏右侧看到有一个"锁"的图标，以及地址栏中的 URL 是以"https"开头，这样就能确定这些站点已经加密。使用公共场合的 Wi-Fi 热点时，尽量不要进行网络购物和网银的操作，避免重要的个人敏感信息遭到泄露，甚至被黑客攻击。

3. 养成良好习惯

手机会把使用过的 Wi-Fi 热点都记录下来，如果 Wi-Fi 开关处于打开状态，手机就会不断向周边进行搜寻，一旦遇到同名的热点就会自动进行连接，存在被钓鱼的风险。因此，当进入公共区域后，尽量不要打开 Wi-Fi 开关，或者把 Wi-Fi 调成锁屏后不再自动连接，避免在自己不知道的情况下连接上恶意 Wi-Fi。

4. 警惕钓鱼网站

有不少账户被盗的案例其实是因为用户访问了钓鱼网站。这些网站伪装成正规的银行页面或支付页面，骗取用户输入的账户名和密码，而这未必一定需要通过 Wi-Fi 热点这种方式实现，任何上网的方式都有可能上当。不过，公共的 Wi-Fi 确实提供了植入钓鱼网站的机会，利用 ARP 欺骗可以在用户浏览网站时植入一段 HTML 代码，使其自动跳转到钓鱼网站。从这个角度说，公共 Wi-Fi 网络提供了一个便利的钓鱼环境。

避免被钓要注意使用安全。一方面，需要对别人发来的网络地址多留心，因为这个地址可能非常接近如淘宝、网上银行域名地址，打开的页面也几乎和真实页面完全一致，但实际用户进入的是一个伪装的钓鱼网站；另一方面，尽量选择具有安全认证功能的浏览器，有些浏览器能够自动提示打开的页面是否安全，避免进入钓鱼网站。对于智能手机用户，在下载和交易有关的客户端软件时尽量选择官方下载，不要安装来历不明的客户端。

📖 拓展阅读

坚持合作共赢，开放发展。立足高水平对外开放，充分发挥电子商务集聚全球资源和要素高效配置的优势，推动相关产业深度融入全球产业链供应链，助力产业链供应链安全稳定；丰富电子商务国际交流合作层次，推进电子商务领域规则谈判，与世界各国互通、互鉴、互容，推动建立互利共赢、公开透明的电子商务国际规则标准体系。

——《"十四五"电子商务发展规划》

📋 本章小结

本章从基础概念入手，对比分析了局域网与无线局域网的特点，进而详细论述了无线局域网可能存在的安全隐患，如非法接入、数据窃听等，并逐一介绍了相关的安全防护策略和技术手段，包括但不限于安全协议（如 WPA3）、加密技术、身份认证机制、防火墙规则设定等。同时，本章还重点关注了在实际操作中如何提高无线局域网的安全性，包括正确设置与管理无线密码、合理规划网络架构、定期更新安全补丁、强化用户安全意识等内容，旨在培养学生在电子商务环境中建立、管理和维护安全无线网络的能力。

通过对本章的学习，学生不仅能掌握无线局域网的基本原理与安全理论知识，更能深入了解实践中如何有效构建和维护安全可靠的无线网络环境，从而在未来涉足电子商务或任何依赖无线网络通信的项目中具备扎实的安全防护意识和技术基础。

📋 课后练习

一、填空题

1. 局域网从逻辑拓扑结构上可以分为_____、_____、_____和_____。

2. 在家庭或企业的无线局域网中，无线设备包括_____、_____、_____、_____和_____。

3. 无线局域网通常包含 2 种主要网络类型：_____和_____。

4. 在无线局域网中，常见的数据加密技术有_____、_____和_____等。

二、简答题

1. 简述局域网的组件技术有哪些。
2. 简述无线局域网的概念。
3. 简述无线局域网的防护策略有哪些。

第6章 <> CHAPTER 6

终端安全

⚙ 本章导言

　　无论是消费者使用的个人设备，还是企业运营的服务器终端，在复杂的网络环境中都面临着多样化的安全威胁，对终端安全的全面把控不仅是保障电子商务交易顺利完成的基础，更是维护网络经济健康可持续发展的前提。

🗂 学习目标

　　➢ 理解并能实施操作系统安全配置，熟悉浏览器安全设置方法，掌握移动端应用的安全防护策略。

　　➢ 学会操作系统层面的安全配置措施，了解 Web 服务器的安全防护技术，掌握数据库系统安全管理的关键要素。

〰 素质要求

　　➢ 强化终端安全意识，理解其对电子商务和个人信息保护的重要性，养成良好的安全使用习惯，并具备基本的安全防护技能。

　　➢ 关注终端安全技术发展动态，具备持续学习与自我提升的动力，以适应不断变化的安全环境。

6.1 客户端安全防护

客户端安全技术是确保交易安全、保护用户数据隐私、抵御网络攻击的关键环节。电子商务的客户端安全是一个多层次、多方面的挑战，需要综合考虑操作系统、浏览器、移动设备和应用的安全性。

6.1.1 操作系统安全配置

操作系统作为客户端的核心载体，其安全配置的健全与否直接影响电子商务活动中数据的完整性、机密性和可用性。

1. 桌面操作系统安全设置

桌面端操作系统是指常见的台式机、笔记本电脑所使用的操作系统，如 Windows 系列的 Windows 10、Windows 11 等，如图 6-1 所示；Linux 操作系统的桌面版系列，如 Fedora、Debian、CentOS、UBUNTU 等，如图 6-2 所示。

图 6-1　Windows 操作系统

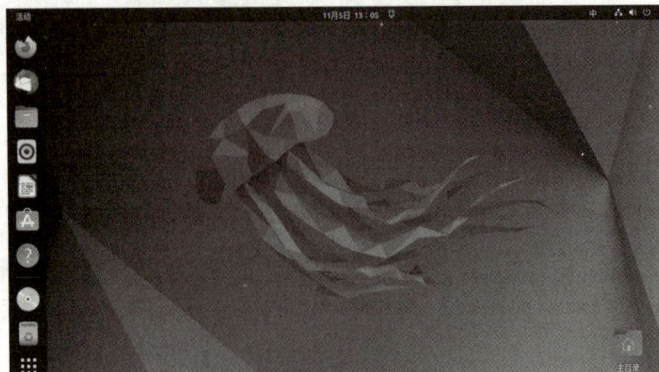

图 6-2　Linux 操作系统

（1）与操作系统安全相关的基本概念。

①主体及客体。操作系统中的每一个实体都可以归为主体和客体。主体指那些主动的实体，它会访问系统中的各种资源和服务，如用户、用户组、进程等都是主体。客体指那些被动的实体，接受主体的各种访问。客体可以是文件保存在存储介质上的数据信息，也可以是操作系统中能够提供某种服务或信息的进程。

在操作系统中，一个实体必然是一个主体或是一个客体。如果它既不是主体也不是客体，就意味着它不会与任何实体相互作用，在与操作系统相关的讨论中就没有意义。

操作系统中某些实体既是主体又是客体。例如，操作系统中的进程就有这样的双重身份：一个进程必定为某一用户服务，直接或间接地处理该用户的各种要求，该进程成为该用户的客体，或者是某个直接为用户服务的进程的客体；进程在为用户服务过程中都需要访问其他客体，如此它又是主体。

系统中最基本的主体是用户，系统中的几乎所有要求全是由用户激发的。系统中的每个用户必须是能够唯一标识的，并能够被鉴别为真实的。进程是系统中最活跃的实体，用户的所有事件要求都要通过进程的运行来处理。

②访问控制矩阵。明确了主体和客体，要在操作系统层面讨论信息安全，就要保证操作系统中任何主体对客体的访问都是合法的。访问控制矩阵就是一个记录主体对客体访问合法性的数据结构。访问控制矩阵可以视为一个二维表，一维是全部主体，另一维是全部客体，表中的每一个单元格则标记了特定主体可以对特定客体的访问权限。

当然，访问控制矩阵只是一个概念性的数据结构，在操作系统中并没有这样一个表格的实体。访问控制矩阵的内容在不同操作系统中以不同方式被组织起来。例如，在 Unix 或 Linux 操作系统中，用户可以看到每个作为客体的文件都会有自己的权限字符串，而文件都属于某个特定的用户，用户又属于某一个用户组，对文件的访问权限分别为读、写、执行等。

③自主访问控制和强制访问控制。主体对客体的访问权限记录在访问控制矩阵中。在很多操作系统中，访问控制矩阵的数据来源有自主访问控制和强制访问控制 2 部分。

自主访问控制就是由资源的所有者自己来决定其他主体可以用什么样的方式访问自己的特定资源。

强制访问控制则是由系统强制规定主体与客体之间的访问规则。例如，在一些操作系统中，不同的主体设置有不同的安全级别。系统强制规定，低级别的主体不能读取属于高级别主体的客体，而高级别的主体可以读取低级别的客体。

在访问控制矩阵中，强制访问控制的约束是不可修改的，而自主访问控制只能在强制访问控制允许的范围内进行。

④基于角色的访问控制。访问控制矩阵中的数据量是比较大的，当系统中主体、客体过多时，合理适度地管理主体对客体的访问权限是一件非常麻烦和困难的事情。

基于角色的访问控制就是一种方便访问权限管理的解决方法。

在基于角色的访问控制模式中，用户被赋予一定的角色，对客体的访问权限被赋予不同的角色。一个主体可以同时被赋予多个角色。

查看一个主体对特定客体的访问权限，要看主体拥有哪些角色，这些角色对该客体有什么访问权限。通过改变角色的访问权限或改变主体所担任的角色，可以调整主体对客体的访问权限。通过合适的角色设置，利用角色的不同搭配授权来减少访问权限管理的工作量。在 Windows 或 Unix、Linux 中，用户属于不同的组，可以视为一种基于角色或近似基于角色的访问控制管理方式。

除了基于角色的访问控制，还有基于域类型增强（domain and type enforcement，DTE）模型的访问控制。在这样的模型中主体被分为不同的域，客体被分为不同的类型，不同的域对不同类型的客体有不同的访问权限。如此处理，即可适应更大规模系统中访问权限的管理方便性需求。

⑤用户的表示与鉴别。用户是所有主体访问行为的源头。为了明确各种访问行为的主体所具有的权限，在操作系统中都有明确访问主体的机制，即明确访问主体的请求最终是来源于哪个用户的。

操作系统必须向用户提供充分的标识与鉴别。凡需进入操作系统的用户，应先进行标识，即建立账号。特定账号的用户如果要进入系统，必须通过操作系统的鉴别机制，最简单的鉴别机制就是口令鉴别。

用户开启的进程需要与所有者相关联，进程行为可追溯到进程的所有者。当进程发起访问行为时，操作系统的服务进程可追溯到服务要求的用户。

⑥访问控制器。操作系统中记录主体对客体访问依据的是访问控制矩阵。要让操作系统中主体对客体的访问切实依据访问控制矩阵的内容来进行，就需要访问控制器，也称为访问监控器。

在操作系统中，任何主体对客体的访问都需要经过访问控制器的管理。访问控制器首先要对主体身份进行鉴别。然后，访问控制器将根据访问控制矩阵中设定的规则对访问某资源的行为进行控制，只有规则允许时才同意访问，违反预定规则的访问行为将被拒绝。无论访问是否成功，访问控制器都要记录访问请求的情况：哪种主体在什么时间对哪种客体进行什么形式的访问，成功还是被拒绝。访问控制器是操作系统非常核心的安全机制，其具体实现是操作系统中的核心功能之一。

⑦安全内核。安全内核是实现访问监控器概念的一种技术，在操作系统中有类似访问监控器这样的关键部分，它们本身的安全对于操作系统的安全至关重要。所以在设计、实现操作系统的过程中，类似的内核功能必须予以足够强的保护，保证其完整性、可用性，这便是操作系统的安全内核。在很多安全要求比较高的系统中，安全内核都要有硬件支持，由硬件和介于硬件与操作系统其他部分之间的一层软件组成。

⑧最小特权管理。在常见的操作系统中都有超级用户，如 Unix 和 Linux 的 root 用户、Windows 系统的 administrator 用户。超级用户具有访问操作系统任何资源的特权，可以对操作系统进行任何的管理和配置。这种特权管理方式便于系统维护和配置，但不利于系统的安全性。如果超级用户的口令泄露或身份被恶意冒充，或者用户本身进行了误操作，将会对系统造成极大的损害。因此，在一些对安全要求比较高的系统中经常采用最小特权管理的机制，即系统中不设置超级用户，必要的管理工作分配给几个管理员账号进行。超级用户的权限被进行细粒度的划分，分配给几个管理员账号，系统的配置需要几个不同的管理员用户协作处理才能进行，每个管理员只具有完成其任务所需的特权，从而减少了由于超级用户口令丢失、错误软件、恶意软件、误操作所引起的损失。

（2）Windows 系统中的安全功能组件介绍。

① Windows 安全中心。Windows 系统中的各种安全组件互相配合，成为保障 Windows 系统安全性的重要一环。例如，Windows 10 将各种安全管理功能放置在了安全中心，如图 6-3 所示。安全中心是查看和管理设备安全性和运行状况的界面，其主要功能如下：

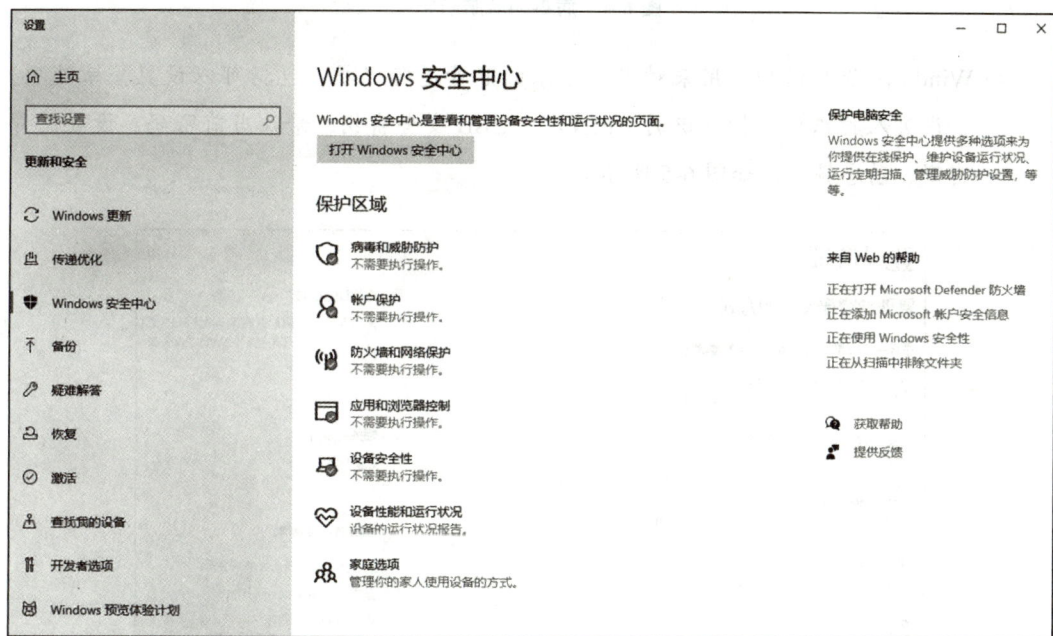

图 6-3　Windows 安全中心

⇨ Windows 病毒和威胁防护。Windows 安全中心界面中的"病毒和威胁防护"是 Windows 系统自带的，它集合了病毒查杀、实时监控等常见功能，如图 6-4 所示。如果下载了其他杀毒软件，如电脑管家、360、火绒等，Windows 病毒和威胁防护会自动关闭，由这些应用接管系统的病毒查杀工作。

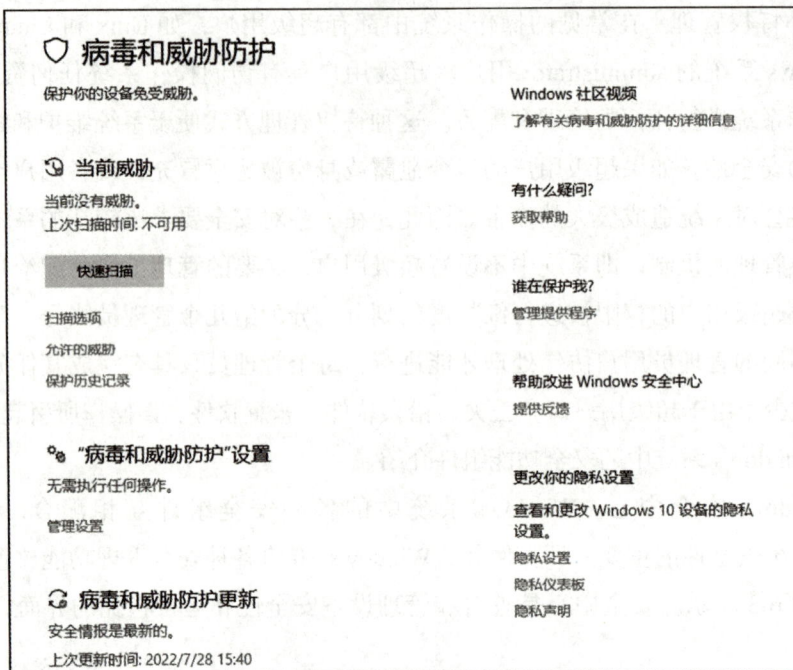

图 6-4　病毒和威胁防护

⇨ Windows 账户保护。用来对当前登录的账号进行保护，包括可以设置登录选项，如设置人脸识别、指纹识别、PIN 码、USB 安全密钥、修改当前密码、设置图片密码、动态锁等，如图 6-5 所示。

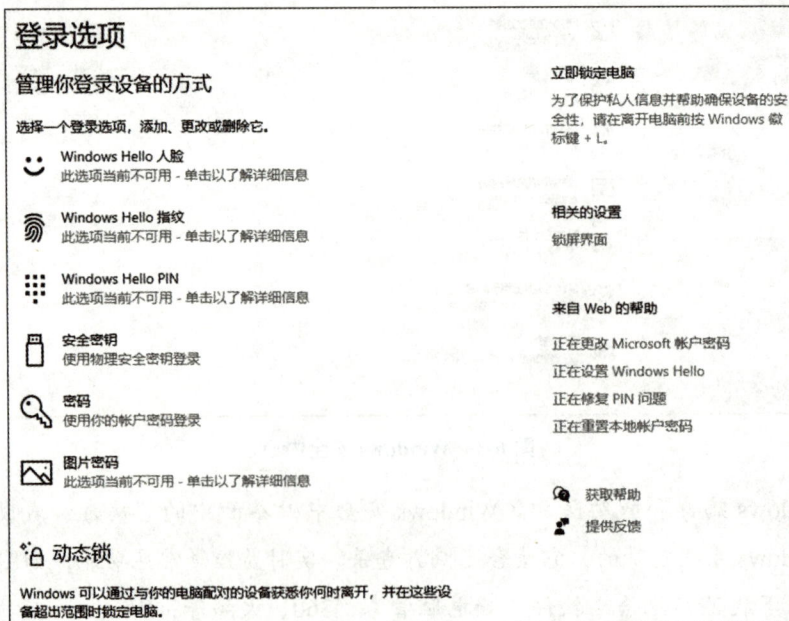

图 6-5　登录选项

⇨ 防火墙和网络保护。Windows 中，默认防火墙开启了域、专用、公用网络 3 道防火墙，可以在这里设置启用和禁用防火墙，如图 6-6 所示。另外，可以设置禁止某些应用通过防火墙，如图 6-7 所示。如果用户对防火墙规则比较精通，还可以在"高级安全 Windows Defender 防火墙"中设置更为详细的出入站规则和 ACL 条目，如图 6-8 所示。

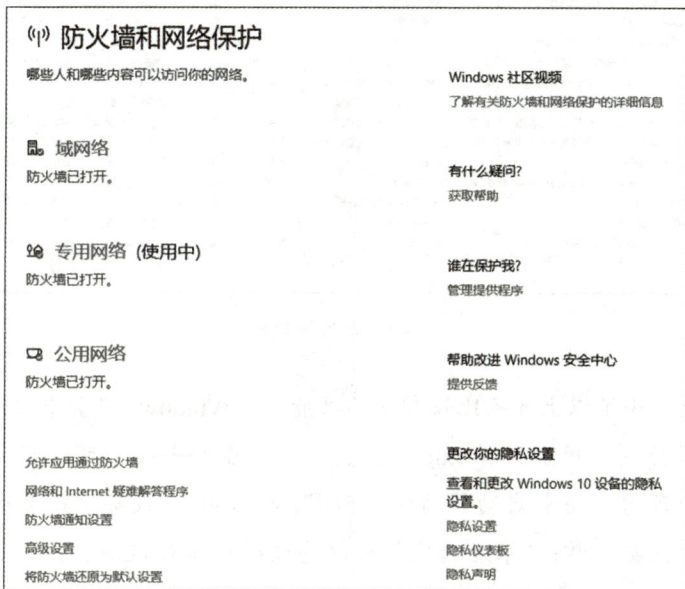

图 6-6　防火墙和网络保护

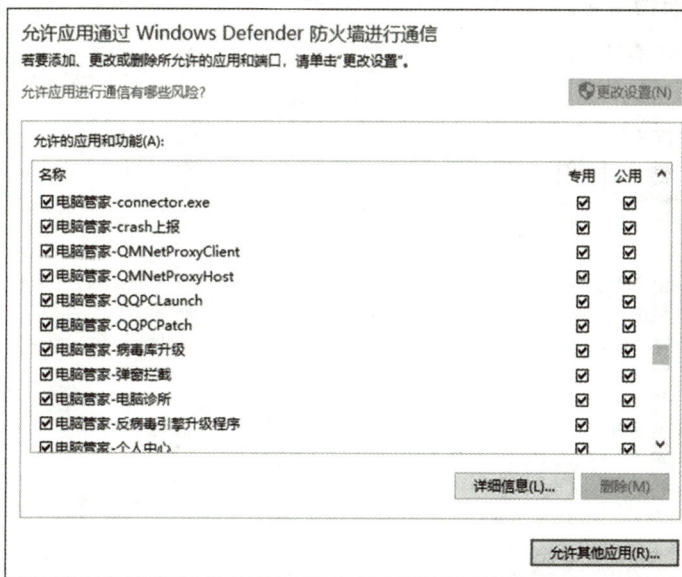

图 6-7　Windows Defender 防火墙高级设置

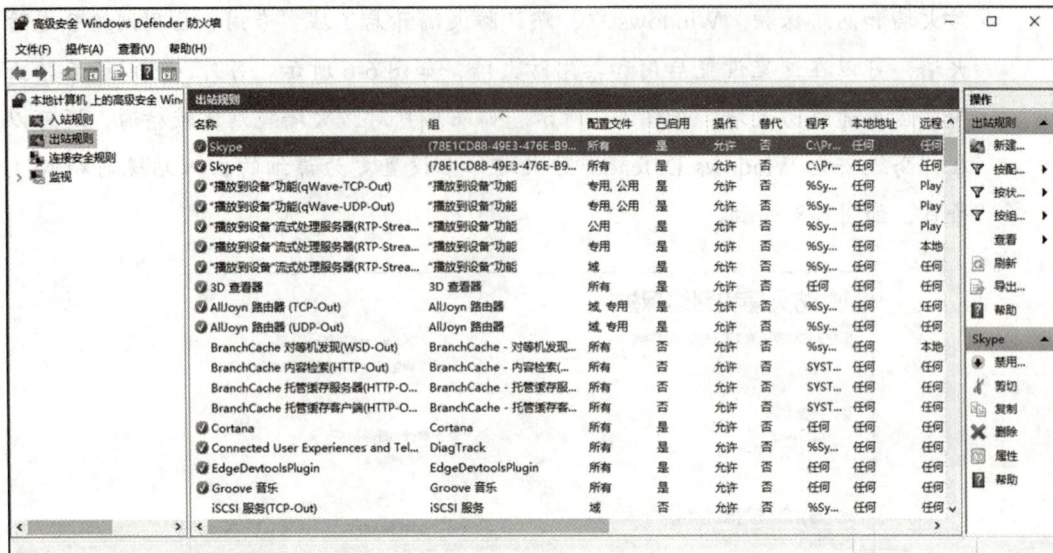

图 6-8　防火墙规则

⇨ 其他功能。除了以上 3 项比较常用的功能外，Windows 安全中心还提供了"应用和浏览器控制"用来保护 Edge 浏览器；"设备安全性"可以实现内核隔离、管理安全处理器、安全启动等功能，如图 6-9 所示；"设备性能和运行状况"可以提醒用户设备异常；"家庭选项"可以通过微软账号控制其他的设备，如图 6-10 所示。

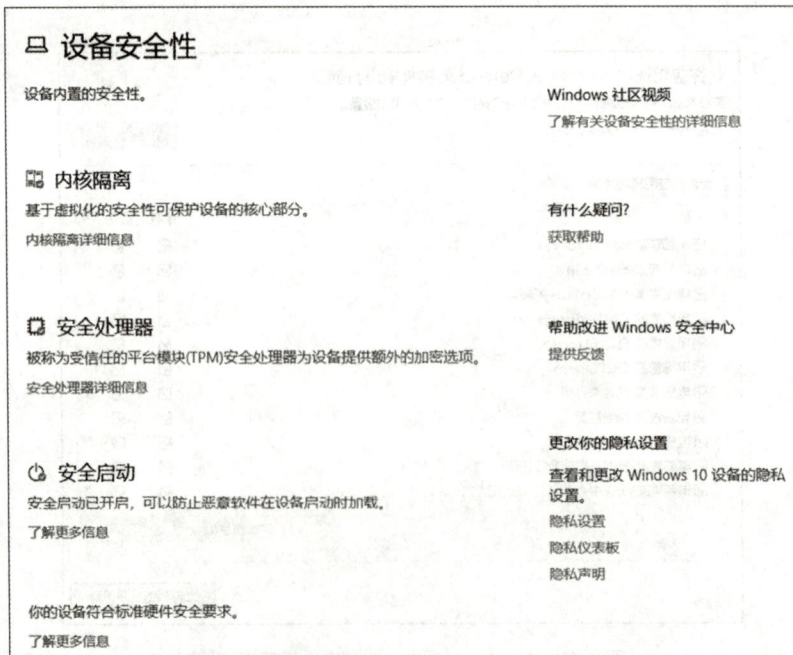

图 6-9　设备安全性

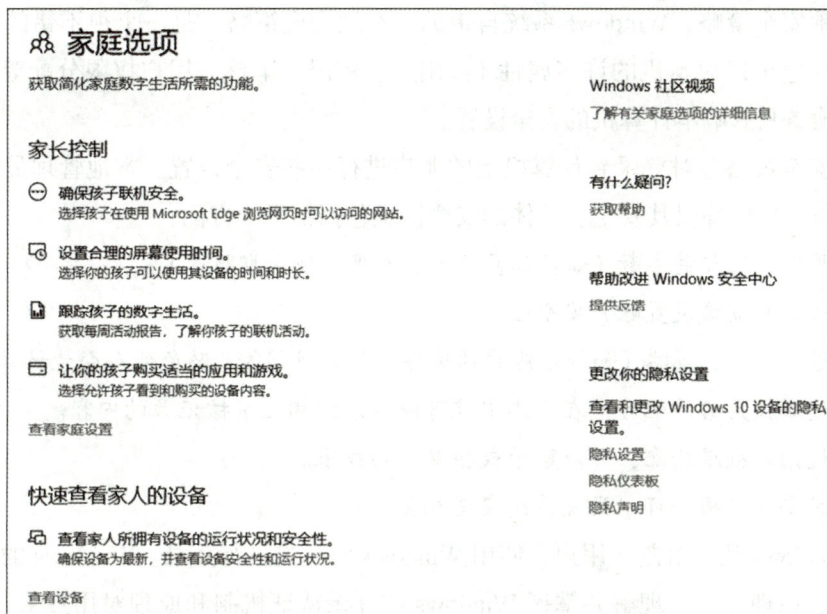

图 6-10　家庭选项

② Windows 组策略。要想管理一个很大的计算机群组，则需要组策略。Windows 中提供了一个功能非常强大的组策略管理工具，如图 6-11 所示。顾名思义，组策略就是基于组的策略。它以 Windows 中的一个管理控制台管理单元的形式存在，可以帮助系统管理员对整个计算机或是特定用户设置多种配置，包括桌面配置和安全配置。组策略是 Windows 中的一套系统更改和配置管理工具的集合。组策略修改的是注册表中的配置，它使用自己更完善的管理组织方法，可以对各种对象中的设置进行管理和配置，远比手工修改注册表方便、灵活，功能也更加强大。

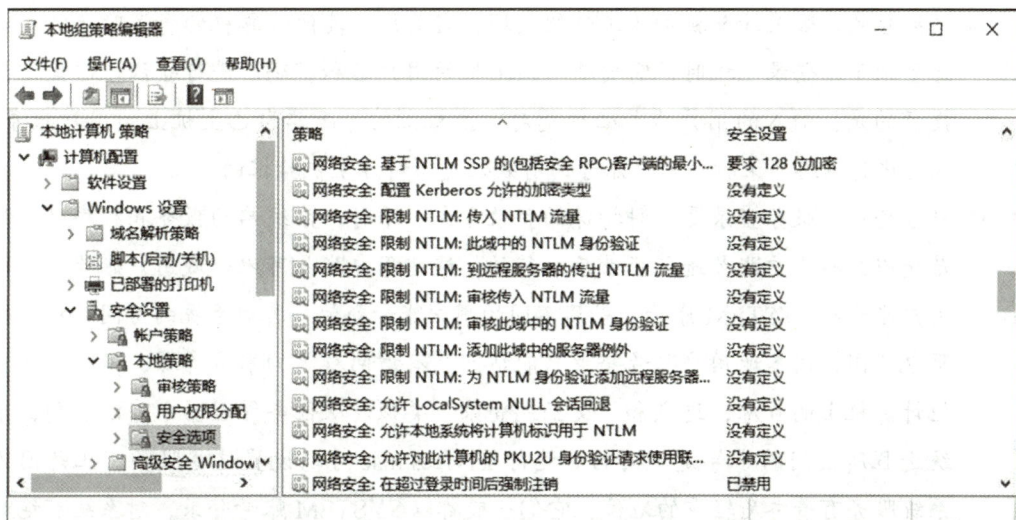

图 6-11　本地组策略编辑器

③本地安全策略。Windows 系统自带的"本地安全策略"是一个很不错的系统安全管理工具，它可以对本机的许多属性（如用户、密码、审核、用户权限分配等）进行设置，这些设置只影响本计算机的安全设置。

本地安全策略会对登录到计算机上的账户进行一些安全设置。本地管理员也必须为计算机进行设置以确保其安全。具体的安全措施包括如下 6 方面：

⇨ 设置密码的相关参数（如密码复杂性、长度、使用期限等）。

⇨ 通过账户策略设置账户安全性。

⇨ 通过锁定账户策略（如锁住账户的条件、锁定时间等）避免他人登录计算机。

⇨ 通过审核策略的配置，在日志中就可以查看到相应审核记录的内容。

⇨ 通过用户权限分配，可以赋予或拒绝一些权限。

⇨ 通过安全选项，可以设置系统安全相关功能。

④ Windows 认证机制。用户在使用 Windows 时要先进行登录。Windows 的登录认证机制严格，原理复杂，理解并掌握 Windows 的登录认证机制和原理对用户来说很重要，能增强对系统安全的认识，并能够有效预防和应对黑客和病毒的入侵。常见的 Windows 登录类型有如下 3 种：

⇨ 交互式登录。交互式登录是最常见的登录方式，就是用户通过相应的用户账号和密码在本机进行登录。有人认为"交互式登录"就是"本地登录"，这其实是错误的。"交互式登录"还包括"域账号登录"，而"本地登录"仅限于"本地账号登录"。这里有必要提及的是，通过终端服务和远程桌面登录主机可以看作"交互式登录"，其验证原理是一样的。在交互式登录时，系统会首先检验登录的用户账号类型，是本地用户账号还是域用户账号，再采用相应的认证机制，因为不同的用户账号类型，其处理方法是不同的。

⇨ 网络登录。如果计算机加入工作组或域，当要访问其他计算机的资源时就需要网络登录了。登录主机时，需要输入该主机的用户名和密码后进行验证。这里需要提醒的是，输入的用户账号必须是对方主机上的，而非自己主机上的用户账号。因为进行网络登录时，用户账号的有效性是由对方主机验证的。

⇨ 服务登录。服务登录是一种特殊的登录方式。平时，系统启动服务和程序时，都是先以某些用户账号进行登录后运行的，这些用户账号可以是域用户账号、本地用户账号或 SYSTEM 账号。采用不同的用户账号登录，其对系统的访问、控制权限也不同，用本地用户账号登录只能访问具有访问权限的本地资源，不能访问其他计算机上的资源，这点和"交互式登录"类似。从任务管理器中可以看到，系统进程所使用的账号是不同的。运行 services.msc 可以设置这些服务。正是因为系统服务有着举足轻重的地位，它们一般都以 SYSTEM 账号登录，对系统有绝对的控制权限，所以很多病毒和木马也争着加入这个账号。除了 SYSTEM 账号外，有些服务还以 Local Service 和 Network Service 这 2 个账号登录。而在系统初始化后，用户运行的一切程序都是以用户本身账号登录的。由此不难看出，平时使用计算机时要以 Users 组的用户登录，因为即使运行了病毒、木马程序，由于受到登录用户账号相应的权限限制，最多也只能破坏属于用户本身的资源，而对维护系统安全和稳定性的重要信息无破坏性。

⑤ Windows 文件系统安全。文件系统安全是操作系统安全的核心。Windows 文件系统控制着谁能访问信息以及能做些什么。即使外层账号安全被突破，攻击者也还得破解文件系统根据文件拥有权和访问权限精心设置的防御措施。当建立文件的权限时，必须先确定文件系统格式为 Windows 新技术文件系统 NTFS，当然也可以使用文件分配表格式 FAT，但是它并不支持文件级的权限。一旦使用了 NTFS 的文件系统格式，就可通过 Windows 资源管理器直接管理文件的安全。

NTFS 权限及使用有如下 3 个原则：

⇨ 权限最大原则。当一个用户同时属于多个组，而这些组又有可能被赋予了对某种资源的不同访问权限，则用户对该资源最终有效权限是在这些组中最宽松的权限，即加权权限，将所有的权限加在一起即为该用户的权限。"完全控制"权限为所有权限的总和。

⇨ 文件权限超越文件夹权限原则。当用户或组对某个文件夹及该文件夹下的文件有不同的访问权限时，用户对文件的最终权限是访问该文件的权限，即文件权限超越文件的上级文件夹的权限，用户访问该文件夹下的文件不受文件夹权限的限制，只受被赋予的文件权限的限制。

⇨ 拒绝权限超越其他权限原则。当用户对某个资源有拒绝权限时，该权限覆盖其他任何权限，即在访问该资源的时候只有拒绝权限是有效的。当有拒绝权限时权限最大法则无效，因此对于拒绝权限的授予应该慎重考虑。

在同一个 NTFS 分区内或不同的 NTFS 分区之间移动或复制一个文件或文件夹时，该文件或文件夹的 NTFS 权限会发生不同的变化，这时 NTFS 权限的继承性就起到了作用。关于 NTFS 权限的继承性有如下 4 方面内容：

⇨ 在同一个 NTFS 分区内移动文件或文件夹。在同一分区内的移动实质就是在目的位置将原位置上的文件或文件夹"搬"过来，因此文件和文件夹仍然保留有在原位置的一切 NTFS 权限。准确地讲，就是该文件或文件夹的权限不变。

⇨ 在不同 NTFS 分区之间移动文件或文件夹。这种情况的文件和文件夹会继承目的分区中文件夹的权限 ACL，实质就是在原位置删除该文件或文件夹，并且在目的位置新建该文件或文件夹。要从 NTFS 分区中移动文件或文件夹，操作者必须具有相应的权限：在原位置上必须有"修改"的权限，在目的位置上必须有"写"权限。

⇨ 在同一个 NTFS 分区内复制文件或文件夹。这种情况的复制文件或文件夹将继承目的位置中文件夹的权限。

➯ 在不同 NTFS 分区之间复制文件或文件夹。这种情况的复制文件或文件夹将继承目的位置中文件夹的权限。从 NTFS 分区向 FAT 分区中复制或移动文件或文件夹时都将导致文件或文件夹的权限丢失，因为 FAT 分区不支持 NTFS 权限。

（3）提高 Windows 系统安全性的措施。

可以通过多种方法提高 Windows 系统安全性。下面介绍常见的提高系统安全性的方法。

①关闭可疑端口。端口，是计算机之间通信的接口。从广义上来说，只要该通信使用了某种服务，而这种服务使用了传输层的 TCP/UDP 协议，就必然有端口号。通过协议的协商，双方均通过指定的端口号进行通信。端口可以理解成一扇门，只有通信双方的门都打开，才能进行通信。端口常见功能有如下 3 种：

➯ 常见端口。例如，FTP 服务常用 21 端口；SSH 服务常用 22 端口；Telnet 服务常用 23 端口；SMTP 服务常用 25 端口；http 服务常用 80 端口；https 服务常用 443 端口，等等。

➯ 查看当前端口。启动命令提示符界面，使用命令“netstat/ano”，可以查看当前开放的端口和对应的进程号，在最后一列就是进程号（PID），如图 6-12 所示。

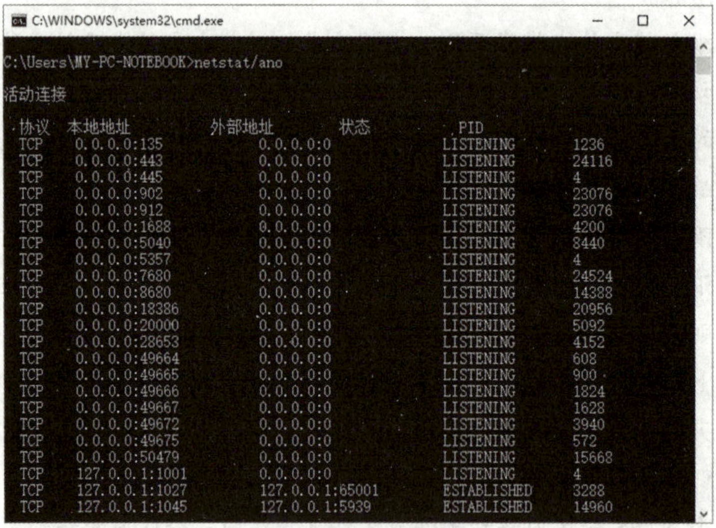

```
C:\WINDOWS\system32\cmd.exe
C:\Users\MY-PC-NOTEBOOK>netstat/ano
活动连接
  协议  本地地址          外部地址        状态           PID
  TCP   0.0.0.0:135       0.0.0.0:0       LISTENING      1236
  TCP   0.0.0.0:443       0.0.0.0:0       LISTENING      24116
  TCP   0.0.0.0:445       0.0.0.0:0       LISTENING      4
  TCP   0.0.0.0:902       0.0.0.0:0       LISTENING      23076
  TCP   0.0.0.0:912       0.0.0.0:0       LISTENING      23076
  TCP   0.0.0.0:1688      0.0.0.0:0       LISTENING      4200
  TCP   0.0.0.0:5040      0.0.0.0:0       LISTENING      8440
  TCP   0.0.0.0:5357      0.0.0.0:0       LISTENING      4
  TCP   0.0.0.0:7680      0.0.0.0:0       LISTENING      24524
  TCP   0.0.0.0:8680      0.0.0.0:0       LISTENING      14388
  TCP   0.0.0.0:18386     0.0.0.0:0       LISTENING      20956
  TCP   0.0.0.0:20000     0.0.0.0:0       LISTENING      5092
  TCP   0.0.0.0:28653     0.0.0.0:0       LISTENING      4152
  TCP   0.0.0.0:49664     0.0.0.0:0       LISTENING      608
  TCP   0.0.0.0:49665     0.0.0.0:0       LISTENING      900
  TCP   0.0.0.0:49666     0.0.0.0:0       LISTENING      1824
  TCP   0.0.0.0:49667     0.0.0.0:0       LISTENING      1628
  TCP   0.0.0.0:49672     0.0.0.0:0       LISTENING      3940
  TCP   0.0.0.0:49675     0.0.0.0:0       LISTENING      572
  TCP   0.0.0.0:50479     0.0.0.0:0       LISTENING      15668
  TCP   127.0.0.1:1001    0.0.0.0:0       LISTENING      4
  TCP   127.0.0.1:1027    127.0.0.1:65001 ESTABLISHED    3288
  TCP   127.0.0.1:1045    127.0.0.1:5939  ESTABLISHED    14960
```

图 6-12　查看端口和进程

➯ 关闭可疑端口：在任务管理器中调出进程号 PID，找到可疑端口所对应的 PID 号，结束该进程就可以关闭该可疑端口了，如图 6-13 所示。

②关闭可疑进程。进程是计算机程序中关于某数据集合的一次运行活动，是系统进行资源分配和调度的基本单位，是操作系统结构的基础。在早期面向进程设计的计算机结构中，进程是程序的基本执行实体；在当代面向线程设计的计算机结构中，进程是线程的容器，程序是指令、数据及其组织形式的描述，进程是程序的实体。

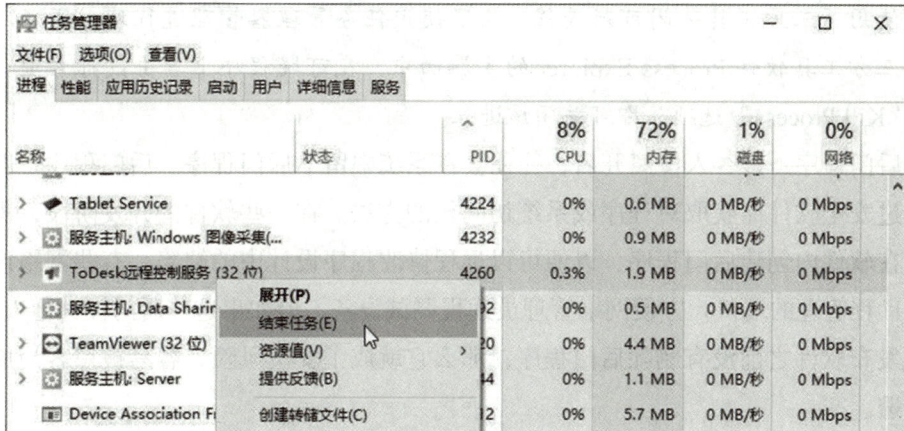

图 6-13　关闭可疑端口

简单来说，进程就是正在运行的程序或程序组，因为现在的操作系统都是多任务，可以同时运行多个相同或不同的程序，而程序需要使用一部分系统资源，所以以进程的方式存在，这也是计算机程序管理的基本单位。一个进程可以只有一个程序，也可以包含有多个程序。一个程序可以只有一个进程，也可以有多个进程。

PID 就是进程号，是 Windows 为每个进程分配的编号，以方便如下 2 个方面的管理：

➭ 使用第三方工具查看进程。如前所述，可以使用任务管理器查看进程，也可以使用第三方工具（如 Process Explorer）查看进程。Process Explorer 软件的使用很简单，双击该软件即可打开使用，在主界面中可以查看到当前系统中所有的进程信息，如图 6-14 所示。

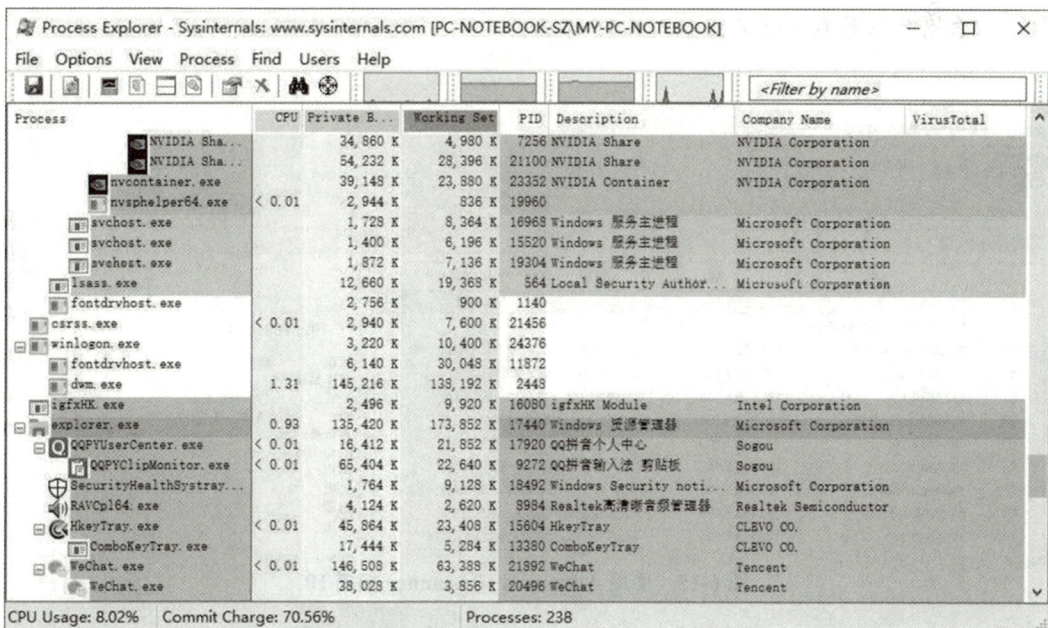

图 6-14　Process Explorer 软件查看进程

➥使用第三方工具关闭可疑进程。除了使用任务管理器管理进程外，还可以在第三方工具软件 Process Explorer 的主界面中，在可疑程序上单击鼠标右键，选择"Kill Process"选项，即可关闭该进程。

③后门程序。黑客入侵离开后，往往会在系统中留下后门程序。后门程序一般是指那些绕过安全软件而获取对程序或系统访问权的方法。在一些软件的开发阶段，程序员常常会在软件内创建后门程序，以便可以远程修改程序设计中的缺陷。有些网络设备也会设置远程管理的端口，方便网络管理员远程调试设备。但如果这些后门被其他人知道，或是在发布软件之前没有删除后门程序，那么它就成了安全风险，容易被黑客当成漏洞进行渗透。

和木马程序不同之处在于，后门程序体积更小，且功能没有木马那么多，主要作用是潜伏在计算机中，用来搜集资料并方便黑客与之连接。因为体积更小，功能单一，所以更容易隐藏，也不易被察觉。与病毒不同之处在于后门程序没有自我复制的动作，不会感染其他计算机。它可以主动连接黑客设置的服务器或者其他终端，便于黑客使用。

计算机后门按照使用条件和使用环境以及编写的方式，可以分为网页后门、扩展后门、线程插入后门、C/S 后门、账号后门等。

④局域网扫描。局域网扫描可以发现一些潜伏的设备，也可以通过扫描来获取这些设备的相关信息，用来判断是否为安全设备等。可采用如下 2 种方法进行扫描：

➥使用 Advanced IP Scanner 扫描 IP。Advanced IP Scanner 是一款快速扫描软件，能够快速获取网络中计算机的相关信息，包括主机名称、IP 地址、MAC 地址、制造商等。利用它可以快速查看局域网中的存活机器。下载安装并运行该软件，会自动扫描并显示结果，如图 6-15 所示。

图 6-15　使用 Advanced IP Scanner 扫描 IP

➥使用 Nmap 扫描局域网。Nmap（network mapper）是一款开放源代码的网络探测和安全审核工具。它的设计目标是快速扫描大型网络，当然用它扫描单个主机也没有问题。Nmap 以新颖的方式使用原始 IP 报文发现网络上有哪些主机，主机提供什么服务（应用程序名和版本），服务运行什么操作系统（包括版本信息），它们使用什么类型的报文过滤器 / 防火墙，以及一些其他功能。虽然 Nmap 通常用于安全审核，但是许多系统管理员和网络管理员也用它来做一些日常的工作，如选择查看整个网络的信息，管理服务升级计划，以及监视主机和服务的运行等。Nmap 在 Windows 中的版本叫作 Zenmap，有中文操作界面，可以实现的功能非常多。启动后，设置扫描的地址，即可扫描到包括该主机开放的端口、协议、状态、服务、版本等信息，非常详细，如图 6-16 所示。另外，还可以自动生成拓扑图等。

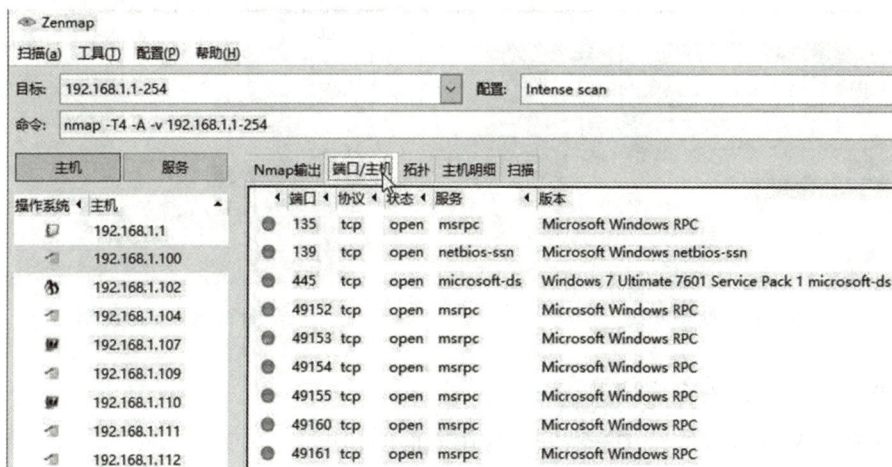

图 6-16 使用 Nmap 扫描局域网

⑤ Windows 账户控制。用户在使用 Windows 时，必须使用 Windows 中存在的账户进行登录，才能操作系统。

按照存储方式可以分为本地账户和 Microsoft 账户。本地账户指账户的信息只保存在本地硬盘中，在重装系统或删除账户时，会完全消失。本地账户在创建时也不需要联网，在安装操作系统时，取消 Microsoft 账户登录，就可以创建本地账户了。登录微软账户后，可以同步 Windows 旗下的所有消费者服务，包括 Windows 桌面、日历、密码、电子邮件、联系人、使用环境、设置、音乐、文档、微软商店的应用、Office、Xbox、OneDrive 等。

按照权限来划分，Windows 中有标准用户和管理员账户。标准用户就是普通用户，而管理员账户对计算机具有完全控制权。

有时忘记了密码，无法登录系统，可以使用第三方工具清空账号密码，这样就可以登录了。SAM 文件是 Windows 的用户账户数据库，所有用户的登录名及口令等相关信息都会保存在这个文件中，但保存的不是明文，而是加密后的信息。通过对 SAM 文件的修改，可以清空账号密码或者解除账号禁用状态，但是无法获取到该账号的明文密码。

用户需要准备可以启动计算机的 U 盘，以及一个功能比较多的 PE 系统。PE 是 Windows 的预安装环境，被提取出后，加入第三方的工具，可在安装及维护操作系统时使用。因为 PE 不同，清空账号密码工具的位置和名称也不同。用户需要根据自己的 PE 进行查找。启动软件会自动识别到 SAM 文件，可以进行解锁和更改密码的操作，如图 6-17 和图 6-18 所示。

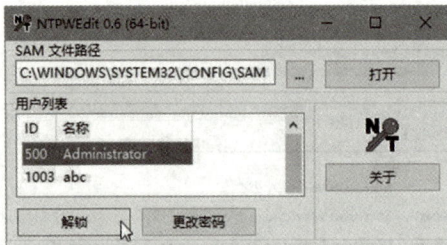

图 6-17　解锁密码

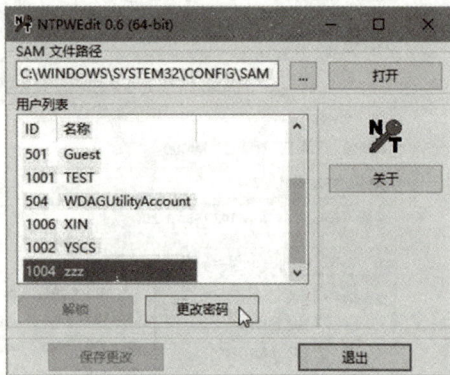

图 6-18　更改密码

⑥ Windows 系统安全应用。

下面介绍 Windows 系统中一些安全应用方面的知识。

➡ 局域网共享。在局域网共享时，可在"网络和共享中心"中配置好共享环境，如图 6-19 所示；在共享时，还需要给予对应账号的访问权限，如图 6-20 所示。

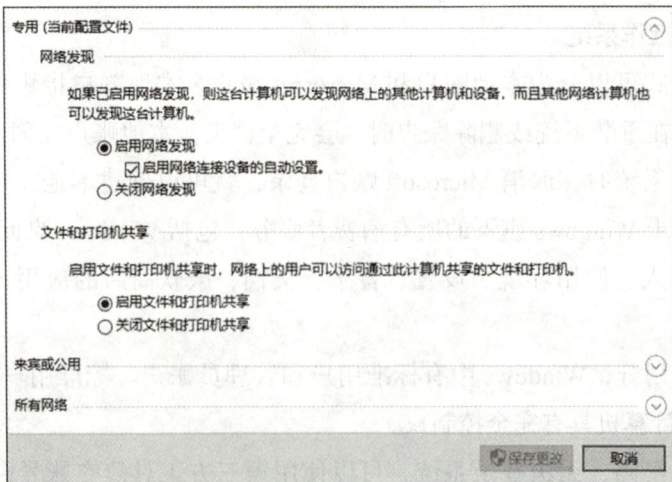

图 6-19　配置共享环境

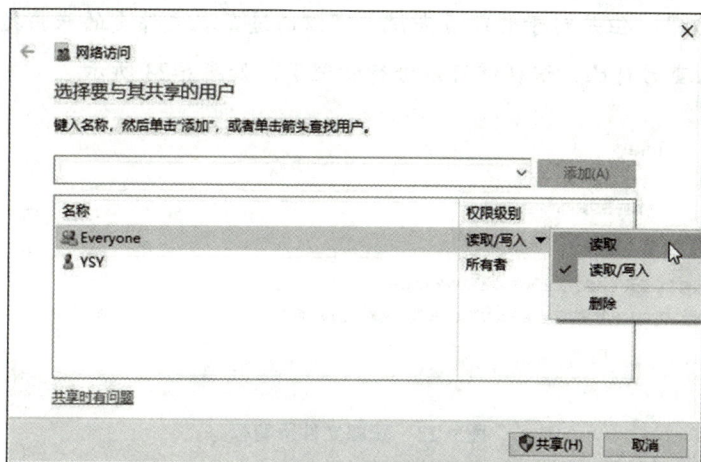

图 6-20 设置访问权限

⇨NTFS 权限设置。对局域网的共享或对其他文件进行访问，即使输入账号，仍然
被拒绝，绝大多数原因是因为 NTFS 权限设置问题。用户需要查看共享文件夹的
NTFS 权限，如图 6-21 所示。如果没有对应的账户，可以进入"编辑"中去添加
对应的账户并赋予其特定的权限，如图 6-22 所示。

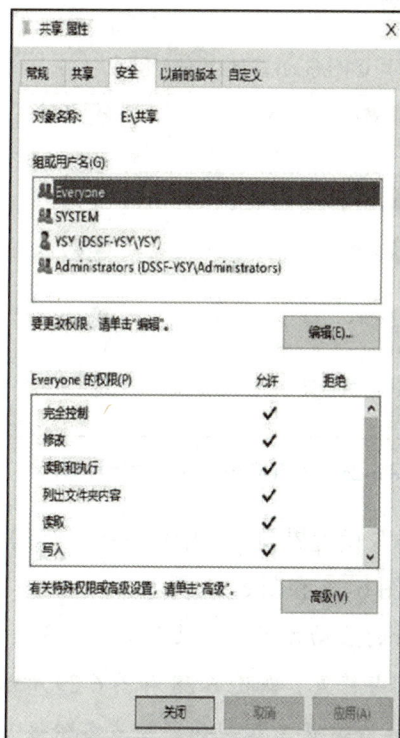

图 6-21 查看 NTFS 权限

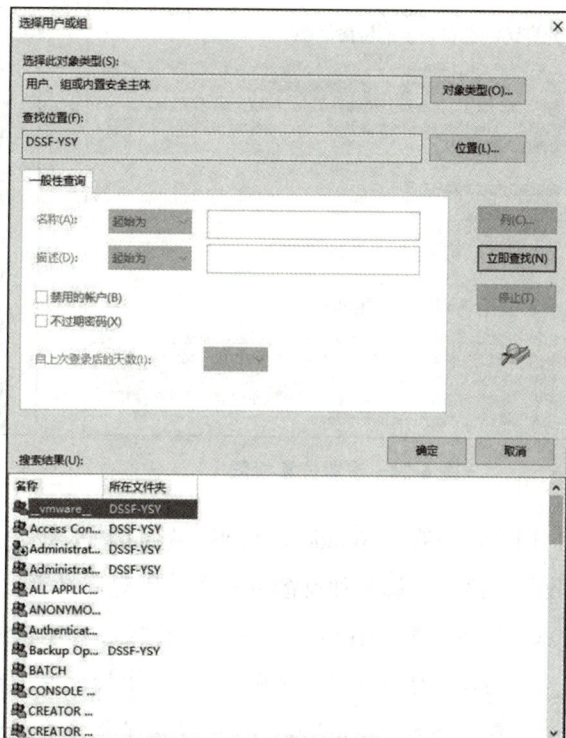

图 6-22 添加用户或组及其权限

⇨获取文件所有权。一般来说，Windows 账户对应着 Windows 中的操作权限。例
如，标准用户 A 创建的文件夹，标准用户 B 无法修改其权限，因为权限为标准用

户 A 的权限。但是对于管理员来说，可以通过夺取文件夹的账户控制权，将文件的所有人变为自己，这样就可以进行管理了，如图 6-23 所示。

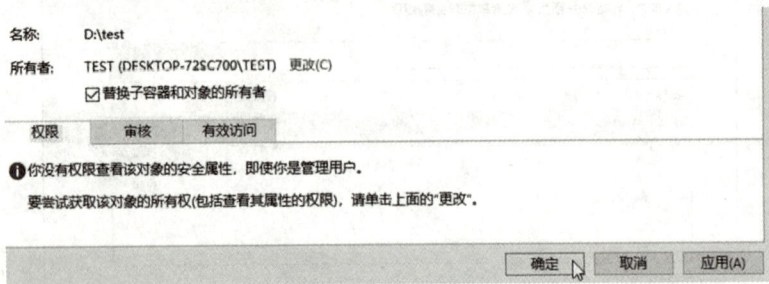

图 6-23　获取文件所有权

⇨ 设置权限与隐私。与手机应用的权限设置类似，在 Windows 中既可以根据应用设置权限，也可以根据权限设置允许的应用程序，让应用在安全的范围内运行。常见的应用权限包括位置、摄像头、麦克风、账户、联系人等，如图 6-24 和图 6-25 所示。

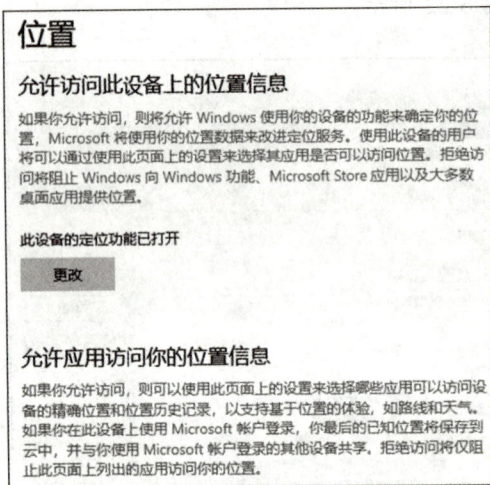

图 6-24　设置位置权限

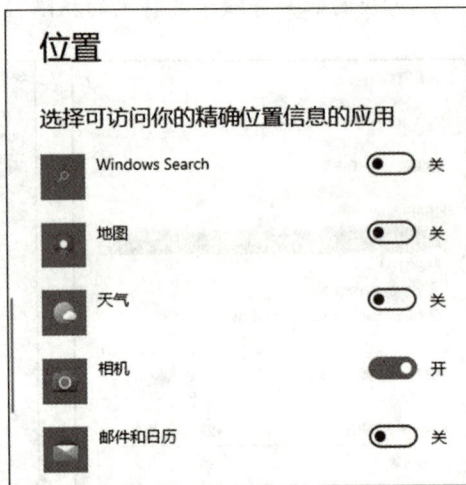

图 6-25　设置应用程序的位置权限

用户可以在"Windows 设置"界面中进入"隐私"设置界面，从中可关闭系统的隐私收集、语音、诊断和反馈以及活动历史记录等，如图 6-26 和图 6-27 所示。

⇨ 引导修复。UEFI 启动 +GPT 分区表是现在流行的启动方式。如果系统引导分区被病毒破坏，可以通过命令或 PE 中的软件进行引导修复，如图 6-28 和图 6-29 所示。

⇨ 备份还原。Windows 10 中提供了很多自带的备份恢复工具，如还原点备份还原、系统备份还原、Windows 7 备份还原、系统镜像备份（图 6-30）、系统重置、保留软件和用户文件升级等。用户也可以使用第三方工具，如 Dism++ 进行备份还原，如图 6-31 所示。

常规

更改隐私选项

允许应用使用广告 ID，以便基于你的应用活动投放你更感兴趣的广告(关闭该模式将会重置你的 ID)。

开

允许网站通过访问问我的语言列表来提供本地相关内容

开

允许 Windows 跟踪应用启动，以改进开始和搜索结果

开

在设置应用中为我显示建议的内容

开

图 6-26　更改隐私选项

活动历史记录

通过存储你的活动历史记录，包括有关你浏览的网站以及如何使用应用和服务的信息，跳转回你在设备上执行的操作。

☑ 在此设备上存储我的活动历史记录

通过向 Microsoft 发送你的活动历史记录，包括有关你浏览的网站以及如何使用应用和服务的信息，跳转回你所执行的操作，即使切换设备也不例外。

☐ 向 Microsoft 发送我的活动历史记录

查看"了解详细信息"和"隐私声明"，以了解 Microsoft 产品和服务在尊重你的隐私的同时如何使用此数据提供个性化体验。

图 6-27　活动历史记录

- 1.硬件检测
- 2.磁盘光盘
- 3.备份还原
- 4.系统安装
- 5.系统工具
  - 1.系统引导修复(NTBOOTautofix)
  - 2.NT6引导修复
  - 3.BOOTICE
  - 4.多系统引导程序(XorBoot)
  - 5.多系统引导程序(XorBootU)
  - 6.Windows密码修改(NTPWEdit)
  - 7.万能密码查看器(PSPR)
  - 8.注册表编辑器(RegWorkshop)

⟨ 返回

运行...

重启

图 6-28　引导修复

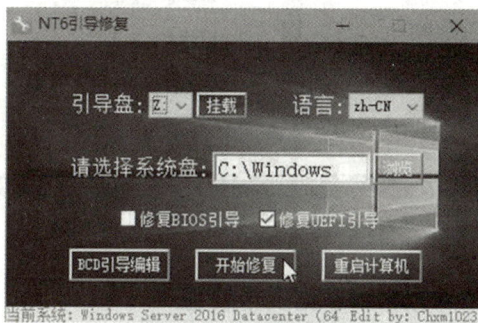

NT6引导修复

引导盘：Z: ▼ 挂载　　语言：zh-CN ▼

请选择系统盘：C:\Windows　浏览

☐ 修复BIOS引导　☑ 修复UEFI引导

BCD引导编辑　　开始修复　　重启计算机

当前系统：Windows Server 2016 Datacenter (64 Edit by: Chxm1023)

图 6-29　开始修复

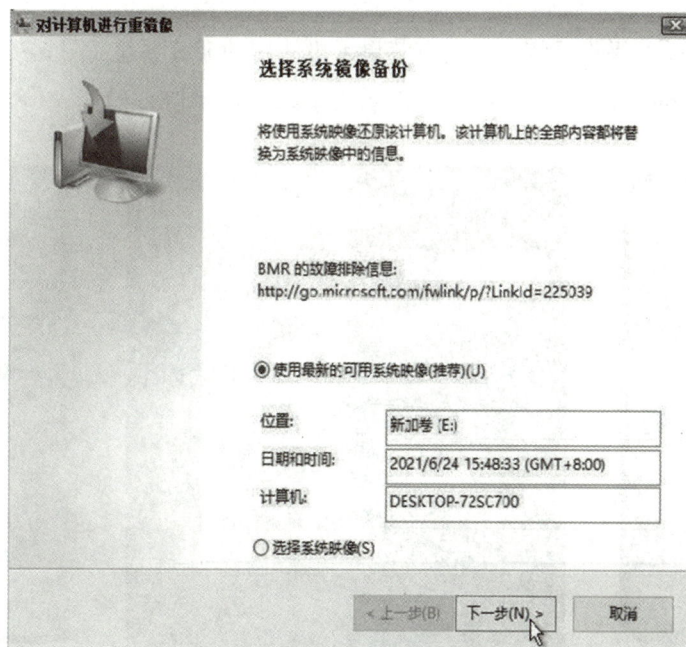

对计算机进行重镜像

选择系统镜像备份

将使用系统映像还原该计算机。该计算机上的全部内容都将替换为系统映像中的信息。

BMR 的故障排除信息：
http://go.microsoft.com/fwlink/p/?LinkId=225039

◉ 使用最新的可用系统映像(推荐)(J)

位置：　　　　新加卷 (E:)

日期和时间：　2021/6/24 15:48:33 (GMT+8:00)

计算机：　　　DESKTOP-72SC700

◯ 选择系统映像(S)

< 上一步(B)　　下一步(N) >　　取消

图 6-30　系统镜像备份

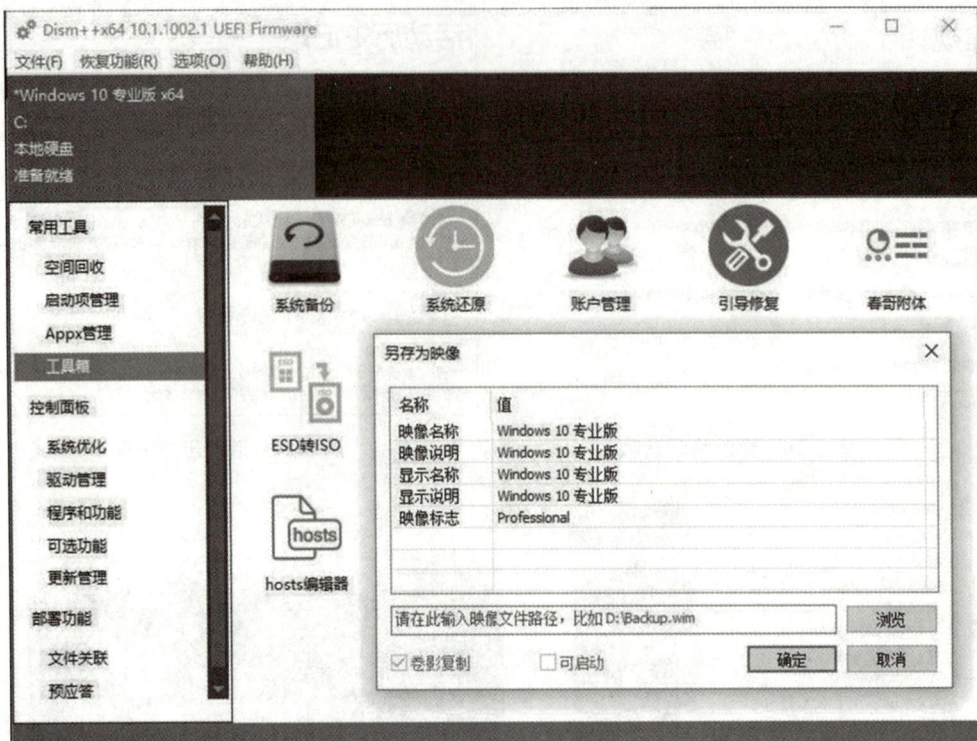

图 6-31　另存为映像

2. 移动操作系统安全设置

在移动设备上，操作系统安全设置同样举足轻重，特别是在移动电子商务日益普及的今天。

网络移动终端的操作系统，主要有苹果手机使用的 iOS 系统（图 6-32）、常见的安卓手机使用的 Android 系统（图 6-33）和华为的鸿蒙系统（图 6-34）。

图 6-32　iOS 系统

图 6-33　Android 系统

图 6-34　华为鸿蒙系统

移动操作系统的安全设置可以从以下几个方面来实现。

（1）设备锁屏与生物识别安全措施。

设备锁屏是移动设备的第 1 道防线，用户应设置复杂且难以猜到的密码，如组合字母、数字和符号的强密码等。另外，还可以采用图案解锁、PIN 码等多重保护措施。对于现代智能手机，鼓励使用生物识别技术，如指纹识别、面部识别以及虹膜识别等，这些生物特征的独特性使得非法用户难以复制和破解，提高了设备安全性。例如，iPhone 的 Touch ID 和 Face ID 就为用户提供了便捷且安全的解锁方式。

（2）移动操作系统更新与安全补丁。

操作系统厂商会定期发布系统更新，其中包括修复已知漏洞、改进性能以及添加新功能等内容。及时更新操作系统对于保障设备安全至关重要，因为许多更新包含了对安全漏洞的修复，可以有效抵御黑客利用这些漏洞发起的攻击。

安全补丁是针对操作系统特定安全缺陷的修复程序。例如，安卓系统经常通过 Google Play 服务或 OEM 厂商推送安全补丁更新，以保护用户不受新发现的恶意软件和攻击手法的影响。

（3）应用权限管理与隐私设置。

用户在安装和使用应用程序时，应审慎授予应用所需的权限。例如，社交媒体应用不一定需要访问您的联系人列表或位置信息，若非必要，应拒绝此类权限请求。在 iOS 和 Android 系统中，用户可在设置中查看并更改应用的权限。

在设备隐私设置中，用户可以控制应用访问哪些个人信息，如定位服务、麦克风、摄像头等。了解并合理设置隐私权限，可以避免个人信息泄露，以免不法分子利用恶意应用获取用户位置信息实施诈骗。

（4）移动数据加密与远程擦除功能。

移动设备通常提供全盘加密功能，如 Android 的 File-Based Encryption（FBE），iOS 的 Data Protection 等，通过对存储在设备上的所有数据进行加密，即使设备丢失或被盗，也能有效保护数据不被非法获取。此外，还可使用专门的数据加密软件对特定文件进行加密。

很多智能手机支持通过特定服务（如苹果的 Find My iPhone 或谷歌的 Find My Device）进行远程擦除。一旦设备丢失或被盗，用户可以立即激活此功能，删除设备上的所有数据，防止个人信息落入他人手中。

6.1.2　浏览器安全设置

浏览器作为电子商务活动中的重要入口，其安全设置对于防止恶意软件植入、钓鱼攻击以及数据窃取至关重要。

1. 浏览器隐私设置与数据保护

浏览器隐私设置与数据保护是确保用户在线隐私和信息安全的重要环节。以下是对浏览器隐私设置各个方面的详细说明。

（1）浏览历史记录管理。

用户可以自由选择是否保留浏览历史记录及何时清除这些记录。清除浏览历史可以帮助保护用户的在线活动隐私，防止他人在共享设备上查看用户访问过的网站。此外，还包括清除临时文件、缓存、下载记录、表单数据（如自动填充信息等）以及保存的密码等，这些数据可能包含敏感信息，清除有助于降低信息泄露风险。

（2）Cookie 管理。

Cookie 是网站在用户设备上存储的小型文本文件，用来跟踪用户行为、保存用户偏好或者进行个性化广告服务。用户可以在浏览器设置中自定义 Cookie 策略，如完全禁止，仅允许会话期间有效（关闭浏览器后失效），仅允许第一方 Cookie（即来自访问网站本身的 Cookie）而对于第三方 Cookie（如广告商、分析工具等）进行阻止。这种管理有助于用户避免不必要的追踪和减少个性化广告的展示。

（3）Do Not Track（DNT）。

Do Not Track 是一种浏览器发送给网站的信号，表达用户希望避免其在线行为被网站、广告网络和服务提供商追踪的愿望。然而，DNT 功能并不是强制性的，取决于网站是否尊重这一请求。即使启用了 DNT，某些网站仍可能继续收集和使用用户的浏览数据。

（4）位置信息访问控制。

现代浏览器允许用户控制是否向网站提供地理位置信息。用户可以全局禁用位置服务，或者在每次网站请求时单独授权。这对于保护用户的位置隐私至关重要，避免不必要的情况下透露用户的实时或大致位置信息。

（5）站点权限管理。

针对特定网站，用户可以细致地设置权限，包括但不限于摄像头、麦克风、通知权限等。例如，用户可以决定是否允许某个网站调用摄像头或麦克风，以及是否接收来自特定网站的通知。这样做能够防止恶意网站滥用权限，侵犯用户隐私，同时也提升了用户对自身数据和设备控制的主动权。

2. 安全浏览模式与插件管理

（1）安全浏览模式（私密浏览模式 / 无痕浏览模式）。

安全浏览模式通常称为私密浏览或无痕浏览，这种模式下浏览器在用户浏览网页时不保存任何浏览痕迹。主要有如下 5 种选择：

⇨ 不保存浏览历史。关闭窗口或退出私密浏览模式后，用户浏览过的网页记录不会被保存在本地设备上。

⇨ 不存储 Cookies。在安全浏览期间产生的 Cookies 会被临时存储并在窗口关闭时自动删除，防止第三方追踪用户活动。

➡ 不记录临时文件。包括网页缓存、下载历史、表单数据等临时网络数据都不会被保存。

➡ 不自动填充密码或表单信息。浏览器不会记住或自动填写在私密浏览期间输入的密码或其他表单数据。

➡ 独立的浏览会话。与标准浏览模式下的数据隔离，确保在私密浏览模式下进行的活动不会影响常规浏览模式下的登录状态和网站偏好设置。

需要注意的是，虽然私密浏览模式可以防止本地设备上的数据留存，但它并不能保证绝对匿名，因为用户的 IP 地址、浏览器指纹等信息仍然可能被网站服务器或 ISP（互联网服务提供商）记录。

（2）插件管理。

浏览器插件（如 Adobe Flash、Java 等）在过去为丰富网页功能和用户体验做出了很大贡献，但也带来了安全风险，因为过时或存在漏洞的插件可能成为黑客入侵的目标。因此，现代浏览器提供了插件管理功能，主要有如下 3 种：

➡ 禁用或启用插件。用户可以根据需求选择禁用不常用或存在安全风险的插件，以降低潜在威胁。

➡ 自动更新插件。许多浏览器会自动检查并更新插件至最新版本，确保插件安全漏洞得到及时修复。

➡ 推荐 HTML5 等替代方案。随着 HTML5 等现代 Web 标准的成熟，许多原本依赖插件的功能现在可以通过 HTML5 实现，从而减少对插件的依赖，提升安全性。

为了最大限度地保护用户安全，浏览器通常默认禁用非必要的插件，并鼓励用户采用更安全的 Web 技术替代过时的插件功能。同时，用户应当定期检查浏览器插件的状态，及时更新或卸载那些不再需要或已不再支持的安全插件。

3. 防钓鱼与欺诈网站保护机制

（1）内置防护功能。

现代浏览器如 Google Chrome、Mozilla Firefox、Microsoft Edge 等都配备了内置的安全浏览功能，如 Google Chrome 的 Safe Browsing 功能等。这类功能通过连接至浏览器开发商的庞大数据库，实时检测并阻止用户访问已知的恶意网站，包括但不限于钓鱼网站，含有恶意软件、欺诈信息、恶意广告等内容的网页。这些数据库不断更新，包含了全球各地报告的不安全网址，确保用户在浏览网络时避开陷阱。

（2）网址警告。

浏览器在检测到用户试图访问的网址可能是钓鱼网站或包含欺诈内容时，会弹出警告提示。这包括但不限于页面仿冒知名网站以骗取用户个人信息、尝试安装恶意软件等情况。警告信息会明确指出访问该网站可能存在风险，并建议用户谨慎操作或放弃访问。

（3）证书检查与 HTTPS 安全连接。

浏览器在用户访问 HTTPS（Hyper Text Transfer Protocol Secure）加密网站时，会自动验证服务器提供的 SSL/TLS（Secure Sockets Layer/Transport Layer Security）证书的有效性。这一过程确保用户与网站之间的通信链路得到加密保护，防止中间人攻击（MITM，Man-in-the-Middle Attack）。如果证书存在问题（如过期、被撤销、不匹配域名等），浏览器会显示警告信息，告知用户该连接可能不安全，并建议用户不要继续提交敏感信息，如用户名、密码和信用卡号等。

此外，浏览器还会提供地址栏的颜色变化、挂锁图标等可视化元素，让用户直观地判断当前网站连接是否安全。例如，绿色地址栏或挂锁图标通常代表连接受到高强度加密保护，而红色警告或断开挂锁则表示存在安全风险。用户应当学会识别和遵循这些提示，以避免在不安全的网络环境中泄露个人敏感信息。

4. 网页内容过滤与 HTTPS 安全连接

（1）网页内容过滤。

网页内容过滤是浏览器为用户提供的一项安全功能，它能够帮助用户过滤掉不适宜或有害的网络内容。家长控制模式是其中一个典型例子，通过启用这一功能，家长可以限制孩子访问包含暴力、色情、赌博等不良信息的网站，同时还可以根据年龄层次设定不同的过滤级别，以确保孩子在一个健康的网络环境中成长。此外，企业、学校和其他组织也可以利用内容过滤器屏蔽与工作或学习无关、占用带宽资源、可能带来法律风险的网站内容。

（2）HTTPS 优先与安全连接。

HTTPS（Hypertext Transfer Protocol Secure）是一种基于 HTTP 协议并结合 SSL/TLS 加密层的标准网络通信协议，用于在互联网上进行安全的数据传输。现代浏览器提倡并逐步推行 HTTPS 优先策略，旨在为用户提供更加安全的网络环境，有如下 2 种方法：

⇨ HTTPS-only 模式。部分高级浏览器支持 HTTPS-only 模式，这种模式下，浏览器会尽可能地将所有 HTTP 请求转换为 HTTPS 请求，以此强制用户与服务器之间进行加密通信，避免用户数据在传输过程中被窃取或篡改。

⇨ 视觉提示与警告。当用户访问一个网站时，浏览器地址栏会通过锁定图标或颜色变化（如绿色的锁形图标或绿色地址栏等）直观显示当前连接是否安全。如果是 HTTPS 连接，意味着数据正在加密状态下传输。反之，若网站未使用 HTTPS 或证书存在问题，浏览器会显示警告信息，提醒用户注意潜在的安全风险，如红色感叹号、破锁图标等，以警示用户谨慎提供个人信息或进行交易操作。

通过网页内容过滤和积极推广 HTTPS 安全连接，浏览器在保护用户隐私、确保数据安全以及创建健康网络环境方面起到了至关重要的作用。

6.1.3　移动端应用安全防护

随着移动网络时代的到来，其高速、稳定的数据传输能力极大地推动了智能大屏手机市场的扩张，进而加速了移动电子商务的繁荣，移动设备逐渐成为人们日常工作和个人生活的核心，确保其安全同样重要。

移动终端应用程序（App）是电子商务活动在移动端的主要载体，凭借其便捷高效的特性，在全球范围内迅速流行起来，不仅改变了用户的日常生活方式，更成为电子商务领域中不可或缺的重要组成部分。

1. 移动应用 App 简介

移动应用 App 是指运行在智能设备终端的客户端程序，其作用是接收和响应移动用户的服务请求，是移动服务界面窗口。在移动互联网环境下，用户能够实现无缝连接，即时获取和交换信息。App 服务涵盖了电子商务活动的各个方面，主要有如下 4 个方面。

①移动电商平台应用。移动电商平台应用（如京东、淘宝、拼多多等）以其庞大的商品库、便捷的搜索功能和智能化的推荐系统，为用户打造了一站式的购物体验。这类应用不仅提供海量的商品选择，支持商品比较、收藏、分享等功能，还实现了个性化推荐，根据用户的购物历史和偏好为其精准匹配商品。用户通过移动电商平台应用可以轻松完成从浏览商品、加入购物车、结算支付到售后服务等一系列购物流程。

②手机银行应用。用户可以通过手机银行 App 随时随地办理转账、查询账户余额、投资理财、信用卡还款等金融业务，大大提升了金融服务的便捷性和效率。

③手机支付应用。移动支付工具（如支付宝、微信支付等）让线上线下的支付过程变得轻松简单，只需扫一扫或摇一摇即可完成交易，极大地推动了无现金社会的发展。

④移动电子商务社交应用。这些应用（如抖音、小红书、Instagram 等）集购物、社交和娱乐于一体，如通过社交媒体内置的商城功能，用户可以在聊天互动的同时选择和购买商品，商家也可以通过社交圈子推广营销，形成新型的社群电商模式。

2. 移动应用 App 安全加固

由于移动应用 App 安装在用户的智能设备上（通常为智能手机），很容易受到反编译、调试、篡改、数据窃取等安全威胁。为保护移动应用 App 的安全性，通常采用防反编译、防调试、防篡改、防窃取等多种安全保护措施。

（1）防反编译。

对移动应用程序文件进行加密处理，防止攻击者通过静态的反编译工具，获取应用的源代码。除了加密措施之外，还可以对移动应用程序进行代码混淆，增加破解者阅读代码的难度。常见的混淆方法有名字混淆、控制混淆、计算混淆等。例如，将移动应用 App 程序中有明确含义的变量替换成无意义变量，在移动应用 App 程序中插入无关的代码，修改计算等式。

（2）防调试。

动态调试利用调试器启动或附加应用程序，可对应用程序运行时的情况进行控制，可以在某一行代码上设置断点，使进程能够停在指定代码行，并实时显示进程当前的状态，甚至可通过改变特定使用目的寄存器值来控制进程的执行。通过调试器，可以获取应用程序运行时的所有信息。

为防止应用程序动态调试，应用程序设置调试检测功能，以触发反调试安全保护措施，如清理用户数据、报告程序所在设备的情况、禁止使用某些功能甚至直接退出运行。

（3）防篡改。

通过数字签名和多重校验的防护手段，验证移动应用程序的完整性，防范移动应用程序 APK 被二次打包以及盗版。

（4）防窃取。

对移动应用相关的本地数据文件、网络通信等进行加密，防止数据被窃取。

国内 App 安全加固商用工具主要有腾讯乐固、360 加固和梆梆加固，详细情况可参看相关公司的网站。除了商业工具外，也有免费的安全工具，如 ProGuard 等。ProGuard 是一个压缩、优化和混淆 Java 字节码文件的免费工具，可以删除无用的类、字段、方法和属性。删除没用的注释，最大限度地优化字节码文件，还可以使用简短的、无意义的名称来重命名已经存在的类、字段、方法和属性。

3. 移动 App 安全检测

随着移动应用 App 的普及，其安全威胁活动日益频繁，攻击者对目标移动应用 App 进行破解、重新打包，对移动服务端进行安全渗透，盗取用户敏感信息和数据。针对移动应用 App 的安全性进行检测十分必要。常见的移动应用 App 网络安全检测内容如下：

⇨ 身份认证机制检测。

⇨ 通信会话安全机制检测。

⇨ 敏感信息保护机制检测。

⇨ 日志安全策略检测。

⇨ 交易流程安全机制检测。

⇨ 服务端鉴权机制检测。

⇨ 访问控制机制检测。

⇨ 数据防篡改能力检测。

⇨ 防 SQL 注入能力检测。

⇨ 防钓鱼安全能力检测。

⇨ App 安全漏洞检测。

Android 移动应用安全测试涵盖多个方面，涉及众多专业工具，如 Inject（进程注入工具）、HijackActivity（劫持检测工具）、Jeb（静态逆向分析工具）、apktool（APK 反编译和打包工具）、Tcpdump/Wireshark（数据抓包工具）、Xposed（Android Hook 框架）、Burpsuite（基于代理的抓包和分析工具）、Androguard（静态分析工具）、FlowDroid（安卓 APK 文件数据流分析工具）和 Android Killer（安卓应用逆向工具）等，用于确保 App 的安全性。

为了切实保障个人信息安全，我国相关部门已出台《信息安全技术　移动互联网应用程序（App）收集个人信息基本要求》（GB/T 41391—2022），针对 Android 6.0 及以上版本，对不同服务类型 App 所需的最小必要权限进行了明确规定，旨在约束和指导开发者合理、合法、最小必要地收集和使用用户个人信息，以维护广大用户的隐私权益。

6.2　服务器端安全加固

服务器操作系统承载着电子商务网站的核心数据，其安全配置是电子商务安全防护体系中的基础环节，直接影响到电子商务平台能否提供安全、可靠的在线交易环境，关乎到企业生存和发展的重要根基。

6.2.1　服务器操作系统安全配置

服务器操作系统是专门为服务器打造的专业级别操作系统。它的主要功能是为服务器硬件提供一种管理和控制平台，以支撑大规模数据处理、高并发访问、高可用性服务以及复杂网络环境中的资源调度和管理。服务器操作系统通常被用于企业级环境，如数据中心、云端基础设施、数据库服务器、Web 服务器、邮件服务器、文件服务器等场合。

在软件功能和界面美观度方面，服务器操作系统或许比不上桌面级操作系统，但在稳定性、网络响应速度和服务器功能组建方面，却是桌面级操作系统所不能比拟的。

常见的服务器操作系统有以下 3 种。

① Linux 操作系统：Linux 是开源操作系统家族，其变体众多，其中较为流行的服务器操作系统有 Red Hat Enterprise Linux（RHEL）、Ubuntu Server、CentOS、Debian、SUSE Linux Enterprise Server（SLES）等。由于其开源、稳定、安全、灵活和低成本等特点，Linux 在数据中心、云计算平台和大规模 Web 服务等领域广泛应用。

② Microsoft Windows Server：微软的 Windows Server 系列产品也在服务器市场占据一定的份额，尤其是对于那些依赖 .NET 技术栈、Active Directory 服务以及与其他微软产品的紧密集成的企业用户来说。Windows Server 的代表性版本包括 Windows Server

2016、Windows Server 2019 和最新的 Windows Server 2022。

③ Unix 类操作系统：虽然不如 Linux 普及度高，但在特定的高性能计算、大型企业级服务器和关键任务系统中，Unix 类系统如 AIX、HP-UX、Solaris 等仍有应用。

下面以 Windows Server 为例来进行服务器操作系统安全配置的讲解。

1. 目录权限设置

打开"计算机管理"，导航至"系统工具"→"本地用户和组"→"用户"或"组"以管理用户和组权限。对于目标目录，右键点击该目录，选择"属性"，转到"安全"选项卡。查看并编辑现有用户和组的权限，点击"编辑"按钮，添加或删除用户或组，并在其权限列表中勾选或取消勾选适当的读取、写入、执行、修改等权限。根据安全最佳实践，确保敏感目录只有管理员和必要的服务账户拥有访问权限。

2. 修改远程桌面服务端口

打开"服务器管理器"，点击"本地服务器"，在属性区域找到"远程桌面"并点击"启用或禁用远程桌面"链接。在弹出窗口中，选择"远程桌面"标签页，勾选"允许远程连接到此计算机"，并在"远程桌面端口"框中输入非默认的 TCP 端口号。保存设置后，进入"控制面板"→"系统和安全"→"Windows Defender 防火墙"→"高级设置"，创建一个新的入站规则，允许在新端口上进行 TCP 连接，并确保规则应用于相应网络配置文件。

3. 配置本地连接安全

在"控制面板"中打开"网络和共享中心"，选择当前活动的网络连接，点击"属性"。在"网络"选项卡中，配置 IPv4 或 IPv6 的 TCP/IP 属性，设置合适的 IP 地址、子网掩码、默认网关和 DNS 服务器地址。若要启用 IPsec，需通过"高级安全 Windows 防火墙"配置隧道模式或传输模式安全策略，设置加密和认证方法，确保数据在网络传输过程中得到加密和完整性保护。

4. 使用防火墙限制 Ping

进入"控制面板"→"系统和安全"→"Windows Defender 防火墙"→"高级设置"。右键点击"出站规则"，选择"新建规则"。在新建规则向导中，选择"自定义"规则类型，然后在协议和端口选项中选择"协议类型"为 ICMPv4。在操作选项中选择"阻止连接"，为规则命名并添加描述，完成规则创建，以阻止传入的 ICMP Echo Request（Ping 请求）。

5. 配置 Windows 防火墙

在"Windows Defender 防火墙"的"高级设置"中，可以查看和管理现有的入站和出站规则。根据业务需求创建自定义规则，仅允许必要的服务和端口通过，同时禁用所有不必要的网络连接。通过"高级安全 Windows 防火墙"还可以查看和配置连接安全规则，增强网络通信的安全性。

6. 禁用不需要和危险的服务

在"服务器管理器"的"服务"选项中，列出并管理所有正在运行的服务。查找并双击如 NetBIOS over TCP/IP、FTP 服务等非必要或存在安全风险的服务，将其"启动类型"改为"禁用"，然后点击"停止"按钮停止当前运行的服务实例。

7. 本地策略安全设置

使用"运行"命令打开 secpol.msc 以打开"本地安全策略"管理单元。在"本地策略"中，可以配置账户策略（如密码策略、账户锁定策略等），用户权限分配策略（控制用户和组能执行的操作），以及安全选项（调整系统安全设置）。

8. 开启用户账户控制（UAC）

在"控制面板"中，找到并打开"用户账户"类别，点击"用户账户控制设置"。将滑块调整至合适的位置，如"始终通知我"或"当我更改 Windows 设置时通知我"等，确保在进行关键更改时系统提示用户确认，以增强系统的整体安全性。

在进行这些配置时，应遵循最小权限原则，并定期更新系统和应用补丁，以保持服务器的最佳安全状态。

6.2.2　Web 服务器安全防护

由于电子商务依赖于 Web 服务器来托管网站、处理交易数据和客户敏感信息，因而 Web 服务器的安全设置是电子商务整体安全体系中的基石。

Web 服务器是一种运行于互联网上的服务器软件或硬件设备，它的主要任务是接收和响应来自 Web 客户端（如 Web 浏览器等）的 HTTP（Hypertext Transfer Protocol）请求。其核心作用是托管和分发网站内容，它的工作流程如下：

⇨ 接收客户端（如浏览器）发起的 HTTP 请求。

⇨ 解析请求内容，确定客户端请求访问的资源路径。

⇨ 根据请求内容从服务器硬盘上找到相应的文件或调用动态脚本（如 PHP、ASP.NET、JSP 等）生成内容。

⇨ 将生成的内容封装成 HTTP 响应消息，包括状态码、响应头和响应正文。

⇨ 将响应发送回客户端，客户端浏览器解析响应内容并渲染呈现网页。

常见的 Web 服务器软件有 Apache HTTP Server、Microsoft Internet Information Services（IIS）、Nginx、Lighttpd 等。这些服务器软件不仅支持静态网页的分发，还能够与后端数据库系统协同工作，实现动态网页的生成与交互。其中，IIS 是由微软公司开发的，主要用于运行在 Windows 操作系统上的 Web 服务器，广泛应用于企业和电子商务环境。

下面以 IIS 为例进行 Web 服务器安全配置的讲解。

1. 创建独立的应用程序池并使用较低权限用户账户运行

进行该项设置的目的是为了实现服务隔离，防止一个应用的安全问题影响到其他应用，同时也降低攻击者获取服务器更高权限的风险。单独的应用程序池可以单独回收、重启，有利于资源管理和问题定位。使用较低权限账户运行，遵循最小权限原则，限制了应用对系统资源的访问范围。

配置步骤：在 Internet Information Services（IIS）管理器中，选择"应用程序池"节点，右键点击并选择"添加应用程序池"。为新的应用程序池命名，并在"高级设置"中选择".NET CLR 版本"和"管道模式"（经典或集成），根据应用程序需求选择合适配置。在"标识"选项中，创建或选择一个具有较低权限的用户账户，用于运行应用程序池。避免使用具有管理员权限的账户，这样即使应用程序遭受攻击，攻击者也无法获得服务器的完全控制权。

2. 禁止目录浏览

该项设置可以防止未经授权的用户查看服务器上的目录结构和文件列表，以隐藏敏感信息，减少攻击面，并且不给予攻击者任何关于服务器内部结构的线索。

配置步骤：在 IIS 管理器中，导航到网站或特定虚拟目录，双击"目录浏览"功能。在"目录浏览"属性窗口中，取消勾选"启用"复选框，保存设置后，服务器将不再显示目录结构和文件列表给未授权的用户。

3. 配置 ISAPI 和 CGI 限制

ISAPI 和 CGI 是 Web 服务器扩展执行机制，可能会成为安全漏洞的入口点。配置 ISAPI 和 CGI 限制可以禁用不必要或已知存在风险的扩展，只允许信任和必要的程序运行，降低恶意脚本执行和攻击的可能性。

配置步骤：在 IIS 管理器中，选择" ISAPI 和 CGI 限制"节点。查看已有的 ISAPI 扩展和 CGI 应用程序列表，禁用或删除不必要的扩展以减少攻击面。对于必须启用的扩展，可以设置执行权限（如允许或禁止等），确保只允许执行经过审查且安全的脚本或程序。

4. 设置恰当的错误页面

默认的错误页面可能会泄漏服务器信息，如文件路径、版本信息等，这些信息可能被攻击者利用。设置恰当的错误页面可以避免过多的技术细节展示给终端用户或攻击者，同时也能提供更好的用户体验。

配置步骤：在网站或应用程序级别，找到"错误页"配置项。为各种 HTTP 错误代码（如 404、500 等）配置自定义错误页面，这些页面应提供有用信息而不泄露服务器的内部结构或详细错误信息，从而避免给攻击者提供潜在的漏洞线索。

5. 配置 HTTPS 并通过 SSL/TLS 证书加密通信

配置 HTTPS 通过 SSL/TLS 协议对客户端与服务器间的通信进行加密，可以有效防止数据在传输过程中被窃取或篡改，保护用户隐私和交易安全。在电子商务环境中，这是极其重要的安全措施，可以确保用户的登录凭证、交易信息等敏感数据在公网传输时得到安全保障。

配置步骤：获取并安装有效的 SSL/TLS 证书。这通常涉及购买证书、导入证书文件，或在证书颁发机构（CA）处注册域名并获取证书。在 IIS 管理器中，绑定网站到 HTTPS 协议，指定正确的 SSL 证书。可以选择性地将网站配置为强制 HTTPS，确保所有请求都通过加密的 HTTPS 通道传输，从而防止数据在传输过程中被窃取或篡改。

通过对 IIS 进行上述安全配置，可以极大地提高 Web 服务器的安全性，减少因不当配置导致的安全风险，保障电子商务活动的正常进行和数据安全。同时，还需定期检查并更新这些设置，以适应新的安全标准和威胁环境。

6.2.3　数据库系统安全管理

数据库系统（Database System，DBS）不仅是一种用于管理和存储数据的理想解决方案，而且是现代信息化社会中不可或缺的关键基础设施。数据库系统直接影响到企业资产、客户隐私以及业务连续性的保护，一个安全的数据库系统是电子商务正常运作的基石，保障了电子商务生态系统的健康发展。

数据库系统涵盖多种类型，包括关系型数据库（如 Oracle、MySQL、SQL Server、IBM DB2 和 PostgreSQL 等）和非关系型数据库（如 MongoDB、Cassandra、Redis 和 Couchbase 等），不同类型的数据库系统都在各自的领域中发挥着重要作用。

1. 数据库系统的安全需求

数据库系统的安全是一个全方位的需求，涵盖了多个关键维度，以确保数据在整个生命周期内的安全性和准确性。

（1）完整性与可靠性。

完整性主要是指数据库中的数据在任何时候都应当是正确的、有效的且具有一致性。它要求数据库管理系统（DBMS）具备一套完善的机制，能够在数据录入、修改或删除的过程中防止错误的发生，如通过实施数据完整性约束规则来避免无效更新等。此外，数据库的可靠性能抵御各种意外或恶意的破坏，如误操作、硬件故障、自然灾害以及非法入侵篡改等。为了保证这 2 点，通常的做法是通过 DBMS、操作系统以及系统管理程序的协同作用，并配合定期备份和数据加密技术来增强数据的持久性和防篡改性。

（2）并发控制。

在多用户共享同一数据库的环境中，为防止事务间的相互冲突和数据不一致性，数据库系统采用了并发控制机制。此机制确保在多个事务同时执行的情况下，每个事务都能够独立地看到自己操作前后的数据视图，进而保证了数据的有效性不受影响。

（3）恢复机制。

通常数据库系统配备了一套恢复机制，用于应对可能出现的突发状况，如断电、硬件故障等。当此类意外发生时，恢复机制能够迅速回滚到最近的稳定状态，或重新执行未完成的事务，从而最大限度地减少数据丢失，确保长期积累的信息仍然可以正常使用。

（4）存取控制与用户身份鉴定。

存取控制是通过对不同用户分配不同的权限和存取特权来实现的。DBMS 依据预设的规则判断用户是否有权读取、修改、删除或新增数据。在实现存取控制的过程中，尤其要注意防范推理攻击，即用户通过已经获得授权的信息间接推算出未授权的信息。这就要求在设计存取控制策略时既要确保数据的安全性，又要尽可能不影响系统性能。

（5）保密性。

尽管存取控制和完整性约束有助于保护数据安全，但鉴于数据库中原始数据易于受到内部攻击的威胁，单纯依靠这些手段还不足以完全保障数据的保密性。为此，有必要运用加密技术对存储在数据库中的数据进行加密保护，特别是在处理敏感信息和关键业务数据时，不仅要加密数据在传输过程中的流动，还要针对数据库系统的特性和应用场景，开发适用于数据库内部存储的加密技术和密钥管理体系，以克服传统加密技术在应对数据库特定挑战时存在的局限性。这样的加密措施能够有效阻止未经授权的访问和使用，进一步提升数据库的安全等级。

2. 数据库系统面临的安全威胁

数据库系统面临的多种安全威胁主要包括以下 10 类。

①过度的特权滥用。用户可能拥有超过其实际工作职能所需的数据库访问特权，从而可能导致滥用这些特权进行恶意操作，如更改不应由其改动的数据。

②合法的特权滥用。即使用户合法拥有数据库访问权限，也可能将其用于非授权用途，如通过客户端软件绕过 Web 应用程序的限制，非法获取大量敏感信息，并可能因此导致数据泄露。

③特权提升。攻击者可能利用数据库平台的漏洞将自身权限提升为管理员权限，从而能够进行诸如关闭审计、创建虚假账户或窃取数据等高危操作。

④平台漏洞。操作系统或数据库服务器上其他服务的漏洞可能导致未授权访问、数据损坏或拒绝服务攻击。

⑤ SQL 注入。攻击者通过插入恶意 SQL 语句到易受攻击的应用程序中，以获取对数据库的未授权访问。

⑥不健全的审计。缺乏有效审计机制的企业可能面临法规遵从性问题，且无法有效检测和阻止攻击行为，或在攻击发生后难以取证和恢复系统。

⑦拒绝服务攻击。攻击者通过各种手段使合法用户无法访问数据库服务，这种攻击可能源自平台漏洞利用或其他技术手段。

⑧数据库通信协议漏洞。数据库通信协议中存在的漏洞可能导致未授权访问、数据损害或拒绝服务攻击，且在本地审计记录中可能无法捕捉到这些违规活动。

⑨不健全的认证。薄弱的身份认证机制使得攻击者可以通过窃取登录凭据冒充合法用户，攻击者可能通过强力攻击、社交工程或直接窃取等方式获取登录信息。

⑩备份数据泄露。备份数据库的存储媒介往往保护不足，导致数据备份容易被盗，增加了数据泄露的风险。

3. 数据库系统安全机制

（1）数据库安全模型。

数据库安全模型是一种抽象概念模型，用于精确表达和实现数据库系统的安全需求和策略。自20世纪70年代以来，研究者们不断探索和完善了一系列数据库安全模型，特别是在80年代末之后，重点转向了如何将传统的关系数据库理论与多级安全模型相结合，构建多级安全数据库系统，其中包括知名的 Bell-La Padula 模型、Biba 模型、SeaView 模型以及 Jajodia Sandhu（JS）模型等。

在多级安全模型中，数据库的客体（如逻辑数据对象等）被赋予了不同的安全级别（密级），而主体（用户或用户进程）则根据其访问权限被分配不同的许可级别。主体只能根据预设的安全规则访问与其许可级别相符或更低级别的客体，以此来保证系统的安全性和数据完整性。多级安全模型还可以控制系统内部的信息流动。

多级关系数据模型是构建多级安全数据库系统的基础，它包含了多级关系、多级关系完整性约束以及多级关系操作3个基本要素。同时，为了解决实际存储问题，多级关系模型还涉及多级关系的分解与恢复算法，多级访问控制的粒度可以从关系级细化到元组级乃至属性级，粒度越细，安全性控制越灵活，但也意味着模型复杂度越高。

然而，随着研究的深化，研究人员发现多级安全模型与传统关系数据库理论（如可串行化理论）之间存在一定程度的内在冲突。例如，为了解决数据完整性和推理控制问题，多级安全模型有时会引入多实例机制，但这会导致数据一致性问题和系统性能下降。虽然有学者提出通过赋予主键最低安全级别以消除元组多实例的方法，但这在一定程度上限制了系统的可用性和灵活性。因此，如何在确保数据保密性、完整性和安全性的同时，最大化系统的可用性和灵活性，成为数据库安全模型领域持续关注和亟待解决的关键问题。

（2）用户标识与鉴别。

用户标识与鉴别是数据库系统安全的第1道防线，其主要目的是确保只有合法用户能够访问系统资源，防止非法用户冒名顶替。

①用户标识。用户标识（User Identification）通常表现为用户 ID 或用户名，它是用户在系统中独一无二的身份标识符。系统需要确保每个用户的标识是唯一的，避免重复或混淆。用户在登录时提供其标识，以表明自己的身份。

②鉴别。鉴别（Authentication）是系统验证用户提供的标识与其声称身份相符的过程。鉴别方法多种多样，包括但不限于如下4种：

➡ 通行字认证（Password Authentication）。最常见的是通过口令或密码进行验证。为了增强密码的安全性，系统会对密码施加一系列安全措施，如设置最小长度、规定字符种类（大小写字母、数字、特殊符号等）、强制周期性更换密码、锁定多次尝试失败的账户等。密码通常会被加密存储，而不是以明文形式留存，以防止被轻易窃取。一些系统还会存储密码的单向哈希值，即便哈希值被获取，攻击者也无法反向推导出原始密码。

➡ 数字证书认证（Digital Certificate-based Authentication）。数字证书由权威的第三方认证中心（CA）颁发，通过数字签名保证其真实性。用户在访问系统时，通过提供自己的数字证书证明其身份，同时证书还能够提供信息完整性、机密性和不可否认性等安全服务。证书中的公开密钥与用户身份绑定，增强了认证的可靠性和安全性。

➡ 智能卡认证（Smart Card Authentication）。智能卡是一种嵌入微处理器、存储器和其他组件的便携式卡片，它可以存储用户的私有密钥和相关信息，通过与读卡器的交互完成双向认证。只有当智能卡与读卡器相互确认合法后，才能进行数据读写操作，提高了防伪能力和安全性。

➡ 个人特征识别（Biometric Authentication）。利用人体独特的生物特征（如指纹、声纹、面部识别、虹膜扫描、DNA 信息等）进行身份验证。这些生物特征具有难以伪造、不易丢失的特点，极大地提高了用户身份验证的准确性。近年来，随着技术进步，更多基于行为特征的身份识别方法（如笔迹、按键节奏等）也开始应用于实际场景。

随着技术的发展，越来越多的高级认证方法被整合进数据库系统中，以增强系统的安全性和用户体验，同时也在不断平衡安全需求与便捷性之间的关系。

（3）存取控制。

存取控制是数据库系统安全的核心组成部分之一，其主要目的是确保用户或进程（主体）只能对数据库中的资源（客体）执行经过授权的操作，防止非法或未经授权的访问。

①自主存取控制（Discretionary Access Control，DAC）。在 DAC 机制中，用户可以自由地分配和转让权限给其他用户，这意味着拥有资源的所有者能够自行决定谁可以访问该资源以及访问的权限级别。这种方式较为灵活，但缺点是可能导致权限扩散，不利于集中管理和控制。用户可以根据自己的判断和需要，赋予他人读、写、执行等不同级别的权限。

②强制存取控制（Mandatory Access Control，MAC）。MAC 是一种更为严格的存取控制策略，其权限分配遵循预设的安全策略和层级结构。在这种模型中，数据被赋予不同的安全级别，而用户和进程则被赋予相应的许可级别。通常遵循"向下读取，向上写

入"的原则，即一个低安全级别的主体只能读取同级或更低级别的数据，同时只能向更高安全级别的数据进行写入操作。MAC 不允许用户自由转让权限，降低了权限失控的风险。

③基于角色的存取控制（Role-Based Access Control，RBAC）。RBAC 是近年来得到广泛应用的存取控制模型，其核心思想是在用户和权限之间引入"角色"这一中介。管理员预先定义一组角色，并将相应的权限赋予这些角色，用户则通过成为某个或某些角色的成员来获得相应的权限。这种机制极大地简化了授权管理，使得系统更加模块化，可操作性和可管理性更强。

RBAC（基于角色的访问控制）模型的核心是 5 个基本集合，这些集合构成了 RBAC 系统的基础。这 5 个基本集合包括：

⇨ 用户集合（Users）。代表系统中的用户或主体，是主动的实体，可以执行操作。

⇨ 角色集合（Roles）。是权限的集合，用于隔离用户与权限之间的逻辑关系，通过角色将权限分配给用户。

⇨ 目标集合（Objects）。指系统中需要保护的被动实体，例如数据对象或资源。

⇨ 操作集合（Operations）。定义在目标对象上的一组操作，这些操作构成了权限的一部分。

⇨ 许可集合（Permissions）。是对目标对象执行特定操作的权限，权限被赋予角色，而不是直接赋予用户。

通过 RBAC，管理员可以更方便地根据组织结构调整权限分配。例如，当员工职务变动时，只需更改其所属的角色，而不必逐一修改其权限。同时，RBAC 能够更好地支持大规模组织中的权限管理，降低了权限管理的复杂性和出错率。

（4）数据库加密。

数据库加密是一种重要的安全技术，主要用于保护存储在操作系统文件形式下的数据库内容，防止未经授权的直接窃取或恶意篡改。通过加密，即使是存储在硬盘或云端的数据，在未经授权的情况下也无法被解读，从而大大减少了数据泄露所带来的风险，尤其是对金融、医疗、政府等领域的敏感信息而言至关重要。除了存储加密，数据库加密还包括对数据在传输过程中进行加密，确保在网络传输环节的数据安全。

数据库加密技术也存在一些挑战与难点：首先，加密后的数据库在存储方面会产生额外的开销，因为加密数据通常比明文数据占用更多的空间。同时，加密还会影响数据库的索引效率，因为索引通常基于明文内容构建，而在密文状态下构建高效的索引是一个技术难题。其次，加密和解密操作都会消耗计算资源，可能导致数据库访问和查询性能降低，尤其是在大规模数据处理时，加密算法的速度和效率至关重要。最后，如何安全、有效地管理和分配密钥，确保密钥生命周期的安全，防止密钥丢失或被盗，同时保证合法用户在需要时能够快速获取和使用密钥，是数据库加密中另一个关键挑战。

理想的数据库加密系统应具备如下 5 个特点：

⇨ **高强度加密。**选用国际公认的高强度加密算法，确保即使在高性能计算环境下，短时间内也无法破解加密数据。

⇨ **存储效率高。**采用先进的加密技术，尽量减少加密对数据存储量的影响，保持存储空间利用率接近原生明文存储。

⇨ **快速加解密。**设计和实现高效的加密算法和加解密过程，确保在保证数据安全的同时，不会严重影响数据库的运行效率。

⇨ **透明性强。**对合法用户来说，加密操作应该是透明的，即不影响正常的数据库操作体验，加解密过程无须用户干预即可无缝进行。

⇨ **密钥管理机制健全。**建立健全的密钥管理体系，包括密钥生成、存储、更新、销毁等全过程，确保密钥在整个生命周期中的安全和可追溯性。

此外，针对加密数据库查询效率较低的问题，研究人员正在探索能够在密文上直接执行查询操作的技术，如有序索引加密、同态加密、属性基加密等，以及只解密必要部分的小粒度快速解密技术，以期在数据安全和系统性能之间找到最佳平衡点。

📖 拓展阅读

引导电子商务企业主动适应绿色低碳发展要求，树立绿色发展理念，积极履行生态环境保护社会责任，提升绿色创新水平。指导电子商务企业建立健全绿色运营体系，加大节能环保技术设备推广应用，加快数据中心、仓储物流设施、产业园区绿色转型升级，持续推动节能减排。加强上下游联动，协同推进塑料包装治理和快递包装绿色供应链管理，加快推广应用标准化物流周转箱，促进包装减量化、标准化、循环化。落实电商平台绿色管理责任，完善平台规则，引导形成绿色生产生活方式。

——《"十四五"电子商务发展规划》

📑 本章小结

本章从客户端安全防护到服务器端安全加固，从操作系统级别的安全配置，如防火墙设置与安全更新，到浏览器与移动端应用的安全优化措施，再到服务器操作系统、Web 服务器以及数据库系统的安全管理等，全方位呈现了终端安全的防护体系。

通过对本章的学习，学生不仅能了解终端安全的理论知识，更能掌握实际操作中的关键技术和最佳实践，为在电子商务以及其他网络经济活动中有效抵御安全威胁创建安全可信的网络环境奠定坚实基础。

课后练习

一、填空题

1. 操作系统中的_____指那些主动的实体，它会访问系统中的各种资源和服务；_____指那些被动的实体，接受主体的各种访问。

2. 为保护移动应用 App 的安全性，通常采用_____、_____、_____、_____等多种安全保护措施。

3. 常见的服务器操作系统有_____、_____和_____。

二、简答题

1. 简述浏览器的安全设置。

2. 简述 Web 服务器的工作流程及其防护策略。

3. 简述数据库系统的安全需求及其安全机制。

物理安全

本章导言

  物理安全不仅是保障电子商务系统稳定运行和数据资源安全的基石，更是企业可持续发展和赢得消费者信任的关键环节。有效的物理安全措施不仅能够防止未经授权的访问、破坏或篡改硬件设备，确保数据中心、服务器机房等关键设施的稳定运行，而且对保护存储其中的大量敏感商业数据和客户信息具有决定性意义。在当前数据资产价值日益凸显的时代，任何数据泄露或丢失事件都可能导致企业蒙受重大经济损失，甚至引发严重的法律纠纷和品牌声誉受损。

学习目标

  ➤ 全面了解并学会制定涵盖环境、设备和媒体三大领域的物理安全策略。
  ➤ 掌握关键的物理安全技术，包括数据备份、磁盘容错、数据容灾及电磁防护技术等。

素质要求

  ➤ 树立物理安全意识，深刻理解其对电子商务系统稳定、数据资源保护以及企业信誉的重要性，具备制定和实施全面物理安全策略的能力。
  ➤ 熟练掌握关键物理安全技术，能够识别和评估物理安全风险，采取有效措施应对潜在威胁。

7.1 物理安全策略

物理安全构成了信息安全的基石，直接影响到电子商务系统能否正常运行和数据能否安全存储与传输。

7.1.1 环境安全策略

环境安全策略旨在保护数据中心和服务器机房免受自然灾害、火灾、盗窃等外部威胁，确保业务连续性，同时维持适宜的运行环境，避免因物理环境因素导致的数据丢失或系统故障。

1. 数据中心选址与建设安全

（1）地理位置选择。

在规划和建设数据中心时，首先要考虑远离地震带、洪水区、风暴潮频繁地区以及其他自然灾害频发地带，最大程度减少自然风险对数据中心的潜在威胁。同时，选址需靠近稳定的电力供应来源，如电网密集区域或有可靠备用能源的地方（如风能、太阳能发电厂附近等），并考虑电力供应的冗余和稳定性，如配备不间断电源系统（UPS）和柴油发电机作为备用电源等。此外，数据中心的网络连接应当有多个运营商接入，实现多路冗余，确保高可用性和数据传输的可靠性。

（2）建筑结构与材料。

数据中心的建筑结构必须按照高标准进行设计和施工，达到防火、防水和抗震等级要求。墙体和楼板采用耐火、隔热材料，以阻止火势蔓延。屋顶和地板应具备良好的防水性能，以防漏水引发设备短路。抗震设计则要求建筑物能够在一定震级范围内保持稳定，减少地震对设备的影响。此外，数据中心应设有专门的冷却通道和气流管理系统，包括独立空调系统，以维持恒温恒湿的环境，防止服务器过热。空调系统的设计还应考虑节能和绿色环保，如采用高效的冷却技术和热回收系统等。

2. 物理访问控制

（1）多重门禁系统。

为了确保数据中心的绝对安全，应设立严格的多重门禁系统，包括但不限于电子门禁卡、生物识别（如指纹识别、面部识别、虹膜识别等）、掌纹识别、声纹识别等高科技门禁系统，以及传统的人工保安值守，以确保只有经过授权的人员才能进入数据中心。门禁系统应具备详细的访问记录功能，便于事后追踪和审计。

（2）区域划分。

数据中心内部应根据不同职能和安全等级进行分区，如服务器区、网络设备区、存储区、运维区、办公区、配电室、电池室等，各区域之间设置物理隔断，并通过门禁系统加以区分。例如，服务器区通常需要最高级别的安全保护，仅限必要的技术人员和管理人员进入；而办公区则可以根据需要设定较低的安全级别。

3. 环境监控与报警系统

（1）温湿度控制。

数据中心内部装有精密的环境监控系统，实时监测和调节数据中心内的温度和湿度。通过精准的空调系统，确保机房内温度保持在服务器及其他 IT 设备的最佳工作区间，防止因过热导致的设备故障，同时也要避免湿度过高引发的腐蚀和短路问题。温湿度传感器分布于数据中心各关键位置，确保全面覆盖并及时反馈数据。

（2）烟雾探测与火灾报警。

数据中心应部署高灵敏度的烟雾探测器和温感设备，它们可以快速检测到烟雾粒子或异常高温，一旦检测到火灾隐患，立即触发警报系统并向相关人员发送通知。此外，系统应与自动灭火装置联动，一旦火情得到确认，立即启动灭火程序，如气体灭火系统或预作用喷淋系统等，最大程度减少火灾对数据中心造成的损害。同时，数据中心应配备紧急疏散指示和消防设施，确保在突发情况下工作人员能迅速安全撤离现场。

7.1.2　设备安全策略

设备安全策略旨在通过严格的设备采购、验收、配置和维护管理，保证硬件设备本身的安全性和可靠性，防止未经授权的访问、篡改或破坏，同时实施冗余备份策略，保障服务的高可用性。

1. 设备采购与验收

（1）设备质量检测。

在设备采购阶段，应从信誉良好、资质齐全的供应商处购买，确保设备源头的可靠性和安全性。对购入的硬件设备进行全面的质量检测，包括但不限于设备的出厂测试报告、安全认证（如 UL、CE、FCC 等国际或国内安全认证）、设备本身的物理构造质量以及关键零部件的品质验证。同时，对设备的安全特性进行评估，比如是否具备防止非法物理接触的安全设计、是否支持最新的加密技术、是否存在已知的安全漏洞等。

（2）设备安全配置。

在设备安装前，应对出厂默认设置进行全面检查，并根据业务需求和安全策略进行必要的安全加固。例如，禁用未使用的物理端口和网络服务以减小攻击面；开启并配置安全功能，如防火墙、入侵检测系统（IDS）和入侵防御系统（IPS）等；实施强密码策略，更改默认的登录凭据；更新至最新固件和操作系统补丁以修补已知安全漏洞；对存储设备进行安全初始化，确保遗留数据已被清理。

2. 设备安装与维护

（1）安全布线与接地。

在数据中心内部，应遵循行业标准和规范进行网络和电源布线，避免混乱交叉，确保清晰、有序且易于管理。通过合理规划，避免电磁干扰，采用屏蔽电缆或光纤，确保信号传输质量和数据安全。同时，确保所有设备正确接地，防止静电积累和电涌冲击，保护设备免受电气危害。

（2）定期巡检与保养。

建立设备维护和巡检制度，包括但不限于每日、每周、每月、每季度和年度的例行维护任务。每日巡检关注设备运行状态和环境指标，如温度、湿度、噪声等；定期更换老化配件，如风扇、滤网等；定期对设备进行清洁，防止尘埃积聚；定期进行性能和安全检查，发现并修复潜在问题，确保设备长期处于健康稳定运行状态。

3. 设备冗余与备份

（1）高可用架构。

为确保业务连续性和容灾能力，采用高可用架构设计，如采用双机热备（Active-Standby）、集群（Cluster）、负载均衡（Load Balancing）或多站点同步（Multi-site Replication）等技术。通过这些技术手段，当主设备出现故障时，备份设备或服务节点能够快速接管业务，最大限度减少停机时间和数据损失。

（2）数据备份与恢复。

在设备层面，数据备份是至关重要的安全措施。通过定时备份策略，将重要数据复制到本地或异地的存储设备中。备份方案应包括完整备份、增量备份和差异备份等多种方式，以适应不同业务场景的需求。此外，应定期验证备份数据的完整性和可用性，确保在灾难发生时能够快速恢复数据和系统服务。同时，采用备份与恢复软件和策略，保证备份数据在加密存储的前提下，能够在紧急情况下快速恢复至所需状态。在某些情况下，还需要考虑到法规遵从性和长期归档的需求，采用磁带库或云存储等方式实现长期数据保留。

7.1.3　媒体安全策略

媒体安全策略旨在通过对存储介质和数据传输过程采取加密、擦除、销毁等安全措施，防止数据在存储和传输过程中被窃取或非法利用。同时，对废弃或故障的存储介质进行妥善处置，确保数据彻底销毁，杜绝二次泄露风险。

1. 存储介质安全

（1）加密存储。

为了确保存储在磁盘、U 盘、光盘等物理介质上的数据安全，应采用先进的加密技术对其进行加密处理。加密算法如 AES、RSA 等可以将数据转化为密文格式存储，即使存储介质丢失或被盗，攻击者也无法直接读取数据内容。对于固定存储设备如硬盘，可以采用全盘加密技术，如 BitLocker、FileVault 等；对于移动存储设备，可通过加密软件或硬件加密 U 盘来保护数据安全。

（2）媒体报废处理。

当存储介质不再使用或达到报废年限时，必须严格执行数据销毁流程。对于磁盘类介质，可以采用专业数据擦除软件进行多次覆写，确保原有数据无法通过普通手段恢复，符合国际公认的数据擦除标准如 DoD 5220.22-M、NIST 800-88 等。对于确实无法有效擦除数据的介质，如机械硬盘损坏或光学存储介质（如光盘）等，则应通过物理销毁方式处理，如碎纸机破碎、熔炼等方法，确保数据无法被复原。

2. 数据传输介质安全

（1）传输通道加密。

在数据通过网络进行传输的过程中，应采用 SSL/TLS 等加密协议进行安全传输，确保数据在公网上传输时的机密性和完整性。SSL/TLS 协议在数据传输前后分别进行握手协商和密钥交换，形成安全隧道，使得数据在传输过程中始终保持加密状态，有效防止数据被拦截、篡改或监听。

（2）数据擦除与销毁。

对于不再使用的移动存储介质（如 U 盘、移动硬盘等）以及网络设备中存储的数据，在退役前必须进行彻底的数据擦除。使用专业工具执行擦除操作，确保所有剩余数据痕迹都被覆盖和清除。若设备无法进行有效数据擦除或损坏严重，则同样采取物理销毁的方式处理，避免数据泄露风险。

3. 云计算与虚拟化环境下的媒体安全

（1）虚拟机隔离与安全策略。

在云计算和虚拟化环境中，为确保不同虚拟机之间的数据隔离，可以采用虚拟机隔离技术，如虚拟机防火墙、微分割（Micro-segmentation）等，限制虚拟机之间的直接通信，防止恶意软件跨越虚拟边界。此外，应为虚拟机配置独立的安全策略，如访问控制列表（ACLs）、虚拟网络策略和安全组规则等，确保同一物理宿主机上的虚拟机间互不影响，降低跨虚拟机攻击的风险。

（2）云服务商合规性审查。

选择云服务商时，务必对其物理安全措施进行严格审核，包括数据中心的环境安全、设备安全以及存储和传输过程中的媒体安全。审查内容应涵盖云服务商的数据中心选址与建设安全、物理访问控制、环境监控与报警系统、存储介质的安全加密与报废处理，以及网络传输加密技术等。同时，核实服务商是否遵循相关的法律法规和行业标准，如 GDPR、HIPAA 等，确保数据存储和传输符合合规要求，降低法律风险。此外，云服务商应提供详尽的日志记录、审计跟踪以及透明的安全报告，以便用户随时了解和验证数据安全状况。

7.2　物理安全技术

物理安全技术是电子商务安全体系的基础支撑，通过确保物理层面的安全，能够间接提升整个电子商务系统的安全性和可信度。

7.2.1　数据备份技术

数据备份是把文件或数据从原来存储的地方复制到其他地方的操作，目的是在设备发生故障或发生其他威胁数据安全的情况时保护数据，将数据遭受破坏的程度减到最小。数据备份在大型企业是必须完成的数据保护任务计划，也是中小型企业系统管理员每天必做的工作之一。对于个人用户，数据备份也是非常必要的，只不过通常都被人们忽略了。取回原先备份的文件的过程称为恢复数据。

1. 数据备份的原则

一个完善的备份系统需要满足以下 7 项要求。

（1）稳定性。

备份产品的主要目的是为系统提供一个数据保护的方法，于是该产品本身的稳定性和可靠性就成为最重要的考量。首先，备份软件一定要与操作系统 100% 兼容；其次，当事故发生时，能够快速、有效地恢复数据。

（2）全面性。

在复杂的网络环境中，用户可能会使用各种操作平台，如 Unix、Linux、Windows、iOS 等，并安装各种应用软件，如数据库、集群系统等。选用的备份系统，要能支持各种操作系统、数据库和典型应用。

（3）自动化。

很多单位由于工作性质不同，对何时备份、用多长时间备份都有一定的规定。在下班时间，系统负荷小，适于备份，可是这会增加系统管理员的负担。因此，备份方案应能提供定时的自动备份，并利用磁带库等技术进行自动换带。在自动备份过程中，还要有日志记录功能，并在出现异常情况时自动报警。

（4）高性能。

随着业务的不断发展，数据会越来越多，更新也越来越快，在休息时间来不及备份如此多的内容，在工作时间备份又会影响系统运行性能。这就要求在设计备份方案时，应充分考虑到数据备份的速度，可利用多个磁带机并行操作。

（5）操作简单。

数据备份可应用于不同领域，而进行数据备份的操作人员的操作水平也有高低区别。这就需要一个直观的、操作简单的图形化用户界面，缩短操作人员的学习时间，减轻操作人员的工作压力，使备份工作能够轻松地设置和完成。

（6）实时性。

有些关键性的工作是需要 24 h 不停机进行的。在备份时，有一些文件可能仍然处于打开的状态，那么在进行备份时要采取相应措施，实时查看文件大小，进行事务跟踪，以保证准确无误地备份系统中的所有文件。

（7）容错性。

数据是备份在磁盘等存储介质上的，对存储介质进行保护，并确认介质中数据的可靠性，也是至关重要的。如果引入 RAID（redundant arrays of inexpensive disks，独立磁盘冗余阵列）技术，对磁带进行镜像，就可以更好地保证数据安全可靠，给用户数据再添加一把保险锁。

2. 数据备份的形式

常见的数据备份形式有 5 种：完全备份、复制备份、增量备份、差异备份和日常备份。最常用的是完全备份、增量备份和差异备份。

（1）完全备份。

完全备份也称全量备份，是指复制所有选定的文件，每个被备份的文件标记为已备份。备份存储介质上最后的文件是最新的。完全备份策略的优点是备份与恢复的操作比较简单，数据恢复所需的时间最短，相对来说也最为可靠；缺点在于需要备份的数据量最大，消耗的存储空间最多，备份过程也最慢。

（2）复制备份。

复制备份是指复制所有选定的文件，被备份的文件不做已备份标记。这种方式不会影响其他备份操作，用户可以在日常备份和增量备份之间使用复制备份来备份文件。

（3）增量备份。

增量备份是指仅对上一次备份以后更新的数据做备份。此种备份策略的优点是每次需要备份的数据量小，消耗存储空间小，备份所需时间短；缺点是备份与恢复的操作都较为复杂，备份时需要区分哪些数据被修改过，恢复时也需要以一次完全备份作为基础，然后依照一次次的增量备份，逐渐将系统数据恢复到最后一次备份时的状态。

（4）差异备份。

差异备份也称差量备份，是指复制自上次日常或增量备份以来所创建和更改的文件，被备份的文件不做已备份标记。如果用户同时使用了日常备份和差异备份，则在数据恢复时只需恢复上一次日常备份和上一次差异备份。

（5）日常备份。

日常备份是指复制在执行当天更改的所有选定文件，被备份的文件不做已备份标记。

在实际使用时，主要使用的是完全备份、增量备份、差量备份，这 3 种备份策略常结合使用，常用的方法有完全备份、完全备份＋增量备份、完全备份＋差异备份。

3. 数据备份计划的制订

对于重要的数据来说，制订一个清楚的数据备份计划非常重要，它能清楚地显示数据备份过程中的每一步重要工作。数据备份计划分以下 5 步完成。

①确定数据可能受到的安全威胁。完整考察整个系统所处的物理环境和软件环境，分析可能出现的破坏数据的因素。

②确定敏感数据。对系统中的数据进行挑选分类，按重要性和潜在的遭受破坏的可能性划分等级。

③对将要进行备份的数据进行评估。确定初始时采用的备份方式（完整备份、增量备份和差量备份）、备份数据需占用存储介质的容量大小，以及随着系统的运行备份数据的增长情况，以此确定将要采取的备份方式。

④确定备份所采取的方式及工具。根据上一步的评估结果、数据备份的财政预算和数据的重要性，选择备份方式和备份工具。

⑤实施备份工作。在执行数据备份时，最好选择在网络用户最少的时间段，如深夜、节假日等，以保证数据备份的完整性。

数据备份的周期主要取决于数据的价值和更新的速度，可以采用每周备份、每月备份以及存档备份。存档备份是简单的复制而不是完全备份。应当妥善保管备份存储介质，并定期检查数据备份的完好性，防止因保管不当而引起数据备份损坏或失效。

4. 数据备份的介质

计算机中的文件以二进制的方式存储在各种存储介质中，所以备份必须要使用存储介质。常见的存储介质有磁盘、光盘、移动硬盘、U 盘、网络备份等。

（1）磁盘。

磁盘又称硬盘，按照工作原理分为机械硬盘和固态硬盘。机械硬盘由一个或者多个铝制或者玻璃制的碟片组成。这些碟片外覆盖有铁磁性材料。绝大多数硬盘都是固定硬盘，被永久性地密封固定在硬盘驱动器中，并且配备有过滤孔，用来平衡空气压力。通过马达将磁盘进行旋转，并由磁头读写数据信息。磁头可沿盘片的半径方向运动，加上盘片每分钟几千次的高速旋转，磁头就可以定位在盘片的指定位置上进行数据的读写操作。磁头通过改变盘面磁颗粒极性来写入数据，通过探测磁极变化读取数据。

固态硬盘与机械硬盘的存储原理不同，存储方式是读写固态硬盘上的存储颗粒。固态硬盘在存储单元晶体管的栅（gate）中，注入不同数量的电子，通过改变栅的导电性能，改变晶体管的导通效果，实现对不同状态的记录和识别。有些晶体管，栅中电子数目的多与少，带来的只有 2 种导通状态，对应读出的数据就只有 0/1；有些晶体管，栅中电子数目不同时，可以读出多种状态，能够对应出 00/01/10/11（二进制数）等不同数据。

值得注意的是，二者虽然都可以备份数据，但由于存储的原理不同，固态硬盘的速度虽然快，但一旦损坏，数据恢复的可能性极小。而机械硬盘如果损坏，仍可以通过特殊设备读取盘片上的内容，恢复的概率要高很多。所以一般都使用机械硬盘来存储和备份重要的数据文件。

（2）移动硬盘。

普通的 3.5 寸机械硬盘一般用于计算机中，而为了方便携带、方便多机存储和还原、方便分类存放，可以使用专业的或自制的移动硬盘。作为随身数据存储的必要设备，要求移动硬盘不仅要具有防摔、抗震等强大的物理安全性能，同时还需要具备数据加密、防护备份等多方面数据安全功能。因此，虽然价格较高，选择具备数据安全性能的原装移动硬盘还是非常值得的。

对于经常需要进行大容量数据随身存储的用户来说，一款便于携带且具有海量数据存储功能的移动硬盘绝对是最佳选择。移动硬盘有如下 3 个特点：

⇨ 容量大。移动硬盘容量一般几 TB 到几十 TB，非常适合需要携带大型的图库、数据库、软件库的用户需要。

⇨ 兼容性好，即插即用。移动硬盘采用了计算机外设产品的主流接口——USB 接口，通过 USB 接口与计算机连接，十分方便。

⇨ 速度相对较快。移动硬盘大多采用 USB 2.0、USB 3.2 接口。当与主机交换数据时，大型文件保存仅需极短时间就可轻松完成，特别适合视频和音频文件的数据交换，远胜于其他移动存储设备。

（3）U 盘。

U 盘是近几年来使用较多的移动存储设备，同样也是一种不错的备份设备。它有众多特点，如体积小、价格便宜、质量轻、读写速度快、无须外接电源、可热插拔、携带方便等，不仅可在台式计算机、笔记本、苹果计算机之间跨平台使用，还可在不同的数码设备与计算机之间传输、存储各类数据文件，在保存数据的安全性上也表现得非常出色，并且有些 U 盘本身还带有加密功能，是普通用户备份数据的较佳存储设备。

U 盘的工作原理类似于固态硬盘，可以作为存储设备，但缺点仍然是数据出现故障后恢复成功率较低，所以如果使用 U 盘进行备份，最好还需要再补充另外一种备份方式。

（4）网络备份。

身处网络中，网络备份是可移动备份方法的一个很好替代。网络备份的思路很简单：把系统中的数据复制到网络中的另外一台存储设备中。

在复制数据时，网络备份与本机多硬盘备份非常相似，使用一样简单，一样能配置成自动执行备份任务。需要注意的是，计算机病毒也会在网络中传播。

网络备份在企业环境中的使用越来越多。企业通常使用一种集中的可移动存储设备作为备份介质，自动地备份整个系统中的数据。网络备份的缺点是备份时给网络造成的拥挤现象非常严重，而且备份数据所需时间过分依赖于网络的传输速度。

除了企业自己的网络备份外，还可以使用各大互联网公司的云盘进行备份，由于其专业的冗余备份技术和设备支持，数据绝不会因为设备损坏而丢失。但缺点就是隐私性文件、商业机密等文件有泄漏的可能性。所以可以先通过高强度的加密软件对文件进行加密后再上传，可以在一定程度上保障备份文件的安全。

7.2.2　磁盘容错技术

磁盘容错技术是一种用于保护数据安全和系统连续运行的技术，它通过在硬件层面实施冗余和错误纠正机制，确保即使磁盘硬件出现故障时，数据仍然能够得以保留，并且系统能够持续运行而不会造成服务中断。磁盘容错技术主要有以下 2 种。

1. 磁盘镜像技术

磁盘镜像（Disk Mirroring）是一种在存储系统中广泛使用的磁盘容错技术，它的核心原理是将数据同时写入 2 个或更多个相同的磁盘上，以创建数据的实时副本。这种技术的运作机制如下：

⇨ 数据同步写入。当系统进行数据写入操作时，同一份数据会被同时写入到镜像组中的每一个磁盘上。这意味着任何时候主磁盘上发生的写入操作，都会被精确无误地复制到镜像磁盘上。这种同步写入确保了数据在多个磁盘上的完整性一致性。

⇨ 冗余与容错。如果其中一个磁盘出现故障，由于其他磁盘上存有相同的数据副本，系统可以立即切换到健康的磁盘上继续读写操作，而不会影响到正常的业务服务。这种实时切换通常是通过存储控制器自动完成的，无须人工干预，大大提高了系统的可用性和数据的可靠性。

⇨ 恢复过程。当发生磁盘故障时，镜像技术允许系统在短时间内自动切换到镜像磁盘，保证数据访问不受影响。与此同时，故障磁盘可以被移除并更换新磁盘，新磁盘接入后，系统会自动开始数据同步过程，重新创建镜像，确保冗余恢复。

磁盘镜像虽然能有效提高数据安全性和服务连续性，但由于每次写入操作都需要在至少 2 个磁盘上执行，所以在一定程度上会降低写入性能。然而，对于读取操作而言，磁盘镜像实际上可以提高性能，因为数据可以从任何一个镜像磁盘中读取，从而实现负载均衡。

磁盘镜像技术在对数据安全性要求较高的电子商务、金融、医疗等行业中有广泛应用，尤其是在关键业务系统和数据库中，用来保障数据不因单点故障而丢失，确保业务连续运行，减少由硬件故障带来的经济损失和信誉损害。

2. 磁盘阵列技术

独立磁盘冗余阵列（Redundant Array of Independent Disks，RAID），也称为磁盘阵列。后来 RAID 中字母"I"的含义被改为 Independent，RAID 就成了"独立冗余磁盘阵列"，但这只是名称的变化，实质性的内容并没有改变。

RAID 技术是一种将多个磁盘组合起来，通过不同的数据分布策略和冗余方法，以提高存储系统的可靠性和可用性的技术。

RAID 技术不仅有多台驱动器并行工作，大大提高了存储容量和数据传输率，还采用了纠错技术，提高了存储可靠性。RAID 按工作模式可以分为 RAID 0、RAID 1、RAID 2、RAID3、RAID 4、RAID 5、RAID 6、RAID 7、RAID 10、RAID 53 等级别。在电子商务环境中，为了确保关键业务数据的安全，一般会选择具备冗余功能的 RAID 级别，如 RAID 1、RAID 5 或 RAID 6 等。

① RAID 1（镜像）。在 RAID 1 配置中，数据被完全镜像到 2 个或更多个磁盘上。这意味着每个写入操作都会同时在所有磁盘上进行，从而形成一份完整的数据副本。当其中任何一个磁盘发生故障时，由于其他磁盘上有同样的数据，系统可以从镜像磁盘中立即读取数据，实现无缝切换，保障服务的连续性。RAID 1 提供最高的数据冗余级别，但磁盘利用率最低，因为所有磁盘的空间都要用来存储相同的数据，所以利用率约为 50%（如果是 2 块磁盘镜像的话）。

② RAID 5。RAID 5 使用了一种称为分布式奇偶校验的机制。在 RAID 5 阵列中，数据和相应的奇偶校验信息分布在所有磁盘上，而不是单独为奇偶校验信息分配一个磁盘。这样一来，即使阵列中的某一块磁盘出现故障，其余磁盘上的数据和奇偶校验信息仍然足以重构故障磁盘上的数据，从而保证数据的完整性。RAID 5 在提供数据冗余的同时，提高了磁盘利用率（相较于 RAID 1），并且由于数据分布和读写操作的并行性，能够提高读写性能，尤其是在随机读取的情况下。

③ RAID 6。RAID 6 基于 RAID 5 之上，额外引入了一个独立的奇偶校验块，这样它可以同时容忍 2 个磁盘故障。相比于 RAID 5，RAID 6 通过 2 个独立的奇偶校验算法生成 2 个校验块，使得即使 2 个磁盘同时损坏，剩余的磁盘通过这 2 个校验块也可以重构丢失的数据。因此，RAID 6 在大型存储阵列中提供了更高的容错率，适用于对数据冗余和容错要求更高的场合。不过，由于需要存储额外的校验信息，RAID 6 的磁盘利用率会低于 RAID 5，但仍然高于 RAID 1。在写入性能上，由于需要计算 2 个奇偶校验块，RAID 6 的写入开销略大于 RAID 5。

RAID 的实现方法包括软件 RAID 和硬件 RAID 2 种。

软件 RAID 使用基于主机的软件提供 RAID 功能，是在操作系统级别上实现的。与硬件 RAID 相比，软件 RAID 具有成本低廉和简单直观的优点。但是，软件 RAID 软件 RAID 会影响系统的整体性能。而且由于软件 RAID 与主机操作系统绑定，因此需要对软件 RAID 或操作系统升级进行兼容性验证，只有当 RAID 软件和操作系统兼容时，才能对其进行升级，这会降低数据处理环境的灵活性。

硬件 RAID 包括基于主机的硬件 RAID 和基于阵列的硬件 RAID 2 种。基于主机的硬件 RAID 通常是将专用 RAID 控制器安装在主机上，并且所有磁盘驱动器都与主机相连，有的制造商还将 RAID 控制器集成到主板上。基于主机的硬件 RAID 控制器在包含大量主机的数据中心环境下并不是高效的解决方案。而基于阵列的硬件 RAID 是使用外部硬件 RAID 控制器充当主机与磁盘之间的接口，将存储卷呈现给主机，主机将这些卷作为物理驱动器进行管理。硬件 RAID 控制器主要用于管理与控制磁盘聚合、转换逻辑磁盘和物理磁盘之间的 I/O 请求以及在磁盘出现故障时重新生成数据。

7.2.3 数据容灾技术

数据信息除了需要容错技术的支持外，还需要满足一定的容灾要求。真正的数据信息容灾是指要能在灾难发生时全面、及时地恢复整个系统。在系统遭受灾害时，使系统还能工作或尽快恢复工作的最基础的工作是数据备份。对于一个容灾系统，如果没有备份的数据，任何容灾方案都没有现实意义。

1. 容灾技术指标

从技术上看，衡量容灾系统有 2 个主要指标——RPO 和 RTO。

数据恢复点目标（recovery point objective，RPO）主要指的是业务系统所能容忍的数据丢失量，代表了当灾难发生时允许丢失的数据量。

恢复时间目标（recovery time objective，RTO）主要指的是所能容忍的业务停止服务的最长时间，代表了系统恢复的时间，也就是从灾难发生到业务系统恢复服务功能所需要的最短时间周期。

由此可见，RPO 针对的是数据丢失，而 RTO 针对的是服务停止，二者没有必然的关联性。RPO 和 RTO 的确定必须在进行风险分析和业务影响分析后根据不同的业务需求确定。对于不同企业的同一种业务，RTO 和 RPO 的需求也会有所不同。

2. 容灾条件

容灾技术必须满足如下 3 个条件。

⇨ 系统中的部件、数据都具有"冗余性"，即一个系统发生故障，另一个系统能够保持数据传送的顺畅。

⇨ 具有"长距离性"。因为灾害总是在一定范围内发生，所以只有充分长的距离才能够保证数据不会被一个灾害全部破坏。

⇨ 容灾系统要追求全方位的数据"备份"，也称为容灾性。

3. 数据容灾的等级划分

国际标准 SHARE78 将容灾系统定义并简化成如下 4 个层次。

（1）第 0 级：没有备援中心。

这一级容灾备份实际上没有灾难恢复能力，它只在本地进行数据备份，并且被备份的数据只在本地保存，没有备往异地。

（2）第 1 级：本地磁盘备份，异地保存。

在本地将关键数据备份，在异地保存。灾难发生后，按照预定方式恢复程序、恢复系统和数据。这种方案成本低、易于配置。当数据量增大时，存在存储介质难管理的问题，并且当灾难发生时存在大量数据难以及时恢复的问题。为了解决此问题，灾难发生时，应先恢复关键数据，后恢复非关键数据。

（3）第 2 级：热备份站点备份。

在异地建立一个热备份点，通过网络进行数据备份，也就是通过网络以同步或异步方式，把主站点的数据备份到备份站点，备份站点一般只备份数据，不承担业务。当出现灾难时，备份站点接替主站点的业务，从而维持业务运行的连续性。

（4）第 3 级：活动备援中心。

在相隔较远处分别建立 2 个数据中心，它们都处于工作状态，并相互进行数据备份。当某个数据中心发生灾难时，另一个数据中心接替其工作任务。这种级别的备份根据实际要求和投入资金的多少，又可分为如下 2 种：

⇨ 2 个数据中心只限于关键数据的相互备份。

⇨ 2 个数据中心互为镜像，即实现零数据丢失。

零数据丢失是目前要求最高的一种容灾备份方式，它要求不管什么灾难发生，系统都能保证数据的安全。所以，它需要配置复杂的管理软件和专用的硬件设备，投资相对而言是最多的，但恢复速度也是最快的。

4. 常见的容灾方案

目前有很多种容灾技术，分类也比较复杂，总体上可以区分为离线式容灾（冷容灾）和在线式容灾（热容灾）2 种类型。

（1）离线式容灾（冷容灾）。

离线式容灾主要依靠备份技术来实现，其重要步骤是：将数据通过备份系统备份到磁带中，之后将磁带运送到异地保存管理。这种方式主要由备份软件来实现备份和磁带的管理，除了磁带的运送和存放外，其他步骤可实现自动化管理。整个方案的部署和管理比较简单，相应投入的成本也较少。但缺点比较明显：由于采用磁带存放数据，所以数据恢复较慢，而且备份窗口内的数据都会丢失，实时性比较差。对于资金受限、对数据恢复的 RTO 和 RPO 要求较低的用户可以选择这种方式。

（2）在线式容灾（热容灾）。

在线式容灾要求用户工作中心和灾备中心同时工作，用户工作中心和灾备中心之间有传输链路连接。数据自用户工作中心实时复制传送到灾备中心。在此基础上，可以在应用层进行集群管理,当用户工作中心遭受灾难、出现故障时,可由灾备中心自动接管并继续提供服务。应用层的管理一般由专门的软件来实现,可以代替管理员实现自动管理。由上述分析可见,实现在线式容灾的关键是数据的复制。

5. 容灾数据复制

数据复制的技术有很多种,从实现复制功能的设备分布上可大体分为 3 层——服务器层、存储交换机层和存储层。

（1）服务器层。

在用户工作中心和灾备中心的服务器上安装专用的数据复制软件,以实现远程复制功能。2 个中心之间必须有网络连接作为数据通道。可以在服务器层增加应用远程切换功能软件,从而构成完整的应用级容灾方案。这种数据复制方式相对投入较少,主要是软件的采购成本。另外,其兼容性较好,可以兼容不同品牌的服务器和存储设备,较适合硬件组成复杂的用户。但这种方式要在服务器上运行软件,不可避免地对服务器性能产生影响。

（2）存储交换机层。

存储交换机技术的发展使交换机可以实现更多的功能,很多原来由服务器和存储设备实现的功能现在也可在交换机层实现,如存储虚拟化等。由于交换机可以管理和复制的数据是存放在存储层的,因此用户需要将数据都存储在交换机所连接的存储设备中,这样就可以实现交换机对数据的管理和复制。目前采用这种方案的用户比较少。

（3）存储层。

远程数据复制功能几乎是现有中高端产品的必备功能。要实现数据复制,需要在用户工作中心和灾备中心都部署一套这样的存储系统,数据复制功能由存储系统实现。距离比较近（几十 km 之内）时,2 个中心之间的链路可由 2 个中心的存储交换机通过光纤直接连接；距离在 200 km 内时,可通过增加 DWDM 等设备直接进行光纤连接；距离超过 200 km 时,则可增加存储路由器进行协议转换,途经 WAN 或因特网实现连接。因此,从理论上说可实现无限制连接。在存储层实现数据复制功能是很成熟的技术,而且对应用服务器的性能基本没有影响。在应用层增加远程集群软件后就可以实现自动灾难切换的整体容灾解决方案。这种容灾方案稳定性高,对服务器性能基本无影响,是目前容灾方案的主流选择。

6. 容灾检测及数据迁移

对于一个容灾系统来讲,在灾难发生时,尽早地发现生产系统端的灾难,尽快地恢复生产系统的正常运行或者尽快地将业务迁移到备用系统上,都可以将灾难造成的损失降到最低。除了依靠人力来对灾难进行确定之外,对于系统意外停机等灾难,还需要容灾系统能自动地检测灾难的发生,目前容灾系统的检测技术一般采用“心跳”技术。

“心跳”技术的一种实现方法是:生产系统在空闲时每隔一段时间向外广播一下自身

的状态，检测系统在收到这些"心跳信号"之后，便认为生产系统是正常的。若在设定的一段时间内没有收到"心跳信号"，检测系统便认为生产系统发生了灾难。"心跳"技术的另外一种实现方法是：每隔一段时间，检测系统就对生产系统进行一次检测，如果在设定的时间内，被检测的系统没有响应，则认为被检测的系统发生了灾难。"心跳"技术中的关键点是"心跳"检测的时间和时间间隔周期。如果间隔周期短，会给系统带来很大的开销；如果间隔周期长，则无法及时地发现故障。

7.2.4　电磁防护技术

电磁防护技术（Electromagnetic Protection Technology）主要指用于保护电子设备、系统和信息不受电磁干扰（EMI）和电磁脉冲（EMP）影响的一系列技术和措施。这些技术旨在减少电磁噪声、防止数据泄露、保障设备正常工作，以及在军事和民用领域中确保信息安全和电磁环境的稳定。

在电子商务安全中，电磁防护技术虽不像密码学、访问控制那样直接与数据加密和用户身份验证相关联，但却是确保数据存储、处理和传输环境稳定、可靠的关键技术。对于电子商务安全有重要意义的电磁防护技术有几下 6 种。

1. 电磁屏蔽技术

电磁屏蔽技术用于减少或阻止电磁波对电子设备的干扰以及防止设备自身产生的电磁辐射泄漏。具体做法是采用金属外壳、导电涂层、金属网、铁氧体等屏蔽材料包围或包裹电子设备，形成一个阻挡电磁波传播的屏障。通过这种方式，外部的电磁干扰信号被削弱或反射，无法穿透屏蔽层干扰内部设备的正常运行；同时，内部设备发出的电磁辐射也被限制在屏蔽层内部，避免对外界环境和人体产生不良影响。

2. 接地与搭接技术

接地与搭接技术是一项重要的电磁兼容措施，它通过合理设计电路接地系统，将设备外壳、电缆屏蔽层等有效地连接至大地，形成良好的接地回路。这样可以快速释放设备累积的静电荷，防止静电放电对设备造成损伤，同时还能传导走设备受到的电磁骚扰能量，降低内部设备因电磁干扰而产生的误动作概率。

3. 滤波技术

滤波技术是在设备电源入口、信号线缆接口等关键位置安装电磁干扰滤波器，这些滤波器能够有效地滤除不必要的高频噪声和电磁干扰信号，从而确保输入设备的电源纯净、信号质量优良，减少对外部环境的电磁污染。

4. 电路设计优化

电路设计优化是指在设计电子设备时采用抗干扰策略，包括合理布局布线以减少电磁耦合，选择低噪声元器件以降低设备内部噪声源，以及设计专门的抗干扰电路，如 RC 滤波器、共模扼流圈等，以提高设备抵抗电磁干扰的能力。

5. 信号完整性保护

信号完整性保护主要通过阻抗匹配、差分信号传输、屏蔽线缆等技术，确保信号在传输过程中的质量稳定，降低电磁干扰对信号质量的影响。差分信号传输能够有效抵抗共模噪声，屏蔽线缆则可以减少串扰和电磁辐射。

6. 电磁兼容性设计

电磁兼容性设计是贯穿电子产品整个生命周期的设计理念，旨在确保设备在电磁环境中能够正常工作，既不对其他设备产生过量的电磁干扰，也能承受一定强度的电磁干扰而不受影响。这需要从产品设计之初就融入电磁兼容性设计理念，包括硬件设计、软件设计、工艺制造、测试验证等各个方面。

📖 拓展阅读

促进电子商务企业协同发展，发挥电商平台在市场拓展和产业升级等方面的支撑引领作用，加强数据、渠道、人才、技术等平台资源有序开放共享，强化创新链和产业链有机结合，推动产业链上下游、大中小企业融通创新。促进电子商务区域协同发展，引导电子商务服务区域重大战略，促进京津冀、长三角、粤港澳大湾区等区域间电子商务基础设施、服务资源、项目资金一体化建设，支持中西部地区激发自有资源优势，加强与东部电子商务较发达地区产销动态衔接，构建优势互补、深度协同的电子商务区域发展生态。

——《"十四五"电子商务发展规划》

📋 本章小结

本章首先从理论层面阐明了物理安全策略的构建原则与实施要点，细致剖析了环境安全策略如何确保数据中心、服务器机房及其他关键设施的物理环境稳定可靠，设备安全策略如何通过合理配置和管理硬件设施以降低设备故障与损坏风险，以及媒体安全策略在数据存储、传输过程中对于信息载体的有效管理和防护。随后，本章进一步聚焦于物理安全技术的实践应用，深入探讨数据备份技术如何在不同场景下实现数据的安全备份与恢复，磁盘容错技术如何通过冗余设计和智能检测机制确保数据存储系统的高可用性，数据容灾技术如何构建多层次防护体系以应对自然灾害、人为失误等各类突发状况，以及电磁防护技术如何通过抑制电磁辐射干扰和防止信息窃取来保障电子信息系统的安全运行。

通过本章的学习，学生不仅可以全面掌握物理安全在电子商务环境中的核心地位和重要性，更能系统了解并熟练运用各类物理安全策略和技术。

📋 **课后练习**

一、填空题

1. 媒体安全策略指通过对存储介质和数据传输过程采取_____、_____、_____等安全措施，防止数据在存储和传输过程中被窃取或非法利用。

2. 一个完善的备份系统需要满足7项要求，分别是_____、_____、_____、_____、_____、_____和_____。

3. 常见的数据备份形式有5种，分别是_____、_____、_____、_____和_____。

二、简答题

1. 简述环境安全策略的内容。

2. 简述磁盘容错技术的类别及其原理。

3. 列举常见的数据容灾方案。

第8章 CHAPTER 8

交易与支付安全

本章导言

交易安全与支付安全在电子商务生态中占据核心地位，是电子商务健康发展的关键，更是保障消费者权益、商家利益，乃至整个网络经济秩序稳定的基础。面对日益复杂的网络安全威胁，强化交易安全与支付安全体系建设，持续提升安全防护能力，已成为电子商务行业及所有参与者共同面临的紧迫任务。

学习目标

➤ 掌握交易流程的整体架构与关键安全节点，了解商品与服务交易中采用的安全保护措施。

➤ 掌握电子支付的基础知识，熟悉在线支付安全保障措施。

➤ 熟悉移动支付环境下的特有安全挑战以及对应的防护对策。

➤ 熟悉第三方支付平台的安全管理和风险控制策略。

素质要求

➤ 树立交易与支付安全核心意识，深刻理解其对电子商务生态稳定与各方权益保障的重要性。

➤ 精通交易流程安全架构与关键节点防护，具备识别并应对交易风险的能力。

8.1 交易安全

交易安全对于电子商务生态体系的健康发展具有全方位的推动作用，是电子商务安全体系中的关键一环：一方面，交易安全意味着用户在进行线上交易时，其个人信息、交易记录、支付数据等敏感信息得到有效保护，从而建立起用户对电子商务平台的信任；另一方面，健全的交易安全机制能够预防和打击诸如欺诈交易、洗钱、盗窃等犯罪行为，维护公平公正的市场秩序，保障商家和消费者的合法权益。

8.1.1 交易流程概述

电子商务交易流程是整个电子商务活动的基础结构，主要包括如下 11 个环节。

1. 用户注册与登录

在电子商务平台上，用户首先要完成注册过程，通常需要提供电子邮件地址、手机号码或其他联系方式，并设定安全强度较高的登录密码。为了增加账户安全性，现在许多平台还会要求用户进行手机验证或邮箱验证，通过发送验证码确认用户身份的真实性。注册完成后，用户使用用户名和密码登录账户，开始参与电子商务的各项活动。

2. 商品搜索与浏览

用户通过平台内置的搜索引擎输入关键词，或者利用分类导航菜单，寻找自己想要购买的商品。平台通常会利用人工智能和大数据技术，根据用户的购物历史和浏览行为进行个性化推荐。商品详情页面会详尽展示商品的价格、实物图片、产品说明、规格参数、用户评价等内容，帮助用户做出购买决策。

3. 购物车功能

用户在浏览过程中，可以将心仪的商品添加至虚拟购物车，这是一个临时存储区域，方便用户集中管理和比较多个商品，最后一次性结算购买。购物车功能支持增删商品、修改商品数量等功能，确保用户能灵活地管理购买意向。

4. 商品选择与订购

用户在确认购物车内商品数量、颜色、尺寸等信息无误后，点击"立即购买"或"加入购物车后结算"按钮，正式提交购买请求。此时，系统会引导用户进入订单确认页面，再次核对商品信息和总价。

5. 填写收货信息

在订单提交前，用户必须准确无误地填写收货地址，包括收件人的姓名、联系电话以及详细的收货地址，以便商家准确投递包裹。部分平台还支持保存多个地址供用户选择或新增临时地址。

6. 选择支付方式

电子商务平台通常支持多种支付方式，包括但不限于信用卡、借记卡、第三方支付平台（如支付宝、微信支付、PayPal 等），以及货到付款等线下支付方式。用户可根据自身偏好和实际情况选择合适的支付方式。

7. 支付环节

用户在确认支付金额无误后，按照支付平台的指引完成支付操作。这一步骤可能涉及输入银行卡信息、支付密码、验证码，或者使用生物识别技术（如指纹识别、人脸识别等）进行身份验证，以确保交易安全。

8. 订单确认与处理

商家在后台收到支付成功的通知后，会对订单进行有效性确认，核实支付款项、商品库存等信息，然后开始进行订单处理流程，包括商品打包、物流发货准备等工作。

9. 物流跟踪

电子商务平台通常会提供物流跟踪服务，用户可以通过订单详情页面查看包裹的配送进度，了解货物运输的实时状态，直到商品送达指定的收货地址。

10. 收货确认

用户收到商品后，应检查商品是否符合订单要求，无误后可在线上进行收货确认，这标志着交易流程接近尾声。在某些平台上，收货确认后平台才会释放交易款项给商家。

11. 售后服务

若用户在收到商品后发现商品存在问题，如商品破损、质量问题、与描述不符等情况，有权依据平台规则和商家售后政策提出退换货或维修申请。商家需按照相关政策及时处理用户的售后诉求，以保障消费者权益，维护品牌形象。

8.1.2　交易流程中的关键安全节点

交易流程中的关键安全节点是指在电子商务交易过程中，那些一旦遭到破坏或疏忽就可能导致严重安全问题的环节，主要有以下几个方面。

1. 用户信息保护

该节点的安全风险包括黑客攻击、内部泄漏、钓鱼攻击等可能导致用户个人隐私信息（如姓名、地址、电话、邮箱、支付信息等）被窃取。

防护措施主要有如下 4 种：

⇨ 实施严格的用户信息采集、存储和使用的管理制度，如最小权限原则和数据脱敏技术等。

⇨ 使用 HTTPS 加密传输协议保护用户信息在网上传输的安全性。

⇨ 强制实施强密码策略和双因素认证，增强用户账户安全性。

⇨ 定期进行安全审计和员工安全培训，防止内部人员不当操作。

2. 交易信息加密

该节点的安全风险包括交易数据在传输和存储过程中可能遭遇窃听、篡改或丢失。

防护措施主要有如下3种：

⇨ 使用 SSL/TLS 等加密技术保证交易信息在网络传输过程中的保密性。

⇨ 对存储在数据库中的交易记录进行加密存储，采用密钥管理策略确保数据安全。

⇨ 实现交易数据完整性保护。例如，通过哈希函数和数字签名确保交易信息不被篡改。

3. 支付安全验证

该节点的安全风险包括支付欺诈、恶意扣费、第三方支付接口攻击等。

防护措施主要有如下3种：

⇨ 引入第三方支付平台进行支付处理，这些平台通常遵循严格的支付安全标准（如 PCI DSS 等）。

⇨ 实施严格的支付验证机制，如银行卡 CVV/CVC 验证、3D Secure 等二次验证服务。

⇨ 建立风险控制系统，实时监控异常交易行为并及时采取行动。

4. 物流跟踪安全

该节点的安全风险包括物流信息泄露、物流跟踪系统遭入侵、假物流信息诈骗等。

防护措施主要有如下3种：

⇨ 物流信息采用加密技术传输，避免信息在传递过程中被截获。

⇨ 与信誉良好、具备安全技术实力的物流公司合作，确保物流信息系统安全。

⇨ 对物流信息进行有限度公开，避免显示过于详细的个人地址信息。

5. 售后隐私保护

该节点的安全风险包括售后处理过程中客户隐私泄露、纠纷处理文档安全、客户反馈信息被盗用等。

防护措施主要有如下3种：

⇨ 建立完善的数据保护机制，确保售后处理中涉及的用户隐私信息得到妥善保管。

⇨ 对于售后沟通记录和文档进行加密存储，并严格控制查阅权限。

⇨ 对于客户反馈信息进行去标识化处理，尽可能保护用户隐私。

通过以上一系列安全措施，电子商务平台可以在交易流程的关键节点建立起一道道防线，最大限度地保护用户信息安全，维护电子商务生态系统的安全与稳定。

8.1.3 商品与服务交易保护措施

商品与服务交易的安全涉及3个核心层面的保护措施，分别介绍如下。

1. 交易安全机制

（1）用户身份验证。

用户身份验证是电子商务交易的第 1 道防线，通常采用多种身份验证技术确保只有合法用户才能进行交易操作。密码验证是最基本的形式，要求用户设置复杂且唯一的登录密码；手机验证码则通过绑定用户手机，将一串随机验证码发送至用户手机，确保操作者拥有对应的手机号；生物特征识别技术如指纹识别、面部识别和声纹识别，利用用户独一无二的生物特征进行身份确认，提高了账户安全性。

（2）交易授权验证。

在支付环节，交易授权验证是为了确保用户有足够的资金或信用额度进行交易。通过与银行或第三方支付平台的合作，系统会在交易发起时对用户的账户状态和支付限额进行实时验证，以防止超额支付、恶意透支或未经授权的支付行为。这一过程通常伴随着银行或支付平台的安全验证机制，确保交易请求来自于合法的支付渠道。

（3）交易完整性保护。

交易完整性保护主要是指确保交易信息在传输过程中不被篡改或伪造。数字签名技术通过使用公开密钥 / 私有密钥对数据进行加密和签名，确保数据来源真实且未经篡改；哈希函数可以将任意长度的消息压缩为固定长度的哈希值，用于验证数据完整性，任何对原始数据的改动都会导致哈希值的变化。交易日志记录了交易全过程，包括发起、处理和结束等环节，为后期审计和问题排查提供了依据。

（4）反欺诈系统。

反欺诈系统利用大数据分析和机器学习等技术手段，对用户行为进行实时监控和分析。系统能识别出异常登录（如异地登录、频繁登录失败等）、大额异常交易（超过用户正常消费习惯的交易）、高频交易（短时间内大量交易请求）等可疑行为，一旦发现异常情况，系统将自动触发预警，并可能采取限制交易、冻结账户等措施，有效防止欺诈交易的发生。

（5）安全支付接口。

安全支付接口是电子商务平台与金融机构或第三方支付平台之间数据交互的安全通道。通过采用诸如 HTTPS、SSL/TLS 等加密通信协议，确保支付信息在互联网传输过程中处于加密状态，无法被第三方窃取和解密，从而有效保护用户的支付信息和个人隐私，降低了金融风险。同时，支付接口的安全设计还包括了防止中间人攻击、拒绝服务攻击等常见的网络安全威胁，以确保支付环节的安全性。

2. 交易数据保护

（1）数据加密存储。

为了保护交易数据在存储阶段的安全，电子商务平台会采用数据加密技术，如 AES、RSA 等现代加密算法，对存储在服务器数据库中的交易数据进行加密处理。即便数据意外泄露或被非法获取，攻击者也无法直接解密获取原始数据，从而大大提高了数据安全的防护等级。

（2）数据脱敏处理。

在数据备份、迁移或进行数据分析时，对于敏感的交易信息，如银行卡号、身份证号、手机号等，会采用数据脱敏技术进行处理。这种技术会替换或遮蔽部分敏感信息，比如将完整的银行卡号替换成部分掩码（如前四位和后四位显示，中间用星号代替等），或通过哈希、同态加密等技术转换为不可逆的密文。如此一来，即便数据在非生产环境中流转，也能有效保护用户隐私，降低敏感信息泄露的风险。

（3）访问控制。

实施严格的访问控制策略是确保交易数据安全的重要一环。平台会定义不同层级的访问权限，仅授权必要的系统或经过认证的工作人员访问交易数据。访问权限通常基于最小权限原则，即每个用户或系统进程仅授予完成任务所需的最少权限。同时，所有访问行为会被记录在审计日志中，以便于事后追溯和责任认定。

（4）数据生命周期管理。

数据生命周期管理涵盖了数据从产生、使用、存储、归档到销毁的全过程。对于交易数据，平台应根据法律法规要求设定合理的存储期限，并在数据到达存储期限后对其进行定期清理和销毁。此外，对于不再需要的交易数据，也要及时删除，以减小数据泄露的可能性和影响范围。同时，应确保数据删除操作是不可逆的，真正意义上消除潜在的数据安全风险。

3. 交易纠纷处理与法律保障

（1）退款退货政策。

退款退货政策是电子商务平台为保障消费者权益而设立的重要规则。平台应确保政策清晰明确，包含商品质量不合格、描述不符、误购等情况下的退款退货条件、流程和时限，并确保这些政策符合国家和地方的相关法律法规，如《中华人民共和国消费者权益保护法》中的七天无理由退货规定等。平台还需通过流程设计，简化消费者申请退款退货的操作，使消费者在合理范围内能轻松行使自己的权利。

（2）争议解决机制。

建立有效的争议解决机制是维持电子商务环境和谐有序的关键。平台需提供在线调解、申诉渠道，允许买家和卖家就交易纠纷进行线上沟通和协商。当买卖双方不能达成一致时，平台可在必要时介入调解，通过客服团队协助解决问题，甚至引入第三方仲裁机构进行裁定。此外，平台还可建立评价系统和信用积分制度，鼓励诚信交易，抑制不良商业行为。

（3）法律援助与合规咨询。

平台应设有法律援助资源，为用户和商家提供必要的法律咨询服务，解答他们在交易过程中可能遇到的法律疑问，确保交易活动符合国家法律法规和行业标准。这包括但不限于《中华人民共和国电子商务法》《中华人民共和国广告法》《中华人民共和国产品质量法》等相关法律法规。在发生法律纠纷时，平台可提供一定的法律援助指引，协助用户依法维护自身权益。

（4）消费者权益保护法与电子商务法落实。

平台在制定内部规章制度和进行交易活动时，要严格遵循《中华人民共和国消费者权益保护法》和《中华人民共和国电子商务法》等法律法规，确保所有经营活动合法合规。这包括但不限于保护消费者知情权、选择权、公平交易权、求偿权等，以及加强对虚假宣传、侵犯消费者隐私、不公平格式条款等问题的治理。

（5）合同法律效力。

电子商务交易中的合同，如电子订单、电子协议等，应具有法律效力。为此，平台应采用数字签名、时间戳等技术，确保交易合同的完整性和不可抵赖性。数字签名可以验证合同签署者的身份和意愿，而时间戳则能够确定合同签署的时间点，这些技术共同确保电子合同如同纸质合同一样具备法律约束力。当发生纠纷时，具备法律效力的电子合同可作为有力的法律证据。

8.2 支付安全

电子商务中的支付安全主要是指电子支付安全，它涵盖了在电子商务交易过程中涉及的所有电子支付环节的安全保障措施和机制。确保电子支付安全能够有效保护用户的资金和个人信息，防止交易过程中的数据篡改、信息泄露、非法盗用资金等风险，从而维持电子商务活动的正常进行和用户的信任度。

8.2.1 电子支付简介

1. 电子支付的概念

电子支付（Electronic Payment）是一种利用现代信息技术手段，在互联网、移动网络以及其他电子通信渠道上进行货币价值转移的支付方式。它允许消费者、商家、政府机构和金融机构等参与者通过电子终端、计算机网络和移动设备等介质发出支付指令，实现即时的资金清算与转账。

电子支付的核心特点是将传统的纸质货币或硬币形式的资金转换为电子化形式，通过数字化信息在网络中流通，大大提升支付效率，减少实物货币的物理流动。

2. 电子支付系统的基本构成要素

电子支付系统是指利用电子信息技术手段和网络通信技术，在线或离线环境下，通过电子方式进行货币价值转移的机制和服务体系。通过电子支付系统，用户能够快速便捷地进行跨地域、跨机构的资金转移，广泛应用于零售消费、电子商务、企业间交易、公共服务缴费等诸多场景中，大大提高了金融服务效率和社会经济活动的便利性。

（1）电子支付系统的核心组成部分。

①支付服务提供商。如中央银行、商业银行、第三方支付机构等，它们负责处理、清算和结算电子支付交易。

②法规与标准。监管机构制定的法律法规及行业标准，确保电子支付的安全性、可靠性和合规性。

③信息技术基础设施。包括计算机系统、网络通信设施、安全加密技术、软件应用等，用于存储、处理、传输支付相关的数据和指令。

④支付工具。如电子现金、数字货币、信用卡、借记卡、电子钱包、预付卡、智能卡等，这些工具承载了用户账户的信息，并被用于发起和接收支付请求。

⑤交易流程。涵盖用户身份认证、账户授权、资金划拨、交易确认、对账结算等一系列环节。

（2）电子支付系统的参与者。

电子支付系统是一个复杂的多方协作系统，涉及众多参与者共同构建和维护支付生态，主要有如下9种类型。

①消费者（支付者）。他们是电子支付活动的发起者，包括个人消费者和企业用户，通过电子支付系统进行商品或服务的购买。消费者通过各种支付工具（如银行卡、电子钱包、移动支付应用等）进行支付操作。

②商家（收款者）。商家是销售商品或提供服务的一方，通过接入电子支付系统接收消费者的支付款项。商家需要在自己的交易平台（如电子商务网站、实体店POS系统等）上安装或集成支付接口，以便于消费者进行支付。

③银行或金融机构。银行在整个电子支付系统中承担着核心的角色，包括发卡银行（发放信用卡和借记卡）、持卡银行（处理消费者的支付请求）、接收银行（接收商家的资金）。银行负责资金的划拨、清算、结算等操作，并确保支付系统的稳定和安全。

④支付服务提供商。如支付宝、微信支付、PayPal等第三方支付平台，它们提供支付接口、后台服务以及完整的支付解决方案。通过与银行、商家以及消费者进行对接，实现交易信息的处理和资金流转，同时提供风险管理、账户管理、数据分析等一系列增值服务。

⑤支付网关。支付网关作为连接电子商务网站或应用与银行系统的中间环节，负责处理交易请求、数据加密、解密和格式转换等工作，确保交易信息在传输过程中的安全性，并对交易进行初步的验证和授权。

⑥监管机构。如各国央行、金融监管局等，它们负责制定和执行关于电子支付的法律法规、政策指引和技术标准，监督支付系统的合规性，保护消费者权益，维护金融市

场的稳定和安全。

⑦认证机构。证书颁发机构（CA）提供数字证书服务，用于对电子支付过程中涉及的用户身份、设备、交易信息等进行真实性、完整性和私密性的验证，确保支付交易的可信度和安全性。

⑧电信运营商。在移动支付场景中，电信运营商提供网络连接服务，同时通过短信验证码、语音验证码等方式协助完成支付验证，确保支付操作是由真实用户本人进行的。

⑨硬件和软件供应商。包括提供 POS 机、读卡器、智能支付终端等硬件设备的供应商，以及提供支付系统软件开发工具包（SDK）、支付安全软件、移动支付 APP 等服务的供应商。这些供应商的技术支持和产品创新为电子支付系统的建设和升级提供了必要的物质和技术基础。

3. 主流的电子支付方式

电子商务中的电子支付方式多样，如下是 9 种主流的电子支付方式。

（1）信用卡 / 借记卡支付。

这种支付方式是用户在网上购物时，通过电子商务网站或应用程序输入其信用卡或借记卡信息，包括但不限于卡号、有效期、安全码（CVV/CVC），然后通过支付网关与银行系统进行通信。银行系统验证这些信息的有效性，并在确认无误后，从用户的银行账户中扣取相应款项，完成在线支付。这种方式通过加密技术确保交易数据的安全，且通常会有多重安全验证，如 3D Secure 验证等。

（2）第三方支付平台。

第三方支付平台如支付宝、微信支付、PayPal、Stripe 等，为用户提供一个集中的支付服务，用户首先在平台上注册账号并绑定银行卡。在购物时，用户选择第三方支付平台作为支付方式，输入登录凭证并通过平台验证（可能包括指纹识别、面部识别、短信验证码等），平台将代为完成与银行的交互，从用户绑定的银行卡中扣款。这种支付方式极大程度地简化了支付流程，增加了支付安全性，同时也便于用户跟踪和管理交易记录。

（3）移动支付。

移动支付是指通过智能手机或其他移动设备进行的支付行为，涵盖多种支付方式。

①扫描二维码支付。此支付方式非常普遍，用户只需打开手机上的微信、支付宝或其他支持二维码支付的应用，扫描商家展示的二维码，通常该二维码包含了商家的收款信息和交易金额。用户扫描后，会在手机屏幕上显示交易详情，用户确认无误后，输入支付密码、指纹识别或面部识别等验证信息，完成身份验证，系统随即从用户的电子钱包或绑定的银行卡中扣款。二维码支付的优点在于操作简单、快捷，无需用户手动输入大量信息，但需要注意防范虚假二维码和支付安全问题。

②NFC 近场通信支付。NFC（Near Field Communication）支付是一种非接触式的无线通信技术，用户通过具备 NFC 功能的手机（如使用 Apple Pay 或 Samsung Pay 的

iPhone 或安卓手机等）靠近支持 NFC 的 POS 机或者其他兼容设备，手机内的电子钱包信息会被激活并与支付终端进行数据交换。在此过程中，用户可能需要通过 Touch ID（指纹识别）、Face ID（面部识别）或 PIN 码等方式进行身份验证。验证通过后，手机会瞬间完成支付。NFC 支付的优势在于速度快、无须解锁手机或打开特定应用，但需设备支持 NFC 功能并且在近距离接触下才能完成交易。

③移动网银支付：用户通过手机银行应用完成支付的过程更为正式和全面，用户首先要在银行 App 中登录自己的账户，然后选择转账或支付功能，输入收款方信息（如对方银行账号、姓名或手机号等），设定转账金额，并按照银行要求进行身份验证。验证方式通常包括短信验证码、动态口令、指纹识别、面部识别等，确保交易的安全性。移动网银支付适用于更多类型的交易场景，包括转账给他人、支付公共事业费用、购买理财产品等，且不受地理位置限制，只要有网络连接就能完成。然而，相较于二维码和 NFC 支付，其操作流程相对复杂一些。

（4）电子钱包。

电子钱包如支付宝钱包、微信钱包等，允许用户将资金充值到虚拟钱包账户中，之后可直接使用钱包内的余额进行购物支付。另外，用户还可以将银行卡与电子钱包关联，这样在支付时，可以直接从银行卡中扣款而无须再次输入银行卡信息。电子钱包通常具有多种金融服务功能，如转账、理财、缴费等。

（5）网上银行转账。

用户通过登录个人网上银行系统，手动输入收款方（通常是商家指定的银行账户）信息，然后发起转账指令。在转账过程中，银行会对用户身份进行验证，并确保交易的准确性和安全性。一旦转账成功，商家即可收到款项，完成支付。

（6）直接扣款。

在某些情况下，用户会事先授权商家或服务提供商，在未来某个时间点或满足某种条件时，可以从其银行账户中直接扣取特定金额的款项。这种支付方式常见于定期服务费、分期付款计划等场景，需要用户签署授权协议并确保银行账户中有足够资金可供扣款。

（7）分期付款。

分期付款服务通常由信用卡公司或金融机构提供，用户在购买商品或服务时可以选择分期付款选项，将总价分摊至数个月份进行偿还。这种支付方式有助于缓解用户短期内的资金压力，但通常会产生一定的利息或手续费。

（8）数字货币支付。

数字货币支付是指使用像国家官方发行的法定数字货币（如中国人民银行的数字人民币）进行的支付行为。用户需要拥有数字钱包，并通过区块链网络进行资产转移。

（9）预付费卡支付。

预付费卡（如礼品卡、充值卡）是一种预存有一定金额的支付工具。用户先购买并充值，然后在电子商务平台购物时，输入预付费卡信息进行支付，直至卡内余额用尽为止。预付费卡既可以作为礼品赠予他人，也可以作为一种自我财务管理工具，限制不必要的消费。

8.2.2 在线支付安全保障技术

在电子商务环境中，尤其是在处理在线支付这类涉及敏感财务信息的环节，安全保障技术显得尤为重要，主要有以下几个方面。

1. 用户身份认证与授权机制

用户身份认证与授权机制是确保交易安全的第 1 道防线，通过采用先进且多样化的身份验证方法，如双因素认证、生物特征识别以及数字证书等技术手段，确保只有合法用户才能执行支付操作。这些技术不仅极大地增强了账户安全性，还能有效抵御各类非法侵入和欺诈行为。

（1）双因素认证。

双因素认证（Two-Factor Authentication，2FA）是一种多层次的验证方法，旨在提高账户安全性，防止仅凭单一密码即可获得访问权限的情况发生。

它要求用户提供 2 种不同形式的身份验证证据，通常分为知识因素和拥有因素。知识因素是用户知道的信息，最常见的例子就是用户名和密码组合。除此之外，也可以是一串只有用户自己才知道的口令、PIN 码或者答案。拥有因素是用户拥有的实体或虚拟物品，如手机接收的一次性验证码（OTP），这种验证码可以通过短信、电子邮件或专门的认证应用程序（如 Google Authenticator）获取；或者是硬件令牌生成器产生的动态密码。

另外还包括生物特征因素，尽管生物特征通常不被视为"双因素"中的一种单独因素，但在某些高级身份验证方案中，它可能会与另一种因素结合使用，形成多因素认证。例如，在部分支付平台上，用户登录后可能还需要扫描指纹或通过面部识别才能完成支付操作。

（2）生物特征识别。

生物特征识别利用人体固有的唯一特征进行身份验证，这些特征难以伪造且通常随身携带。具体技术包括指纹识别、面部识别、虹膜识别、声纹识别等。

⇨指纹识别。通过比对用户的指纹细节信息确认是否匹配预先录入的指纹模板。

⇨面部识别。利用摄像头捕捉并分析用户的脸部特征，包括几何形状、皮肤纹理、虹膜位置等复杂信息。

⇨虹膜识别。虹膜是眼睛中独一无二的结构，高精度虹膜识别技术可检测微小的虹膜图案差异。

⇨声纹识别：通过分析用户的声音波形和音色特性判断说话者是否为合法用户。

（3）数字证书。

数字证书由权威的证书颁发机构（CA）发行，它将用户的公开密钥与唯一的身份信息绑定在一起，并通过 CA 的私有密钥进行签名，确保其真实性不可抵赖。在在线支付场景中，数字证书的作用包括如下 3 个方面：

⇨ 身份验证。客户端或服务器端向对方展示有效的数字证书，以证明自己的真实身份，防止冒名顶替。

⇨ 加密通信。通过数字证书中的公开密钥加密敏感信息，只有持有对应私有密钥的一方才能解密，确保数据在传输过程中的保密性。

⇨ 完整性校验。数字签名可以验证数据在传输过程中是否被篡改，确保交易信息的完整性和可靠性。

这些用户身份认证与授权机制共同构建了一道坚固的安全防线，不仅提高了在线支付账户的安全级别，也增强了用户对电子支付的信任度和信心。随着技术的发展，越来越多的安全验证手段正不断涌现和完善，以适应日益复杂的网络安全环境。

2. 支付数据加密与传输安全

在线支付过程中，敏感信息的加密处理和安全传输至关重要。通过采用业界公认的标准加密技术（如 AES、RSA 等）对交易数据进行加密，可以确保即使数据在传输过程中被截获，也无法被破译。同时，利用安全传输层协议（TLS/SSL）保证数据在公网中的安全传输，并配合严谨的密钥管理机制，可以确保从数据生成、传输到存储的全链条安全。

（1）加密技术。

在线支付系统的核心安全组件之一就是强大的加密技术，用于保护用户的敏感金融信息免受恶意攻击。例如，在处理信用卡号、银行账号、个人身份信息以及其他重要交易详情时，会采用高级加密标准（AES）和公开密钥加密算法（RSA）等技术。

AES 是一种对称加密算法，因其高效性和安全性而广受欢迎，尤其适用于大量数据的实时加密，如存储在数据库中的用户支付信息或者在系统内部传输的数据块等。

RSA 则是非对称加密算法的代表，它使用一对公开密钥和私有密钥，其中公开密钥用于加密数据，私有密钥则用于解密。在线支付场景下，RSA 常用于实现身份认证、数字签名以及在不安全信道上交换对称加密密钥等目的。

这 2 种加密算法结合使用，能够为在线支付系统构建起坚实的信息防护屏障，确保即使数据在传输过程中被拦截，也因为无法获得相应的密钥而无法解读信息内容。

（2）TLS/SSL 协议应用。

Transport Layer Security（TLS）和其前身 Secure Sockets Layer（SSL）是构建在 TCP/IP 协议之上，为网络通信提供端到端安全保证的协议。在在线支付环节，所有涉及用户数据交互的部分都会启用 TLS/SSL 加密连接。

具体来说，当用户与支付系统进行交互时，首先会通过 TLS/SSL 握手过程协商加密套件（包括加密算法、散列函数和密钥长度等），并基于此生成唯一的会话密钥。然后，这个临时的会话密钥将用于对接下来的所有交易数据进行实时加密，使得即便数据在网络中传输，任何第三方都无法读取或修改这些数据，从而保障了支付信息安全无虞。

（3）密钥管理机制。

一个健全的密钥管理体系是确保加密有效性及安全性的基石。该机制涵盖了密钥的整个生命周期，包括密钥的生成、分发、存储、更新、撤销以及销毁等各个阶段。有效的密钥管理策略和实践包括如下 5 种：

⇨ 密钥的随机生成以确保其难以预测。

⇨ 安全的密钥分发渠道，防止在传递过程中密钥泄露。

⇨ 使用专用硬件安全模块（HSM）或其他安全存储方案来保管密钥。

⇨ 定期更换和更新密钥，避免长期使用同一密钥导致安全风险增加。

⇨ 对不再使用的密钥进行安全撤销和销毁，消除潜在的安全隐患。

3. 支付接口与支付网关安全设计

（1）支付接口安全设计原则。

支付接口作为连接支付平台与其他服务的关键纽带，其设计必须遵循严格的安全原则，主要有以下 5 点。

①最小权限原则。设计接口时应仅赋予接口完成指定功能所需的最少权限，即接口只能访问和操作与其职责相符的数据和服务，避免因过度授权带来的安全隐患。例如，一个订单确认接口仅需要权限去验证订单状态和发起支付请求，而不应该具备修改核心用户信息或查看其他无关订单的权限。

②输入验证。对所有输入数据进行严格的校验，防止 SQL 注入、跨站脚本攻击（XSS）、命令注入等各种形式的注入攻击。这通常包括检查数据类型、长度、格式和内容的有效性。例如，对于银行卡号字段，应确保输入的是合法的卡号格式；对于金额字段，要确保数值在合理范围且不含有非法字符。

③输出过滤与脱敏。对从服务器返回给客户端的数据进行适当处理，避免敏感信息泄露，如通过加密或脱敏等技术隐藏部分卡号信息，同时对可能存在的 HTML、JavaScript 等内容进行转义，防止 XSS 攻击。

④使用安全协议。强制执行 HTTPS 协议，确保数据在传输过程中的加密性和完整性，使用最新版本的 TLS 协议，废弃过时且存在已知漏洞的旧版 SSL 协议。

⑤API 密钥管理与认证。为每个接入方分配唯一的 API 密钥，并实行轮换和失效机制，确保接口调用的身份验证和授权控制。

（2）支付网关的安全策略。

支付网关的安全策略应涵盖如下 4 个层次。

①严格的访问控制。采用多层次的身份验证机制，如多重因素认证（MFA），确保只有授权用户和服务能与支付网关进行交互。

②安全交易处理流程。设计流程以防止交易重放攻击，使用一次性令牌、nonce 值或者时间戳来确保交易的唯一性和不可预测性。

③实时风险监测与防御系统。搭建风控引擎，监控异常交易行为，识别潜在的欺诈活动，并及时做出响应，如冻结可疑交易、通知用户或启动调查程序。

④合规性与国际安全标准。不仅要满足 PCI DSS 这样的行业特定标准，还要符合ISO 27001 等通用信息安全管理体系标准，以及适应不断变化的法规环境，如 GDPR 强调的个人数据保护要求。

总的来说，支付接口和支付网关的安全设计是一个综合性的工程，要求在架构层面、代码编写、运维管理等多个维度落实安全措施，通过遵循国际公认的最佳实践和标准，确保支付服务在高效运作的同时，最大程度地保障用户数据安全。

8.2.3 移动支付安全

在线支付安全保障和技术涵盖了所有电子支付形式的基础安全框架，它不仅包括传统的基于网页和应用程序的在线支付，还涵盖了各种支付场景下的通用安全措施，而移动支付作为在线支付的一个重要分支，其安全问题具有一定的特殊性和复杂性。针对移动设备自身的特性，移动支付安全领域又衍生出了一系列特定的安全挑战和应对策略。

1. 移动支付的概念

移动支付（Mobile Payment）是指利用移动通信设备（如智能手机、平板电脑、智能手表等）及无线通信技术，通过移动终端上的应用程序（App）、近场通信（NFC）、二维码扫描、短信支付等方式，完成货币交易和资金转移的一种支付方式。移动支付能够随时随地进行，无须物理现金或信用卡，极大地提高了支付的便利性和效率。

移动支付技术已经广泛应用于电子商务、零售、餐饮、交通、公共服务缴费等诸多领域，成为现代生活中不可或缺的一部分。

2. 移动支付的特点

移动支付具备如下 7 个显著特点。

（1）便捷性。

移动支付的便捷性体现在用户只需一部联网的移动设备，如智能手机或智能手表等，就可以在任何有网络信号的地方进行支付操作。不论是在商店购物、餐厅用餐、公共交通出行，还是在线购物，用户无须携带现金或银行卡，只需打开相应的支付应用程序，扫描二维码、轻触 NFC 设备，甚至通过生物识别技术（如指纹、面部识别等）即可完成支付。这一特性极大地简化了支付流程，方便了用户的生活和商业活动。

（2）实时性。

移动支付交易具有很高的实时性，一旦交易请求被提交，系统通常会在极短的时间内完成验证、扣款和确认的过程。无论是个人之间的转账，还是购买商品或服务，交易双方都能几乎实时地接收到款项已支付或到账的通知，显著提高了资金周转效率，尤其对于商家而言，加快了资金回收速度。

（3）多元支付方式。

移动支付支持多种支付方式以适应不同场景和用户喜好。常见的有通过扫描二维码进行支付，如微信支付和支付宝扫码支付；利用 NFC 技术进行近场通信支付，如 Apple Pay 和 Samsung Pay；蓝牙支付、声波支付等新兴支付技术也在不断发展中。此外，生物特征识别技术也被广泛应用在移动支付中，如通过指纹识别或人脸识别等来进行支付验证。

（4）数字化管理。

移动支付让用户能够轻松实现对个人财务的数字化管理。用户可以在支付应用中查看详细的交易记录，管理多个银行账户和电子钱包，设置预算提醒，甚至进行投资理财。这种数字化管理模式便于用户随时了解自己的财务状况，有效规划支出和储蓄。

（5）兼容性强。

移动支付系统通常能够与多家银行、信用卡公司以及其他支付工具深度集成，用户可以通过统一的支付入口进行各类支付操作，线上线下支付场景无缝衔接，大大提高了支付的便捷性和覆盖面。

（6）社交元素融入。

不少移动支付平台还集成了社交功能，如通过移动支付应用可以方便地进行红包发放、群组 AA 付款等社交互动性较强的支付操作，增强了用户体验的趣味性和黏性。

（7）大数据应用。

通过收集和分析用户的移动支付数据，金融机构和商家可以获得丰富的用户消费行为洞察，根据用户需求提供个性化的金融服务和营销策略，如精准推荐、定向优惠等，进一步提升服务质量和商业效能。同时，大数据分析还有助于发现潜在的金融风险和市场趋势，为决策制定提供有力的数据支持。

3. 移动支付的安全保障措施

移动支付安全措施在继承在线支付安全保障措施的基础上，更多地考虑了移动设备特性、移动网络环境和近场支付技术所带来的特殊安全挑战，并有针对性地提出解决方案，主要有如下 5 点。

（1）移动设备硬件安全。

①生物识别安全。现代移动设备内置的生物识别技术，如指纹识别、面部识别和虹膜识别等，提供了便捷且相对安全的身份验证方式。相比于传统的密码输入，生物特征

难以复制，增强了支付过程中的用户身份验证安全性。

②安全芯片 /TEE（Trusted Execution Environment）。一些高端移动设备配置了安全芯片或 TEE 环境，这是一种特殊的硬件级安全环境，能够将敏感信息（如密钥和凭证等）与主操作系统隔离，确保在处理支付数据时，敏感信息不会暴露给可能受到攻击的操作系统层面，从而提升移动支付的安全性。

（2）移动支付应用安全。

①应用权限管理。移动支付应用在使用过程中，应当合理申请和使用设备权限。例如，只在必要时请求访问用户的联系人信息、地理位置等，避免不必要的隐私泄露风险。同时，应用应遵循最小权限原则，仅获取完成支付任务所需的最低限度权限。

②应用加固与防逆向工程。通过软件加固技术，如代码混淆、防反编译、防篡改等手段，强化移动支付应用的安全性，防止恶意用户或黑客通过逆向工程获取应用内部逻辑和密钥等敏感信息，从而保护支付流程不受非法干扰。

（3）近场支付（NFC/RFID）安全。

① NFC 交易安全机制。针对近场支付场景，通过 NFC 技术传输的交易数据会被加密处理，确保在近距离无线通信过程中数据的安全性。同时，NFC 支付协议中通常设计有防止中间人攻击的安全措施，如使用双向认证、动态密钥生成等方法。

② POS 终端与移动设备间的安全互认。为确保近场支付的安全性，移动设备与 POS机之间需要建立安全的连接通道，确保交易数据在二者间安全交换。例如，通过认证协议互相确认身份，使用安全的通信信道进行数据传输。

（4）移动环境风险控制。

① Wi-Fi/ 移动网络安全。鉴于公共 Wi-Fi 可能存在安全隐患，建议用户在进行移动支付时避免使用未知或不安全的网络环境。部分支付应用通过内置安全隧道技术，如HTTPS、SSL/TLS 等加密协议，确保在无线网络传输过程中的数据安全。

②移动设备丢失 / 被盗风险控制。移动支付服务提供商通常会提供紧急应对机制，如远程锁定设备、擦除设备数据以及紧急挂失服务等，以减少用户在设备丢失或被盗后，其账户资金遭受损失的风险。

（5）移动支付生态安全。

① SDK（Software Development Kit）安全。移动支付 SDK 作为嵌入到其他应用中的支付组件，其安全性至关重要。开发商需要确保 SDK 不易受到攻击，防止恶意应用滥用SDK 漏洞，同时也要确保 SDK 与其他应用兼容，不影响整体支付生态的安全性。

②风险监控与反欺诈策略。移动支付服务商利用大数据分析和机器学习等先进技术，根据用户行为特征和风险特征，制定并实施定制化的风险监控策略和反欺诈算法。这些策略和算法能够实时分析交易行为，快速识别并拦截可疑交易，降低欺诈风险，保护用户和平台的利益。

8.2.4　第三方支付安全

作为电子支付体系中的一个重要组成部分，第三方支付的业务模式、运作机制以及所面临的安全挑战与传统的在线支付有所不同，因此需要专门进行研究和讨论。

1. 第三方支付的概念

第三方支付，是指在网络交易中，除了买卖双方之外，由一个独立于交易双方，并具有相应资质和信誉保障的第三方机构所提供的支付服务。该机构通过与多家银行或者其他金融机构合作，搭建支付平台，实现用户在网络购物、缴费、转账等交易中安全、便捷的资金转移。

具体运作流程一般包括以下 5 个步骤：

⇨ 用户在购买商品或服务时，选择使用第三方支付平台进行支付。

⇨ 用户将款项先支付到第三方支付机构开设的专用账户中，而非直接支付给卖方。

⇨ 第三方支付平台收到用户支付的通知后，告知卖方款项已到位，可进行发货或提供服务。

⇨ 用户在收到商品或确认服务完成后，通知第三方支付平台进行最终的放款操作。

⇨ 第三方支付平台在核实无误后，将款项从专用账户划转至卖方指定的银行账户内，完成整个交易闭环。

第三方支付通过简化支付流程、担当中立信任中介、采用先进加密技术确保安全、提供透明交易记录和查询服务，以及相较传统银行提供更多元、灵活且成本效益高的服务费用，有效提升了交易效率，增强了各方信任，保障了资金安全，提高了透明度和优化了交易成本。

国内知名的第三方支付平台有支付宝、微信支付等，它们不仅接入了各大银行的支付系统，还通过与银联、网联等清算机构合作实现了跨行、跨地区的高效支付服务。

2. 第三方支付面临的安全挑战

第三方支付的安全问题在很大程度上反映了电子支付行业中特有的一些安全挑战，主要有以下几点。

（1）业务流程复杂性。

第三方支付平台充当了商家、银行和消费者之间的桥梁，其安全问题不仅要考虑支付信息传输的安全，还需要确保在处理大量资金流转、跨行清算、商家资金托管、账户管理等多个环节的安全性。

（2）法律与监管问题。

第三方支付涉及复杂的法律关系和监管要求，包括客户资金安全、反洗钱、个人信息保护等，其安全措施必须符合严格的法律法规标准和监管要求。

（3）技术安全挑战。

第三方支付平台需要处理大量并发交易，这对系统的稳定性、数据处理能力和安全性提出了极高要求。此外，由于第三方支付系统与多个银行和商家系统对接，接口安全、API 安全、账户信息安全等方面的安全防护更为关键。

（4）用户信任与隐私保护。

用户对第三方支付的信任是其业务发展的基石，因此，第三方支付平台需要在确保用户资金安全的同时，高度重视用户隐私保护，采用多重身份验证、数据加密、匿名处理等多种技术手段来保护用户隐私和敏感信息。

（5）风险防控机制。

第三方支付面临诸如欺诈交易、洗钱、套现等各种风险，因此，需要建立健全的风险防控机制，如实时交易监控、风险评分模型、反欺诈系统等，以有效抵御各类安全威胁。

3. 第三方支付的安全保障措施

第三方支付安全保障措施的重点在于处理好自身作为支付中介的角色，确保在整个支付链条中，涉及商家、消费者和银行等多方利益的安全问题。其安全保障措施主要有以下几个方面。

（1）商家资金托管与清算安全。

在第三方支付平台上，商家的资金安全至关重要。为了保障商家资金的安全流转，平台需要建立一套独立且安全的资金托管体系。这意味着商家在平台上的资金并不是直接与平台的自有资金混合存放，而是通过专门的托管账户进行隔离管理。在支付、结算和提现等环节，平台需要确保每一步操作都经过严格的安全审核和风控流程。同时，为了能够处理跨行交易和清算需求，平台通常会与多家银行建立合作关系，搭建安全可靠的跨行清算通道，确保资金的准确、及时清算，避免资金滞留或错配。

（2）接口与 API 安全对接。

第三方支付平台的一大特色是其广泛的银行和商家系统对接，这就要求平台对每一个对外接口和 API 进行极为细致和严格的安全设计和测试。接口安全涉及身份验证（确保请求发起方为合法主体）、权限控制（确定请求方是否有权执行某项操作）、数据校验（确保传输数据的完整性、一致性和有效性）等多个方面，目的是防止接口被恶意利用或受到攻击。平台需要不断升级和完善接口安全防护技术，以应对日益复杂的网络环境和安全威胁。

（3）商家与消费者风险控制。

对于商家，第三方支付平台除了执行常规的风险防控措施，还需要对商家进行严格的入驻审核，包括但不限于资质审核、信用评估等，以筛选出信誉良好、经营合规的商家。同时，平台需要实时监控商家的交易行为，一旦发现异常交易或疑似欺诈、套现等行为，应迅速介入调查，并采取相应风控措施。而对于消费者，平台需要提供多维度的身份验证机制，并建立快速退款、争议解决等消费者保护机制，增强用户对平台的信任度和满意度。

（4）合规性与法律风险控制。

为了保障业务长期稳健运营，第三方支付平台必须严格遵守国家和地区的各项法律法规，如支付结算规定、客户资金安全条例、反洗钱法规、个人信息保护法等。平台需要构建完善的合规管理体系，确保每一笔交易均符合监管要求，并主动接受监管机构的审查和指导。同时，平台应与相关政府部门、金融机构保持密切沟通，确保能够及时了解到政策法规的变更，预先调整自身业务模式和风控策略，避免因为法规变动带来的潜在风险。

（5）服务连续性与灾备计划。

作为交易基础设施的关键组成部分，第三方支付服务的连续性直接影响到商家和消费者的正常交易活动。为此，平台需要制定详尽的灾备计划和应急预案，构建高可用的系统架构，如通过分布式部署、负载均衡、冗余备份等技术手段，确保在发生自然灾害、网络攻击等突发情况下，能够迅速启动备用系统，保持支付服务的不间断运行，最大程度降低对商家和消费者的影响。

（6）业务生态安全治理。

鉴于第三方支付平台往往会与众多合作方共建支付生态系统，包括但不限于银行、商家、技术服务商等，平台必须强化对其生态伙伴的安全管理。通过签订具有明确安全条款的合作协议、组织定期的安全演练和安全评估，共同提升整个支付生态系统的安全水平。同时，平台应紧跟技术发展步伐，不断优化和升级自身安全策略与技术，始终保持行业内的安全防护领先地位。

📖 拓展阅读

发挥电子商务对价值链重构的引领作用，鼓励电子商务企业挖掘用户需求，推动社交电商、直播电商、内容电商、生鲜电商等新业态健康发展。鼓励电子商务企业积极发展远程办公、云展会、无接触服务、共享员工等数字化运营模式，不断提升电子发票、电子合同、电子档案、电子面单等在商业活动中的应用水平。稳妥推进数字货币研发，探索数字人民币在电子商务领域的支持作用。大力发展数据服务、信息咨询、专业营销、代运营等电子商务服务业。鼓励各类技术服务、知识产权交易、国际合作等专业化支撑平台建设。

——《"十四五"电子商务发展规划》

📖 本章小结

本章首先深入剖析了交易流程的本质，从交易流程概述开始，系统梳理了交易过程中的各个环节，特别强调了交易流程中的关键安全节点，并就如何采取有效措施保护商品与服务交易的安全进行了详细解读。接下来，重点关注了支付安全这一重要领域，从电子支付的基础知识讲起，全面介绍了在线支付安全保障技术，包括加密技术、身份验证机制以及风险管理策略等。此外，随着移动互联网技术的发展，移动支付安全也成为不容忽视的关键课题，本章深入探讨了移动支付环境下的安全挑战及应对措施，并结合实际场景，详细解析了第三方支付平台的安全管理与风险防控。

通过本章的学习，学生不仅能够掌握交易流程与支付安全的理论知识，更能熟悉实际操作中的安全流程和技术手段，为未来在电子商务行业中确保交易安全、促进产业健康发展做好充分准备。

📋 课后练习

一、填空题

1. 交易流程中的关键安全节点有_____、_____、_____、_____、_____。

2. 电子支付系统的核心组成部分有_____、法规与标准、_____、_____、交易流程等。

3. 移动支付具备_____、_____、_____、_____、社交元素融入及大数据应用等特点。

二、简答题

1. 简述电子商务的交易流程。

2. 简述商品与服务交易的安全保护措施。

3. 列举主流的电子支付方式。

4. 简述在线支付安全保障技术都有哪些方面。

第9章 CHAPTER 9

新兴电子商务安全技术

本章导言

电子商务安全技术的与时俱进和创新突破，在高速发展的数字经济时代具有决定性意义，它不仅是维系电子商务体系稳固运转、抵抗潜在风险的坚固防线，更是驱动电子商务产业持续繁荣昌盛、主动适应和驾驭新科技革命浪潮的战略引擎。

学习目标

➤ 理解信息隐藏技术和数字水印技术的工作原理和功能特性，学习如何应用于电子商务环境中，有效保护线上内容和交易的数字版权。

➤ 熟悉物联网的基础知识，掌握物联网的关键技术，了解物联网技术在电子商务领域的实际应用情况。

➤ 熟悉区块链技术的底层原理，了解区块链技术在电子商务中的应用前景。

素质要求

➤ 具备敏锐洞察新兴电子商务安全技术趋势的能力，理解其在维系体系安全、抵御风险、推动产业繁荣中的战略价值。

➤ 掌握信息隐藏、数字水印、物联网、区块链等新兴技术原理，能有效应用于电子商务环境，保护数字版权，探索实践应用前景。

9.1　数字版权保护技术

随着多媒体和网络技术的飞速发展，信息交流变得更加迅速便捷，日常生活中人们能够轻易地通过互联网分享创作、传播重要资讯并开展电子商务活动。数字化内容产品的种类与数量剧增，但这也带来了知识产权保护问题。由于数字产品的复制与分发极其容易且成本低廉，非法复制和盗版行为屡见不鲜，原创者的权益往往遭到严重侵害。不仅如此，恶意用户还能利用编辑软件篡改原始信息，并冒充原创者宣称所有权。

为应对这一挑战，加密技术被广泛应用，以确保只有经过授权的接收者才能解密并访问加密的数字产品，从而在一定程度上遏制非法传播。然而，单纯的加密技术仅能在信息传输过程中提供安全保障，一旦信息被合法解密，依然存在未经授权的二次复制、散布和篡改风险。

因此，为了实现对数字产品的深层次保护，人们开始研究和采用数据隐藏技术，特别是将信息隐藏技术巧妙地融入到多媒体内容中。版权所有者通过这种方法能够在多媒体信息中隐蔽地嵌入独特的标识符或水印，以实现声明版权归属、监控非法复制行为以及追踪内容版本的目的。这种嵌入的标记不易被察觉，且在不影响内容质量的前提下，可以为数字产品提供长期有效的安全保障。

9.1.1　信息隐藏技术

信息隐藏技术，溯源于古代的隐写术，是一种在信息安全领域与密码学紧密相关的技术分支。

1. 信息隐藏技术的原理

信息隐藏技术的基本原理和目标是将有价值或敏感的信息巧妙地隐藏在普通、日常或者看似无关紧要的公开数据载体中，这种隐藏的方式使得未经授权的第三方难以察觉到秘密信息的存在，也无法轻易获取或篡改这些信息。

在信息隐藏技术中，秘密信息可以被嵌入到各种类型的公开数据载体中，如图像、音频、视频文件，甚至是纯文本文档中等。这种嵌入过程是通过复杂的算法和技巧来实现的，使得隐藏的信息并不影响载体本身的正常使用，也不会对外观或感觉产生明显的变化，因此能够很好地避开常规的安全检查和审查。

与信息加密技术相比，信息隐藏技术的核心区别在于保护机制和侧重点不同。信息加密技术主要通过数学算法将原始信息转变为密文，只有持有正确密钥的接收者才能解密还原为原文，从而保护信息内容的机密性。而信息隐藏技术更多的是注重信息的存在性遮蔽，即将信息隐藏起来，使攻击者既不知道何处存在秘密信息，也无法轻易识别和提取。例如，加密一封电子邮件就像是将其装进一个上锁的保险箱，只有持有钥匙的人才能打开；而信息隐藏更像是在一幅画中隐藏一条密信，观察者只会看到一幅画，而不会注意到其中隐藏的信息，除非他们掌握了正确的揭示方法。

2. 信息隐藏的过程

信息隐藏的过程主要包括如下 3 个步骤。

（1）嵌入信息。

嵌入信息是指那些需要被隐藏并保密传输的真实信息，它可以是任何类型的数据，如文本、数字、图像片段甚至整个文件等。为了隐藏这些信息，通常会对其进行编码或转换处理，使其能够适应载体的结构特征，并确保在嵌入过程中不会造成显著的质量损失或引起不必要的注意。

（2）掩饰信息。

掩饰信息是公开可传播的正常数据，通常是多媒体形式，如图像、音频、视频或文本文件等。这类信息具有一定的冗余度，即它们包含一些可以轻微变动而不影响整体感官效果或功能的部分。利用这一特性，可以将秘密信息"藏"在这类数据中，达到信息隐藏的目的。例如，在图像中，可以通过修改像素值的微小部分来嵌入秘密信息，而在音频中，则可能通过对频谱的细微调整来隐藏数据。

（3）隐密对象。

隐密对象是经过信息隐藏处理后形成的复合信息，它是原始掩饰信息与嵌入信息的结合体。通过精心设计的嵌入算法，将秘密信息以某种方式（如空间域、频率域、时间域等）融入掩饰信息中，形成新的、包含隐藏信息的载体。对未授权用户而言，隐密对象看上去或听起来与原始的掩饰信息几乎一致，没有明显变化，从而达到了隐藏信息的效果。

整个信息隐藏流程的目标是确保即使在面对恶意攻击或非故意干扰时，隐藏在载体内的秘密信息也能保持稳定、可靠和安全，同时保证载体自身在视觉、听觉或其他形式上的表现不引人怀疑。

3. 信息隐藏的特点

信息隐藏技术的设计与实施依赖于一套严谨的算法和秘钥系统，这套系统决定了信息如何被安全地嵌入到载体中，以及在需要时如何准确地提取出来。信息隐藏技术的主要特点如下：

（1）隐蔽性。

隐蔽性是信息隐藏技术的重要特性，意味着隐藏的信息应当与载体信息高度融合，如同一体。这种融合的程度应该足够深，以至于即使仔细观察或分析载体，也无法察觉到隐藏信息的存在，同时不会导致载体的质量（如图像清晰度、音频质量、视频流畅度等）明显下降或出现异常表现。

（2）不可检测性。

不可检测性意味着即使攻击者意图查找隐藏信息，也无法通过分析载体本身确定是否存在隐藏信息以及隐藏信息的确切位置。这需要信息隐藏技术利用载体的内在冗余性或特性，将隐藏信息以难以察觉的方式融入载体中，使得对手即使知道信息隐藏技术的存在，也难以发掘出确切的信息内容。

（3）鲁棒性（抗攻击性）。

鲁棒性是指信息隐藏技术在面对各种潜在威胁时，能够保护隐藏信息不被破坏或暴露。这些威胁可能包括数据压缩（如 JPEG 压缩对图像的影响）、编辑操作（如图像的裁剪、旋转等）、转码过程（如将音频从一种格式转换为另一种格式）、噪声干扰（如通信信道中的噪声）等。信息隐藏技术必须设计得足够强大，使得即使在这些操作或环境下，隐藏信息依然能够维持其完整性或至少在一定程度上可恢复。

（4）自恢复性。

自恢复性是指即使载体信息在传输、存储或处理过程中受到部分损坏，隐藏在其中的信息仍然有可能被恢复。这意味着信息隐藏技术需要设计出一种机制，即使载体的某些部分丧失，也能从残留的数据中重建或复原出隐藏的信息。这一特性对于确保在苛刻条件下信息的安全性和可用性至关重要。

4. 信息隐藏技术在电子商务领域的应用

在实际应用中，信息隐藏技术常常用于数字版权保护、数据完整性验证、内容认证、防伪及秘密通信等多个领域中。在网络环境中，信息隐藏技术还可用于确保信息传输过程中的隐蔽通信，以及实现数据的不可抵赖性等高级安全功能。

在电子商务领域，首先，通过信息隐藏技术，制造商可以在商品中嵌入唯一标识符或序列号，如在电子产品中嵌入微小的 RFID 标签，或在数字产品中嵌入水印等，以便在供应链中追踪商品真伪和流通情况，打击假冒伪劣商品。其次，在电子商务交易过程中，通过信息隐藏技术可以实现消费者权益保护。例如，在电子发票或交易记录中嵌入不可篡改的交易信息，确保交易的公正性和合法性，便于纠纷调解和法律诉讼。再次，信息隐藏技术可用于在线广告中，确保广告的真实性和有效性，防止广告被篡改或非法复制，同时也能帮助品牌商追踪广告投放效果。然后，对于数字内容产品（如电子书、音乐、视频等），通过信息隐藏技术可以限制未经授权的复制和分发，确保只有付费用户才能访问和使用受保护的内容。最后，信息隐藏技术还能在处理用户个人数据时加强隐私保护，加密敏感信息并在传输和存储中隐藏，防止数据泄漏；同时，在电子商务交易环节，信息隐藏技术可用于加密和隐藏关键交易信息，增强交易过程的安全性。

9.1.2　数字水印技术

数字水印技术是信息隐藏技术的一个重要应用，它通过在数字作品中嵌入独特的、不易察觉的标识信息，实现作品的源头追溯、版权证明和防伪功能，目前已经成为保护多媒体数字作品版权、确保内容完整性和打击非法复制的关键技术手段。

1. 数字水印的分类

数字水印可以根据外观、载体、鲁棒性、嵌入策略以及检测方法等方面进行分类。

（1）根据外观分类。

①可见水印。这种类型的水印设计得非常明显，可以直接在多媒体内容中观察到，通常用于品牌宣传、版权声明或显式声明，如在图像角落放置公司徽标、在视频屏幕底部滚动显示版权声明等。

②不可见水印。不可见水印设计的目的在于隐藏，通常利用人眼的感知阈值，通过细微调整数据信号，使得在正常观看条件下无法察觉到水印的存在，但可以通过专门的算法检测和提取出来。这种类型常用于版权跟踪、内容认证等场合，确保水印不干扰原始内容的呈现质量。

（2）根据载体分类。

①静止图像水印。在静态图像数据中嵌入水印，无论是 JPEG、PNG 还是其他格式的图像文件，都能通过水印算法在不影响视觉效果的情况下隐藏版权信息。

②视频水印。在动态视频数据流中嵌入水印，可以在每个视频帧或关键帧中加入水印，也可以在视频的频域或时域特性中嵌入。

③声音水印。在音频文件中嵌入水印，通常在频谱或时域中进行，隐蔽在人耳不易察觉的频率区域或时间间隙。

④文档水印。在文本、PDF 等文档中，通过微调字符间距、行距或改变某些特定字符的形态等方式嵌入水印，也可以通过元数据、隐藏层或文本编码实现。

（3）根据鲁棒性分类。

①易碎水印。这种水印极其敏感，任何轻微的编辑、压缩或处理都会导致水印消失或变得无法检测，多用于篡改检测和完整性验证，一旦数据被更改，水印就会失效。

②半易碎水印。对于某些特定类型的处理具有一定的鲁棒性，而对于其他处理则较易受损，可以根据需求定制水印对特定操作的敏感度。

③鲁棒水印。设计目标是抵抗常见的信号处理操作，包括但不限于压缩、滤波、几何变换、噪声添加等，即使在这些操作之后，水印依然可以被可靠地检测和提取。

（4）根据嵌入策略分类。

①空域水印。直接在图像的像素空间中嵌入水印，通常修改像素的最低有效位（LSB），这种方法简单但鲁棒性较差。

②变换域水印。先将图像或信号转换至频域、小波域、离散余弦变换域（DCT）、离散傅里叶变换域（DFT）等，然后在变换域中选择合适的系数位置嵌入水印。这种方法提高了水印的鲁棒性和不可见性，因为变化域中的高频成分往往对视觉或听觉影响较小，

且更能抵抗信号处理的损失。

（5）根据检测方法分类。

①私有水印。检测时需要原始未加水印的文件作为参考，通过对比原始文件和带有水印的文件来检测和提取水印，这种方法在法庭证据中更具说服力，但实施上较为复杂。

②半私有水印。检测时不需要原始文件，但需要知道原始水印信息，通过比较预知的水印特征来判断接收的文件中是否存在指定的水印。

③公有水印（盲水印）。无须原始文件或预先知道的水印信息就能检测出水印，这意味着水印算法本身就需要足够的鲁棒性和自包含性，能够在各种未知条件和攻击下保持有效性。

④非对称水印。水印的嵌入和检测过程使用不同的密钥或算法，确保任何人都可以读取水印以确认其存在，但只有持有特殊密钥的实体才能创建或修改水印，从而提高了水印的安全性。

2. 数字水印技术的特性

数字水印技术的核心特性有如下 6 点。

（1）不可见性。

数字水印的一个关键特性是其对原始多媒体内容的视觉或听觉影响降到最低，尤其是对于不可见水印而言。这类水印在嵌入到图像、音频或视频文件时，应确保在正常观看或聆听条件下，不会使人们察觉到水印的存在，以免影响用户体验或艺术表达。为了实现这一目标，水印算法通常会选择对人眼或人耳不敏感的信号区域进行嵌入，或者通过精细调整数据信号，确保在不影响原始数据质量的前提下完成信息隐藏。

（2）健壮性。

数字水印的健壮性是指其在面对各种常见处理和恶意攻击时的生存能力。在实际应用中，多媒体文件经常会被进行压缩、过滤、剪裁、旋转、缩放等操作，甚至遭遇恶意篡改或攻击。一个健壮的水印应当在这些处理后仍能被准确检测和提取，从而确保其作为版权标识、防盗版工具或完整性验证手段的有效性。

（3）多重水印。

为了进一步提高安全性，同一份作品可以嵌入多个相互独立的水印。这些水印可能是针对不同用途设计的，例如一部分用于版权声明，一部分用于追踪和取证。多重水印的使用意味着即使某个水印在攻击中被破坏或删除，其他的水印仍然可以作为有效的证据保留下来，提高了版权保护和内容安全的层次。

（4）安全性。

通过密钥机制，数字水印技术能够确保只有拥有合法授权的用户才能够检测、提取或修改水印信息。这种密钥管理机制大大增加了非法用户伪造或删除水印的难度，同时也使得版权拥有者能够更好地控制其作品的分发和使用。

（5）无歧义性。

提取出来的水印信息必须清晰、准确地指向唯一的版权所有者或作品来源。这意味着水印应当具有良好的唯一性和识别性，以便在法律纠纷或版权争议中作为无可争议的证据，避免出现多个主体声称对同一作品享有版权的情况。

（6）通用性。

优秀的数字水印算法应当具有广泛的适用性，不仅能够应用于多种格式的图像、音频和视频文件，还应能适应不同的应用场景和网络环境。这种通用性有助于降低技术实施的复杂性，提高其在不同行业和市场的普及率，同时也有利于在跨平台、跨设备的环境中保持水印的完整性和有效性。

3. 数字水印技术原理

数字水印技术是信息隐藏技术的核心部分，它涉及将水印信息与原始多媒体数据相结合，以及在必要时能够准确无误地检测和提取出这些水印信息的过程。

一般数字水印技术包括水印嵌入和检测提取 2 个阶段。

（1）水印嵌入阶段。

①叠加原理。水印信号与原始数据结合，通常是通过修改原始数据的某些部分来实现。对于空域嵌入，可以直接修改图像或音频的像素值、采样点等。例如，在图像的最低有效位（LSB）中嵌入水印，这种方式简单易行，但鲁棒性较差。对于变换域嵌入，首先将原始数据变换到频域、小波域等，然后在变换域中选取合适的系数进行水印信息的嵌入。例如，基于 DCT（离散余弦变换）的算法，将图像数据转换到频域，选择对视觉影响较小但又相对稳定的频段嵌入水印，从而提高水印的不可见性和鲁棒性。

②选择鲁棒性参数。在嵌入水印时，需要根据应用场景和预期面临的攻击类型来设定适当的嵌入深度和分布，以确保水印在常见的图像处理操作（如压缩、滤波、缩放、旋转等）下仍能保持完整。

（2）检测提取阶段。

①提取水印信息。对于空域嵌入的水印，通过逆过程还原原始数据并读取水印；对于变换域嵌入的水印，需要先对处理后的数据进行相应的逆变换，然后从特定位置或频段提取水印信息。

②评估水印有效性。检测过程中，系统会对提取出的水印信息进行验证，以确认水印是否完好无损，从而判断多媒体内容是否被篡改或非法复制。

针对数字水印技术，攻击者可能会采取各种手段企图破坏或移除水印，其中包括鲁棒性攻击（尝试通过常见的信号处理手段破坏水印）、IBM 攻击（针对非盲水印的针对性攻击，通过获取原始未加水印的数据进行对抗）、StirMark 攻击（针对水印算法弱点进行的标准化测试工具）、马赛克攻击（通过将图像切割并重新组合以破坏水印）和串谋攻击（试图通过收集多个包含水印的副本合成一个无水印或新水印的版本）。为了应对这些攻击，研究人员不断优化和升级水印算法，提高水印的稳健性、安全性和不可见性，确保数字水印技术在版权保护、防伪、内容完整性验证和隐蔽通信等领域的有效应用。

9.2 物联网技术

物联网技术在电子商务领域中的广泛应用促进了线上与线下世界的深度融合，如智能仓储、智能物流、智能零售等场景，这些都极大地提升了电子商务的效率和服务质量。物联网安全对于电子商务来说是保障电子商务生态环境健康有序发展，维护各方权益和信任的关键所在。

9.2.1 物联网简介

1. 物联网的概念

物联网是指通过各种信息传感设备，如射频识别（RFID）、红外感应器、全球定位系统、激光扫描器等各种装置与互联网连接起来，形成一个巨大的网络。在这个网络中，所有的物品都可以进行信息交换和通信，以达到智能化识别、定位、跟踪、监控和管理的目的。

简单来说，物联网就是"物物相连的互联网"，旨在把任何物品与互联网相联接，让所有物品都能"开口说话"，即实现物体之间的互联互通和智能化管理。物联网技术可以广泛应用在智慧城市、智慧农业、工业 4.0、智能家居、智能交通、健康医疗等多个领域中，为我们的生活和工作带来前所未有的便捷与高效。

2. 物联网的基本特征

物联网的主要特征有如下 6 个方面。

（1）网络化。

物联网的基础是各类物体通过无线网络或有线网络实现连接，形成网络化的状态，并最终与互联网相结合，形成泛在的物联网，实现万物互联。

（2）物联化。

物联网实现了物体间的直接通信，通过在物体上安装传感器、嵌入微型感应芯片，使人与物体、物体与物体之间能够即时交流，打破了人与人之间单一交流的局限，实现了虚拟网络世界与现实世界的无缝对接。

（3）互联化。

物联网具备多种网络、接入和应用技术的集成特性，具有分布式与协同式并存的结构，允许不同网络之间的融合和新器件、新服务的灵活接入，体现出较强的开放性和自组织、自适应能力。

（4）自动化。

物联网通过传感器自动采集数据，基于预设的计算逻辑和软件自动处理信息，能够在无须人工干预的情况下，按照时间和空间等条件自动交换数据或执行指令，实现对物体的自动监控和管理。

（5）感知化。

物联网利用射频识别（RFID）、红外感应器、GPS 定位系统、激光扫描器等传感设备，使物体具备感知自身状态、外部环境变化的能力，并通过特殊的信息交换方式实现物体间的互动与交流。

（6）智能化。

物联网通过电子标签、传感器和二维码等技术，使物体具备智能属性，能够对环境进行感知、分析、判断，并据此做出合理行动和有效处理，从而实现人与物体、物体与物体之间的智能化沟通和互动。

3. 物联网的体系结构

物联网是一个将实体世界与数字世界深度融合的技术体系，它的出现标志着信息产业进入一个新的发展阶段。其核心是通过 3 个相互关联的层次架构来实现物体间的互联互通与智能化管理。

（1）感知层（数据采集层）。

此层的核心任务是对物理世界的各类状态和活动进行实时的数字化感知与信息采集，通过集成各种传感器、RFID 标签、二维码识别器、摄像头以及其他数据捕获装置，将实体环境的状态变化转换为可处理的数字信号。

感知层的关键技术涵盖了射频识别（RFID）、传感与控制技术、低功耗无线通信技术（如 Zigbee、BLE、LoRa 等）的研发和应用，具体内容包括高性能芯片设计、通信协议标准的确立、射频识别材料的选择以及智能节点的低功耗、小型化和成本效益优化解决方案。

感知层亟待解决的是提高感知精度、扩大覆盖范围、增强连续工作能力和适应复杂环境的能力，同时寻求在保持性能的前提下降低能耗、缩小体积和减少成本。

（2）网络层（数据传输与处理层）。

网络层依托现有的通信基础设施（如 4G/5G 移动网络、有线网络、Wi-Fi 等），确保从感知层收集到的大量数据能够高效、安全地传输至数据中心或云平台。在此基础上，通过云计算平台整合资源，实现大规模数据的存储、快速检索、深度分析、智能挖掘以及实时反馈控制。

网络层的关键技术主要聚焦于数据传输的可靠性和效率提升，以及云平台上的数据管理与处理技术，包括分布式存储架构、流式计算、大数据分析算法等。虽然网络层整体已达到较高的标准化水平和工业化成熟度，但在适应物联网特性的需求下，仍需不断创新，如优化网络资源分配、加强边缘计算能力以减少延迟、强化网络安全性等。

（3）应用层（服务交付与业务创新层）。

应用层承载了各类物联网应用服务器，基于从网络层传递过来的经过处理的感知数据，构建出面向不同行业和社会生活场景的应用服务，如物流追踪、环保监测、智能搜索、远程操控、移动支付等。

这一层级的核心在于根据行业信息化需求研发针对性强、易用性强的解决方案，推进跨领域数据融合与资源共享，强化信息安全保障机制，创新商业模式，并借助软件开发和智能控制技术，使物联网应用得以广泛落地实施，真正服务于经济社会发展和公众日常生活。

9.2.2　物联网关键技术

物联网关键技术主要有以下几种。

1. 物品标识技术

（1）二维码识别技术。

二维码（Quick Response Code，QR code）是一种矩阵式二维条码，它能够在较小的空间内存储大量信息。在物联网应用中，二维码作为物品的标识符，通过摄像头扫描，可以快速获取物品的相关信息，如产品型号、生产批次、网址链接等。二维码识别技术在物联网中常用于物流跟踪、商品溯源、广告宣传等领域中。

（2）射频识别技术。

射频识别技术（Radio Frequency Identification，RFID）是一种非接触式的自动识别技术，通过无线电波自动识别目标对象并获取相关数据。RFID 系统通常由标签（Tag）、阅读器（Reader）以及天线组成。当带有 RFID 标签的物品接近阅读器时，阅读器通过发射无线电波激活标签，标签返回预先存储的信息，从而实现物品的识别与追踪。RFID 技术在物联网中广泛应用于库存管理、货物追踪、资产管理、门禁系统等场景中。

（3）电子标签。

电子标签（Electronic Product Code，EPC）是一种先进的产品识别编码系统，其设计初衷是为了在全球范围内对每一个单品进行唯一标识。相比于传统的商品条形码，EPC 码具有更大的信息容量和更强的可扩展性。EPC 码通常与 RFID 技术紧密结合，通过 RFID 标签将 EPC 编码附着在物品上。RFID 标签含有一个微小的芯片和天线，芯片中存储了 EPC 编码及其他相关信息，当标签通过 RFID 阅读器时，无须实现接触，就可以远距离、快速、批量地读取和写入数据。

EPC 码在供应链管理中发挥着重要作用，能够实现物品从生产源头到消费者手中的全程跟踪与追溯。通过 EPCglobal 网络，企业可以实时获取产品的精确位置、状态、批次、有效期等丰富信息，有利于提高物流效率、降低库存成本、打击假冒伪劣产品，同时也为消费者提供了更高水平的产品安全保障。

2. 传感器技术

传感器技术在物联网生态系统中扮演着极其重要的角色，它是物联网实现数据感知、信息采集和实时监控的基础。传感器作为物联网的"五官"，负责探测和测量环境中或物体上的物理量、化学量、生物量等各种状态变量，并将其转化为可被电子系统识别和处理的信号。

传感器种类繁多，主要有如下 6 种。

① 温度传感器。用于检测和测量物体或环境的温度，如智能家居中的恒温控制、冷链物流中的温度监控等。

② 湿度传感器。监测空气或物体表面的湿度水平，广泛应用于农业生产、仓储环境监控、室内空气质量控制等场景中。

③ 光敏传感器（光电传感器）。通过检测光线强度或颜色变化来反映环境光照条件，常见于智能照明系统、安防监控、光伏能源监控等应用中。

④ 声音传感器（麦克风）。捕捉声音信号，用于音频监控、语音识别、噪声污染监测等。

⑤ 运动传感器（如加速度计、陀螺仪、磁力计等）。感知物体的运动状态、方向、姿态等信息，常见于智能手机、无人机、可穿戴设备、智能车辆等设备中。

⑥ 化学传感器。用于检测气体成分、水质指标、土壤养分含量等化学性质，应用于环境污染监测、食品安全检测、工业过程控制等领域中。

随着物联网技术的不断发展，传感器朝着微型化、智能化、多功能化和低功耗的方向发展，甚至出现了自供能传感器（如压电、热电、太阳能供电等）和智能传感器（具备自我诊断、校准、数据处理等功能）。这些进步使得传感器能够更好地融入物联网应用，实现更高效、更精准的数据采集与应用服务。

3. 网络通信技术

物联网中的网络通信技术包括短距离无线通信技术（如蓝牙、Wi-Fi、Zigbee、Z-Wave 等）、蜂窝通信技术（如 4G/5G/NB-IoT/eMTC 等）、LPWAN（Low-Power Wide-Area Network，低功耗广域网）技术以及有线通信技术等。这些技术为物联网中数量庞大的传感器、控制器、智能设备等提供互联互通的桥梁，确保数据实时、准确、安全地传输到云端或数据中心。

4. 卫星定位技术

卫星定位技术，如北斗导航系统、GPS（Global Positioning System）、GLONASS（全球导航卫星系统）和 Galileo（伽利略卫星导航系统）等，为物联网提供了精准的位置服务。在物联网应用中，卫星定位技术用于车辆跟踪、物流管理、农业精准作业、户外运动跟踪等领域，实时获取和监控物体的具体位置信息，实现精细化管理和控制。

9.2.3　物联网技术在电子商务领域的应用

物联网技术在电子商务领域的应用前景体现在如下 5 个核心领域中。

1. 用户消费体验的优化与便捷化

利用移动通信技术与物联网技术的融合，移动设备（如智能手机等）可提供基于位置的服务，帮助消费者快速找到最优路线，查询周边商家信息、优惠折扣，通过扫描二维码进行商品比价和购买，极大地简化了消费过程，提高了购物效率。

2. 支付方式的多元化与便利化

通过物联网技术，尤其是射频识别智能芯片的应用，手机支付业务得以快速发展，实现现场无网支付和小额支付的便捷操作，降低支付门槛。这种支付方式不受地理位置限制，可应用于公共交通、电子门票、门禁系统等多种场景，实现支付卡的多功能合一，极大地提升了移动支付体验。

3. 自动化库存管理与物流优化

物联网技术使得电子商务企业能够实时监控每一单品的状态，实现库存的自动化管理，降低库存成本，提高商品周转率。通过信息共享，企业能对供应链各环节进行有效监控和精准预测，及时调整策略，提高对市场需求的响应速度。

4. 物流安全与可视化

物联网结合定位技术，实现包裹的实时追踪，使得消费者、商家和物流公司都能随时了解货物的具体位置和状态，并通过视频监控系统提高了物流透明度。RFID 标签技术令每个包裹都有唯一的电子编码，使得物流过程全程可控，既保障了商品安全，又能及时发现问题，进而提高了物流服务质量，增强了消费者的网购满意度。

5. 商品质量追溯与保障

物联网技术有助于搭建商品追溯系统，通过 RFID 等技术标记商品，实现从生产、加工、仓储、运输到销售的全链条信息记录和查询，消费者可以轻松查阅商品的真实来源和流转历史，这不仅有助于打消消费者对网购商品质量的疑虑，也有利于企业提升品牌形象和信誉，打击假冒伪劣产品，保障消费者权益。

物联网技术在电子商务领域的深入应用，不仅能够提升各个环节的运作效率，优化资源配置，还能大大改善消费者的购物体验，降低交易风险，助力电子商务行业向着更高质量、更高效率、更强安全性的方向发展。

9.3　区块链技术

区块链技术通过提供更为安全、透明、高效的交易环境，极大地提升了电子商务领域的安全性和信任度，为电子商务的长期健康发展奠定了坚实的技术基础。

9.3.1 区块链技术简介

1. 区块链技术的概念

区块链技术是一种分布式数据库技术，通过加密算法链接一组数据块（区块），形成一个连续且不可篡改的数据链。每个区块包含了一系列交易记录，并且每个区块都通过前一个区块的哈希值与其相连，形成了一个链条结构。

2. 区块链技术的原理

区块链技术原理主要包括如下 5 个核心部分。

（1）区块结构。

区块是构成区块链的基本单元。每个区块（Block）本质上是一个数据包，它包含了一定数量的交易记录或者其他形式的数据。区块内不仅存储了具体的数据信息，还包括了前一区块的哈希值，这个哈希值就像一个指针，指向了区块链历史上的某个特定位置。每个区块都有自己的标识——区块哈希，它是通过对区块内所有内容（包括交易数据和前一区块的哈希值）进行加密哈希运算得到的唯一数字指纹。

（2）哈希链接。

哈希链接（Hash Linking）是区块链的关键特征，每个新区块通过包含前一区块的哈希值串联起来，形成一个不可变的链状结构。如果任何区块中的数据被修改，该区块及其之后所有区块的哈希值都将发生变化，因此，一旦区块加入到链中，其内部信息就无法被篡改而不被发现。

（3）共识机制。

在去中心化的区块链网络中，共识机制（Consensus Mechanism）用于确保所有参与节点对新增区块内容的一致确认。不同的区块链可能会采用不同的共识机制，如比特币使用的是工作量证明（Proof of Work，PoW），以太坊已经过渡到权益证明（Proof of Stake，PoS）等。区块链网络中的节点遵循一定的共识协议，共同决定哪些交易记录将被确认并打包成新的区块添加到区块链上。只有当网络中的大多数节点对一笔交易达成共识时，这笔交易才会被视为有效并被纳入区块链中，从而确保了数据的一致性和可靠性，防止双重支付和其他恶意行为发生。

（4）交易处理。

区块链上的交易是指数字货币转移、资产所有权变更或其他状态转换事件，交易在广播至全网后，会被打包进新区块中，经由共识机制验证并最终添加到区块链上。所有在区块链上的交易记录都是公开可查的，任何节点都可以看到完整的交易历史。同时，尽管交易信息透明，但用户地址往往是由密钥生成的随机字符串，不直接关联个人身份，提供了某种程度的匿名性（在一些公有链中）。

（5）智能合约。

部分区块链（如以太坊等）允许在其之上运行智能合约（Smart Contract），这是一种自动执行合同条款的程序。通过智能合约，用户可以编写和部署自动执行的代码程序，规定在满足特定条件时应执行的操作，当这些条件被网络中的节点验证为已达成时，合约条款会自动执行，从而实现业务流程的自动化。智能合约能够保证条件满足时自动执行预设的操作，增强了区块链的应用范围，使其不仅仅局限于货币交易而广泛应用于资产管理、投票、众筹、保险等领域。

3. 区块链技术的特点

（1）去中心化。

在区块链网络中，数据管理和控制权不集中在单一中心机构或个体手中，而是分布在世界各地的多个节点上。每个节点都有一份完整的或部分的区块链数据副本，共同参与数据的存储、验证和更新。这种去中心化的设计大幅降低了单点故障的风险，即使部分节点失效，整个网络仍能正常运行。同时，分布式决策和数据存储机制增强了系统的稳定性和安全性，因为攻击者需要同时控制超过 50% 的网络节点才能对数据进行恶意篡改，这种可能性在大型区块链网络中几乎是不可能的。

（2）公开透明。

区块链上的所有交易记录都是公开的，任何参与者都可以通过区块链浏览器查看每一笔交易的详细信息，包括交易时间、金额、参与者地址等。虽然交易的发起者可以通过加密技术（如公开密钥和私有密钥系统等）保持匿名，但交易本身是完全透明的，有助于增强系统的公平性和公正性。

（3）不可篡改性。

区块链通过链式结构和哈希算法确保了数据的不可篡改性。每个区块包含上一个区块的哈希值、交易列表及其他相关信息，并通过哈希运算生成自己的唯一哈希值。如果有人试图篡改已记录的交易信息，那么这个区块的哈希值会发生变化，进而影响到后续所有区块的哈希值。这样一来，网络中的其他节点在验证区块时就会发现哈希值不匹配，从而拒绝接受篡改过的数据。

（4）安全加密。

区块链技术采用了一系列高级加密算法，包括非对称加密（公开密钥和私有密钥机制）、哈希函数等，确保交易数据的安全性和用户隐私的保护。每个用户拥有独一无二的私有密钥，用以签名和验证交易，只有拥有对应私有密钥的人才能动用自己的资产。同时，哈希函数确保了数据的完整性和一致性，任何微小的改动都会导致哈希值的巨大变化，从而使篡改行为易于被发现。

（5）可编程性。

区块链的可编程性赋予了开发者极大的灵活性，他们可以在区块链之上构建各种去中心化应用（DApps），通过编写智能合约和其他自定义逻辑，实现特定功能和业务流程。这使得区块链技术不仅局限于数字货币应用，还可以拓展到各行各业，如供应链管理、身份认证、产权登记等。

（6）匿名性。

虽然并非所有区块链都提供绝对的匿名性，但许多区块链（如比特币等）允许用户保持一定程度的匿名性。用户在区块链网络中通过地址而非真实身份进行交互，每次交易时生成一个新的地址，使得交易间的关联性难以追踪。然而，需要注意的是，尽管区块链提供了匿名性，但通过数据分析和技术手段，有时仍有可能识别出部分用户的真实身份。

（7）去信任化。

传统交易中往往需要信任中介来保证交易的公正和安全，而区块链技术通过其内在的共识机制、公开透明性和不可篡改性，成功地解决了这个问题。参与者不再需要完全信任彼此或第三方机构，而是信任区块链网络自身的规则和算法。只要遵守这些规则，就可以确保交易的公正性和安全性，从而在很大程度上降低了信任成本和风险。

9.3.2　区块链技术在电子商务领域的应用

区块链技术在电子商务领域的应用前景广泛且深入，主要有如下 4 个方面。

1. 提高跨境支付效率

在传统的跨境支付体系中，银行和金融机构通过 SWIFT（环球同业银行金融电讯协会）网络或其他清算系统进行跨国交易，这一过程通常涉及多个中间环节，包括发卡行、收单行、代理银行、清算所等，每一步骤都需要进行确认和审核，导致交易速度慢、费用高，并且存在周末和非工作时间交易停滞的问题。

而区块链技术革新了跨境支付的方式，通过分布式账本和实时广播交易信息，使得交易几乎能够瞬间在全球网络中的所有节点得到确认，实现了近乎实时的资金清算，比传统途径快得多，原本可能需要几天甚至几周才能完成的跨境支付现在几分钟内就能完成。

2. 提升供应链管理的透明度

在供应链管理与溯源方面，区块链技术可以将商品从原材料采购、生产制造、质检、包装、仓储、物流直到终端销售的全流程信息，如产地、生产日期、批次号、检验报告、环境记录、运输路径等，全部记录在分布式的、不可篡改的账本上。得益于区块链的加密算法和分布式特性，供应链上的所有参与者，包括供应商、制造商、物流企业、监管机构以及消费者，都能接入同一可信信息源，实时查看和共享商品流转的详尽数据，从而确保信息的透明度、完整性和真实性。

通过区块链追溯技术，消费者可以轻松查询商品生命周期的全貌，有效识别和防范假冒伪劣商品，增强对正品品牌的信任。当商品出现质量问题时，区块链能快速锁定问题环节，加速责任追溯和召回流程，显著提高问题解决效率。

此外，区块链还能赋能智能合约，自动化执行诸如支付、库存分配和交接等业务操作，优化整体供应链流程，降低不必要的沟通成本和人为错误，同时抑制潜在的欺诈行为，有力推动电子商务供应链管理的现代化与智能化。

3. 强化数据安全与隐私保护力度

区块链技术利用加密算法对交易数据进行加密，确保数据在传输和存储过程中不被窃取或篡改。每个区块内的交易信息经过加密后才存储在链上，只有掌握正确密钥的用户才能解密和访问这些数据。同时，区块链采用分布式存储的方式，即将数据备份在由众多网络节点组成的网络中，而非集中在单一服务器上。这种去中心化的架构意味着没有单一的攻击点，大大降低了黑客入侵和数据泄露的风险。

通过地址混淆、混币技术，以及新型加密算法（如环签名、zk-SNARKs、zk-STARKs等），区块链技术可以提供不同程度的匿名性和隐私保护。用户在进行交易时，可以用新的地址代替真实的账户 ID，使得交易记录与特定用户之间难以建立直接联系，进一步增强了隐私保护。

4. 建立更可靠的用户身份认证与信用体系

不同于传统依赖中央机构的身份认证方式，区块链身份认证是由网络中的众多节点共同维护和验证用户信息。这意味着用户的身份数据分散在网络各处，减少了因单一机构数据泄露导致的隐私风险，同时用户只需一次性注册，就可以在多个服务提供商间无缝使用同一身份凭证，大大简化了验证流程。

用户的所有交易和行为记录均加密存储在区块链上，每条记录都与前一条记录紧密关联，形成了一个不可逆的时间线。任何尝试篡改的行为都将破坏区块链的完整性和一致性，因此用户的信用历史是透明且不可更改的。

基于区块链的信用记录能够创建出一种客观、公正的信誉评价体系。所有参与者都能查看到基于实际行为和交易形成的信用数据，无须依赖某一个中心化机构的评判，这样便能更准确地衡量一个人或实体在不同场景下的信誉度，对于金融、社交、共享经济及电商等行业具有深远影响。

区块链技术的发展潜力预示着它将根本性地重建电子商务行业的信任基石，并驱使这个行业朝着更高效率、更大透明度和更强安全性的方向迈进。然而，尽管区块链技术潜力巨大，实际应用中仍需克服技术成熟度、法规环境、商业整合等方面的挑战。随着技术的进步和标准化进程的推进，区块链将在电子商务领域发挥越来越重要的作用。

📖 拓展阅读

引导电子商务企业加强创新基础能力建设，提升企业专利化、标准化、品牌化、体系化、专业化水平。通过自主创新、原始创新，提升企业核心竞争力，推动 5G、大数据、物联网、人工智能、区块链、虚拟现实/增强现实等新一代信息技术在电子商务领域的集成创新和融合应用。加快电子商务技术产业化，优化创新成果快速转化机制，鼓励电商平台企业拓展产学研用融合通道，为数字技术提供丰富电子商务产品和应用。鼓励发展商业科技，探索构建商业科技全链路应用体系，支持电子商务企业加大商业科技研发投入，提高运营管理效率，创新用户场景，提升商贸领域网络化、数字化、智能化水平。

——《"十四五"电子商务发展规划》

本章小结

本章首先介绍了数字版权保护技术，揭示了信息隐藏与数字水印技术如何在电子商务中保护知识产权，确保数字内容安全传播。然后细致剖析了物联网技术，从基本概念到关键技术，再到电子商务领域的具体应用，展示了物联网如何通过智能化改革商业模式，提升交易安全性与效率。最后聚焦于区块链技术，介绍其基本原理，并深入探讨其在电子商务中的实际应用与潜力，尤其是如何借助分布式账本和智能合约等特性，重建信任机制，提高交易透明度与安全性，从而推动电子商务生态系统的现代化升级与优化。

通过本章的学习，学生不仅能够掌握新兴电子商务安全技术的理论知识框架，更能洞悉这些技术在实际操作中的运用场景与实施策略，进而为日后从事电子商务行业的安全技术研发、系统建设及风险防控工作积累宝贵的理论素养与实战经验。

课后练习

一、填空题

1. 信息隐藏的特点有_____、_____、_____、_____。

2. 数字水印根据外观分类，可分为_____和_____；根据载体分类可分为静止图像水印、_____、_____和_____；根据鲁棒性分类，可分为易碎水印、_____和_____；根据嵌入策略分类，可分为_____和_____；根据检测方法分类，可分为私有水印、_____、_____和_____。

3. 物联网的体系结构分为 3 个层次，分别是_____、_____和_____。

4. 区块链技术原理的核心部分主要包括_____、_____、_____、_____和_____。

二、简答题

1. 简述信息隐藏技术的原理及过程。

2 简述物联网的关键技术都有哪些。

3. 简述区块链技术的特点及其在电子商务领域中的应用。

课后练习参考答案

第 1 章

一、填空题

1. 数据保密性；数据完整性；身份认证与授权；访问控制

2. 网络层；传输层；应用层

3. 加密技术；数字签名技术；身份认证技术

二、简答题

（略）

第 2 章

一、填空题

1. 算法；密钥

2. 对称加密；非对称加密

3. 物理层；数据链路层；网络层；传输层；会话层；表示层；应用层

4. 网络接口层；网络层；传输层；应用层

二、简答题

（略）

第 3 章

一、填空题

1. 防火墙技术

2. 侵检测系统；入侵防御系统

3. 生物特征；信任物体；信息秘密

4. 访问控制模型；信息流模型

5. 恶意软件

二、简答题

（略）

第 4 章

一、填空题

1. 消息认证

2. Hash 算法

3. 安全性；唯一性；便利性

二、简答题

（略）

第 5 章

一、填空题

1. 总线型拓扑；环形拓扑；星形拓扑；树形拓扑

2. 无线路由器；无线网卡；无线 AP；无线 AC；无线网桥

3. 对等网络；基础结构网络

4. WEP；WPA；WAPI

二、简答题

（略）

第 6 章

一、填空题

1. 主体；客体

2. 防反编译；防调试；防篡改；防窃取

3. Linux 操作系统；Microsoft Windows Server；Unix 类操作系统

二、简答题

（略）

第 7 章

一、填空题

1. 加密；擦除；销毁

2. 稳定性；全面性；自动化；高性能；操作简单；实时性；容错性

3. 完全备份；复制备份；增量备份；差异备份；日常备份

二、简答题

（略）

第 8 章

一、填空题

1. 用户信息保护；交易信息加密；支付安全验证；物流跟踪安全；售后隐私保护

2. 支付服务提供商；信息技术基础设施；支付工具

3. 便捷性；实时性；多元支付方式；数字化管理；兼容性强

二、简答题

（略）

第 9 章

一、填空题

1. 隐蔽性；不可检测性；鲁棒性；自恢复性

2. 可见水印；不可见水印；视频水印；声音水印；文档水印；半易碎水印；鲁棒水印；空域水印；变换域水印；半私有水印；公有水印；非对称水印

3. 感知层；网络层；应用层

4. 区块结构；哈希链接；共识机制；交易处理；智能合约

二、简答题

（略）

参 考 文 献

［1］　李琪. 电子商务概论［M］. 北京：人民邮电出版社，2002.

［2］　宋剑杰. 电子商务基础［M］. 北京：科学出版社，2006.

［3］　王鑫. 电子商务安全［M］. 北京：对外经济贸易大学出版社，2011.

［4］　秦成德. 电子商务安全管理［M］. 北京：机械工业出版社，2012.

［5］　邵丽萍. 计算机安全技术［M］. 北京：清华大学出版社，2012.

［6］　张新谊. 电子支付与信息安全实践教程［M］. 北京：清华大学出版社，2012.

［7］　张滨，等. 移动电子商务安全技术与应用实践［M］. 北京：人民邮电出版社，2015.

［8］　侯安才，栗楠，张强华. 电子商务安全技术实用教程［M］. 北京：人民邮电出版社，2016.

［9］　安葳鹏，汤永利. 网络与信息安全［M］. 北京：清华大学出版社，2017.

［10］　吴明华，钟诚. 电子商务安全［M］. 2版. 重庆：重庆大学出版社，2017.

［11］　朱海波，刘湛清，程日来. 信息安全与技术［M］. 2版. 北京：清华大学出版社，2018.

［12］　李洪心. 电子商务安全［M］. 2版. 北京：北京师范大学出版社，2018.

［13］　白东蕊，岳云康. 电子商务概论［M］. 4版. 北京：人民邮电出版社，2019.

［14］　陈萍，等. 信息系统安全实验教程［M］. 北京：清华大学出版社，2020.

［15］　丁华. 信息安全技术与应用［M］. 北京：北京希望电子出版社，2023.